DK TOP 10

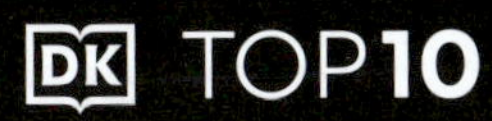

ATHEN

CORAL DAVENPORT, JANE FOSTER

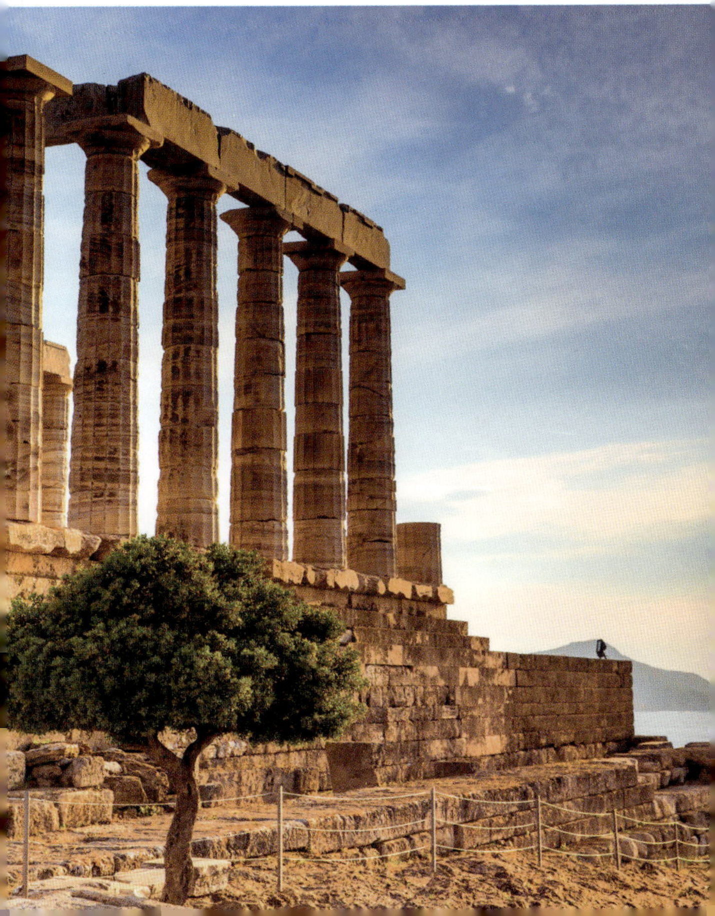

DK | Penguin Random House

Highlights

Themen

Inhalt

Stadtteile & Abstecher

Reise-Infos

Die TOP10-Listen in diesem Buch sind nicht nach Rängen oder Qualität geordnet. Alle zehn Einträge sind in den Augen des Herausgebers von gleicher Bedeutung.

Umschlag Vorderseite & Buchrücken Parthenon – Tempel für die Stadtgöttin Athene
Titelseite Tempel des Poseidon am Kap Soúnio
Umschlag Rückseite, im Uhrzeigersinn von links oben Griechischer Salat, Nationales Observatorium Athen, Hafen von Pláka, Mikrolímano in Piräus

Die Informationen in diesem TOP10-Reiseführer werden regelmäßig aktualisiert.

Angaben wie Telefonnummern, Öffnungszeiten, Adressen, Preise und Fahrpläne können sich jedoch ändern. Der Verlag kann für fehlerhafte oder veraltete Angaben nicht haftbar gemacht werden. Für Hinweise, Verbesserungsvorschläge und Korrekturen ist der Verlag dankbar.
Bitte richten Sie Ihr Schreiben an:

Dorling Kindersley Verlag GmbH
Redaktion Reiseführer
Arnulfstraße 124 • 80636 München
reise@dk.com

BRETTOS

Willkommen in Athen

Athen vereint Historie und moderne Lebensart in einzigartiger Weise. Die sonnenverwöhnte Stadt hat sowohl antike Tempel und Museen von Weltrang als auch wunderschöne Strände und großartige Restaurants zu bieten. Mit diesem Reiseführer gehört die Stadt Ihnen. Tauchen Sie ein in Kultur und Vergnügen und gehen Sie auf Entdeckungstour.

Die vom **Parthenon** gekrönte **Akropolis** ist als Sinnbild einer historischen Stätte inmitten einer modernen Stadt bekannt. Erst bei einem Aufenthalt in der Metropole entdeckt man jedoch, wie eng Tradition und zeitgemäßer Lebensstil miteinander verwoben sind: In Monastiráki liegen direkt neben der betriebsamen Metro-Station die Relikte der marmornen Säulen und Giebel, die von der **Agora**, dem antiken Marktplatz, erhalten sind. Das mit jahrtausendealten Artefakten von unschätzbarem Wert angefüllte **Archäologische Nationalmuseum** grenzt an das Viertel Exárcheia, in dem Graffiti an den Häuserwänden politische Botschaften verkünden.

Die Stadt erstreckt sich über eine weite, von Bergen umringte Ebene, die sich im Süden zum Ägäischen Meer öffnet. In der dichten Ansiedlung von Wohnhäusern ragen zwei Gipfel auf: der Akropolis-Felsen und der von einer kleinen Kirche gekrönte **Lykavittós**, der bei abendlicher Beleuchtung einen zauberhaften Anblick bietet. Nach Sonnenuntergang erlebt man in den Restaurants und Bars von Athen das Erwachen der typisch griechischen Lebensfreude.

Ob für den Wochenendtrip oder einen längeren Urlaub – der TOP**10** *Athen* zeigt Ihnen die spannendsten Sehenswürdigkeiten, die die gesamte Stadt zu bieten hat – vom geschichtsträchtigen **Philopáppos** bis zum majestätischen **Olympieíon**. Dieser Reiseführer gibt Ihnen unentbehrliche Tipps an die Hand. Spaziergänge und Touren helfen Ihnen, viele Attraktionen in kurzer Zeit zu sehen. Anhand der detaillierten Karten finden Sie sich problemlos zurecht. **Viel Spaß mit diesem Reiseführer und viel Spaß in Athen!**

Im Uhrzeigersinn von oben: **Odeion des Herodes Atticus, Osios Loúkas in Delphi, Laden in Pláka, Akropolis, Fresko im Kloster Kaisarianí, Olympisches Stadion, Archäologisches Nationalmuseum**

Athen entdecken

Athen ist reich an historischen und modernen Sehenswürdigkeiten. Die folgenden Touren sind Vorschläge für zwei beziehungsweise vier Tage Sightseeing in Athen. Bei der Erkundung des kompakten Stadtzentrums ist nicht einmal die Nutzung öffentlicher Verkehrsmittel erforderlich.

In Pláka kann man wunderschöne Souvenirs erstehen.

Zwei Tage in Athen

Tag ❶

Vormittags
Besichtigen Sie die vom Parthenon gekrönte **Akropolis** *(siehe S. 12f)*. Im modernen **Akropolis-Museum** *(siehe S. 14f)* sind antike Relikte zu sehen. Mittags lockt das Museumscafé.

Nachmittags
Spazieren Sie auf dem **Dionysíou Areopagítou** *(siehe S. 60)* zur **Agora** *(siehe S. 16–19)*, genießen Sie dann auf der **Adrianoú** *(siehe S. 88)* den wunderbaren Ausblick und schlendern Sie über die **Plateía Monastiráki** *(siehe S. 86)*, bevor Sie in **Pláka** nach Souvenirs *(siehe S. 81)* stöbern.

Abends
Beschließen Sie den Tag mit einer leckeren Mahlzeit in einem der vielen Restaurants in **Gázi** *(siehe S. 90)*.

Tag ❷

Vormittags
Nach dem Bummel über den Markt **Varvákios Agora** *(siehe S. 94)* schlendern Sie die **Ermoú** entlang zur Kirche **Kapnikaréa** *(siehe S. 87)* und zum **Parlamentsgebäude** *(siehe S. 101)*. Gehen Sie durch die **Nationalgärten** *(siehe S. 101)* zum **Benáki-Museum für griechische Kultur** *(siehe S. 26f)* und essen Sie in Kolonáki zu Mittag.

Nachmittags
Zu Fuß oder mit der Seilbahn geht es auf den **Lykavittós** *(siehe S. 102)*,

dann führt Sie ein Spaziergang durch Exárcheia zum **Archäologischen Nationalmuseum** *(siehe S. 20f)*.

Abends

Speisen Sie nach einem Aperitif im Café von The Art Foundation *(siehe S. 82)* mit Blick auf die Akropolis.

Vier Tage in Athen

Tag ❶

Vormittags

Nehmen Sie sich Zeit für den Besuch von **Akropolis** *(siehe S. 12f)* und **Akropolis-Museum** *(siehe S. 14f)*.

Nachmittags

Erkunden Sie die **Agora** *(siehe S. 16–19)*, den Marktplatz der Antike, und bummeln Sie durch die Cafés und Läden in **Pláka**. Dann erwarten Sie die **römische Agora** und der **Turm der Winde** *(siehe S. 24f)*.

Die Akropolis mit dem Parthenon thront auf einem Felsen über der Stadt.

Tag ❷

Vormittags

Bummeln Sie nach der Besichtigung von **Kerameikós** *(siehe S. 30f)* über den Markt **Varvákios Agora** *(siehe S. 94)* und folgen Sie der **Ermoú** zur Kirche **Kapnikaréa** *(siehe S. 87)* und weiter bis Kolonáki.

Nachmittags

Besuchen Sie das **Byzantinische & Christliche Museum** *(siehe S. 32f)*. Nach einem Kaffee in Kolonáki wartet das **Museum für Kykladische Kunst** *(siehe S. 22f)*.

Tag ❸

Vormittags

Erkunden Sie in Ruhe das **Archäologische Nationalmuseum** *(siehe S. 20f)*.

Nachmittags

Fahren Sie mit der Tram zum Strand von **Glyfáda** *(siehe S. 129)*. Ist das Wasser hier zum Schwimmen zu kalt, suchen Sie vielleicht lieber den **Vouliagméni-See** auf *(siehe S. 129)*.

Tag ❹

Vormittags

Nach dem **Museum für griechische Volksmusikinstrumente** *(siehe S. 78)* erkunden Sie Philopáppos *(siehe S. 34f)* und **Olympieíon** *(siehe S. 36f)* und gehen durch die **Nationalgärten** *(siehe S. 101)* nach Kolonáki.

Nachmittags

Genießen Sie nach einem Besuch im **Benáki-Museum** *(siehe S. 26f)* den Blick vom **Lykavittós** *(siehe S. 102)*.

Highlights

Parthenon, Akropolis

TOP 10 Highlights

Athen (Athína), die mit Marmorsäulen geschmückte Wiege der abendländischen Zivilisation, ist eine faszinierende, facettenreiche Metropole. Auf den Märkten und in den Tavernen, die neben antiken Stätten und byzantinischen Kirchen liegen, sind östliche und westliche Einflüsse spürbar.

1 Akropolis

Das Wahrzeichen Athens zählt zu den bedeutendsten Bauwerken Griechenlands, wenn nicht ganz Europas *(siehe S. 12–15)*.

2 Agora

Auf dem Marktplatz unterhalb der Akropolis sprachen einst sowohl die Philosophen Sokrates und Aristoteles als auch der Apostel Paulus zum Volk *(siehe S. 16–19)*.

3 Archäologisches Nationalmuseum

Das Haus birgt die größte Sammlung von Fundstücken aus der griechischen Kultur, darunter den Goldschatz aus Mykene und die ersten Skulpturen, die den Menschen detailliert porträtierten *(siehe S. 20f)*.

4 Museum für Kykladische Kunst

Die Sammlung kykladischer Kunst, eine der größten weltweit, beinhaltet viele der steinernen Figuren aus der frühen Bronzezeit, die bis heute Künstler inspirieren *(siehe S. 22f)*.

5 Römische Agora & Turm der Winde

Die Römer legten in Athen eine neue Agora an. Schaustück des Marktplatzes war der achteckige Turm der Winde, in dem sich eine Wasseruhr befand *(siehe S. 24f)*.

Benáki-Museum für griechische Kultur ⑥

Das klassizistische Gebäude beherbergt eine erstklassige Sammlung griechischer Kunst vom Neolithikum bis zur Gegenwart. Von der Dachterrasse bietet sich ein schöner Ausblick *(siehe S. 26f)*.

⑦ Kerameikós

Der Friedhof zeigt einen faszinierenden Querschnitt von Leben und Tod im Griechenland der Antike: Grabmäler, Tempel – und Relikte eines Bordells *(siehe S. 30f)*.

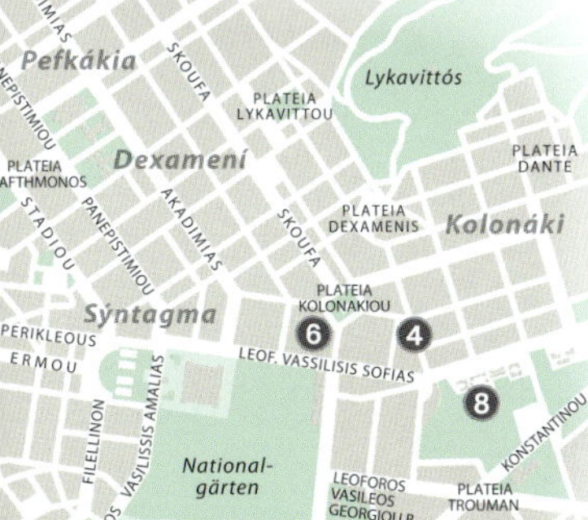

⑧ Byzantinisches & Christliches Museum

Wertvolle Kunstschätze – von ziselierten Metallgefäßen bis zu festlichen Ikonen – erzählen von Byzantinischem Reich und christlichem Erbe *(siehe S. 32f)*.

Philopáppos ⑨

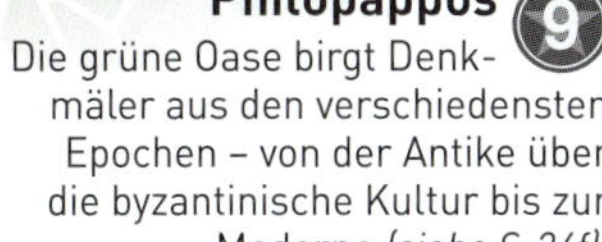

Die grüne Oase birgt Denkmäler aus den verschiedensten Epochen – von der Antike über die byzantinische Kultur bis zur Moderne *(siehe S. 34f)*.

⑩ Olympieíon

Der gewaltige Tempel des Olympischen Zeus steht neben dem Hadriansbogen, der zwei Inschriften trägt – zu Ehren von Theseus, dem legendären König von Athen, und von Hadrian, dem römischen Kaiser *(siehe S. 36f)*.

TOP 10 Akropolis

Die Tempel auf dem »heiligen Felsen« Athens zählen zu den bedeutendsten Monumenten in Europa. Ihr Einfluss auf die Entwicklung der Architektur ist unübertroffen. Die meisten Tempel sind Athena (Athene), der Schutzgöttin der Stadt, geweiht. Sie wurden in Athens Goldenem Zeitalter, der zweiten Hälfte des 5. Jahrhunderts v. Chr., unter der Herrschaft des Perikles vollendet. Die in ihren Proportionen atemberaubenden Bauten zeigen auch Darstellungen anderer Götter.

1 Akropolis-Felsen

Der Felsen *(Mitte)* im Herzen der Stadt wurde von jeher als idealer Ort für Rückzug und Besinnung und die Ausübung von Religion empfunden. Er wurde ab der Jungsteinzeit für diese Zwecke genutzt.

2 Tempel der Athena Nike

An der am leichtesten einzunehmenden Stelle des Akropolis-Felsens stand von prähistorischer Zeit an stets ein Tempel, der einer Gottheit des Sieges geweiht war *(oben)*.

3 Propyläen

Die Propyläen, ein gewaltiges Bauwerk auf der Spitze des Felsens, bildeten einst das Zugangstor zu den Tempeln der Akropolis.

4 Panathenäischer Weg

In der Antike schritten Prozessionen diesen Weg entlang, wenn der Göttin Athena ein neues Gewand *(péplos)* dargebracht wurde.

5 Parthenon

Im Tempel *(links)* der jungfräulichen Athena stand einst eine Statue der Göttin aus Gold und Elfenbein. Das Bauwerk ist Inbegriff der Griechischen Klassik.

6 Erechtheion

Der Mythologie zufolge stritten Athena und Poseidon an dieser Stelle um die Vorherrschaft über Athen. Der Komplex *(oben)* vereint Tempel für beide Gottheiten.

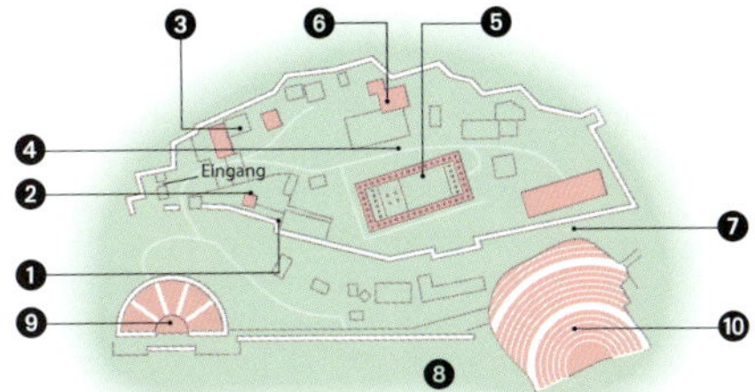

7 Choragisches Denkmal von Thrasyllos

Die Dionysos geweihte Höhle wurde zur Kapelle der Jungfrau Maria (Panagía Chrysospiliotissa).

8 Akropolis-Museum

Das moderne Gebäude am Fuß des Felsens verfügt über reichlich Ausstellungsraum für die ca. 4000 Artefakte von der Akropolis *(siehe S. 14f)*.

9 Odeion des Herodes Atticus

Das von 161 n. Chr. datierende Theater ist ein Schauplatz des Festivál Athinón & Epidaúrou *(siehe S. 72)*.

Die Akropolis in späterer Zeit

Ab dem 5. Jahrhundert n. Chr. wurde der Parthenon als christliche Kirche genutzt. Unter osmanischer Herrschaft fungierte der Parthenon als Moschee, das Erechtheion als Harem. Die Osmanen lagerten im Parthenon auch Schießpulver. Eine venezianische Granate sorgte bei der Belagerung von 1687 *(siehe S. 35)* für die Explosion des Depots. Um das Jahr 1800 erlitt der Parthenon weiteren Schaden, als Lord Elgin Teile des Frieses nach England schaffte.

10 Dionysos-Theater

Das Theater *(unten)* wurde ursprünglich als Sakralbau zur Verehrung des Dionysos Eleuthereus angelegt. Später wurden in der über 17 000 Zuschauer fassenden Anlage Werke von Menander, Aristophanes, Sophokles, Aischylos und Euripides aufgeführt.

Infobox

Karte J4–K5 ■ Metro 2: Akrópoli ■ +30 210 923 8747 ■ http://odysseus.culture.gr

■ Sommer: tägl. 8–20 Uhr; Winter: bis 17 Uhr; Zwischensaison: variierende Öffnungszeiten

■ Eintritt 20 € (ermäßigt 10 €); EU-Bürger unter 25 Jahren frei (Ticket für kostenlosen Eintritt an der Kasse erhältlich); Kombiticket inkl. Agora, Kerameikós, Dionysos-Theater, Römische Agora, Olympieíon, Lykeion des Aristoteles & Hadriansbibliothek 30 € (5 Tage gültig)

Akropolis-Museum: Dionysíou Areopagítou 15 ■ +30 210 900 0900 ■ www.theacropolismuseum.gr ■ Apr–Okt: Mo 9–17 Uhr, Di–So 9–20 Uhr (Fr bis 22 Uhr); Nov–März: tägl. 9–17 Uhr (Fr bis 22 Uhr, Sa & So bis 20 Uhr) ■ Eintritt Apr–Okt: 15 € (erm. 10 €); Nov–März: 10 € (erm. 5 €); EU-Bürger unter 18 Jahren frei

■ Buchen Sie Tickets mit Zeitfenster (www.hhticket.gr).

Akropolis-Museum

Karyatiden

1 Karyatiden

Die Statuen stützten einst den Vorbau des Erechtheion. Die Arme sind mittlerweile abgebrochen – sie hielten einst kugelförmige Trinkgefäße.

2 Parthenon-Saal

In dem Saal, der in Abmessung und Ausrichtung dem Tempel der jungfräulichen Athene entspricht, werden die in Athen verbliebenen Platten des Parthenon-Frieses neben Gipsabdrücken der in London befindlichen Teile gezeigt.

3 Kalbträger

Die Skulptur aus archaischer Zeit zeigt einen bärtigen Mann mit einem Kalb, das Athena geopfert werden soll. Die 570 v. Chr. geschaffene Statue war eine Votivgabe.

4 Peplos-Kore

Das Gewand *(péplos)* dieser eindrucksvollen archaischen Votivstatue war mit zierenden Farben bemalt. Auch Augen, Lippen und Locken zeigen Farbspuren.

5 Kore mit den Mandelaugen

Der sorgsam geformte Körper der Votivkore und die detailliert gestaltete Kleidung verdeutlichen die Entwicklung in der Bildhauerei. Das Gewand *(chitón)* schmücken feine Bemalungen wie eine Borte mit typisch griechischem Mäander.

6 Giebel des Alten Athena-Tempels

Der Tempel, der einst an der Stätte des Parthenon stand, wurde bei der persischen Eroberung 480 v. Chr. zerstört. Der verbliebene Giebel von 520 v. Chr. zeigt Athena im Kampf mit einem Titanen.

7 Kritios-Knabe

Die natürliche Körperhaltung des athletischen jungen Mannes markiert den Übergang von der archaischen zur klassischen Plastik. Die Skulptur entstand 480 v. Chr.

»Trauernde Athena«

8 Relief der »Trauernden Athena«

Das kleine Relief zeigt die Göttin als Mädchen: Sie trägt kein Schwert und keinen Schild und ist in einen attischen *péplos* gehüllt.

9 Gläserner Boden

Als beim Bau des Museums Reste einer frühchristlichen Siedlung entdeckt wurden, stellte man das Gebäude auf Stelzen und sorgte mit einem Glasboden am Eingang für freien Blick auf die Ausgrabungsstätte.

10 Fries am Tempel der Athena Nike

Der schmale Fries zeigt lebhafte Kriegsszenen mit Göttern, Persern und Griechen.

Gebäude mit Botschaft

Parthenon-Fries

Das von dem Schweizer Architekten Bernard Tschumi entworfene Gebäude aus Marmor, Sichtbeton und Glas am Fuß des Akropolis-Felsens ersetzte das kleine ursprüngliche Akropolis-Museum, das den fantastischen Exponaten zu keiner Zeit gerecht geworden war. Seit der Eröffnung des neuen Museums im Jahr 2009 haben die Schätze der Anlage einen würdigen Platz und können seither in einem ihnen angemessenen Rahmen präsentiert werden. Mit der neuen Kulturstätte verfolgte die griechische Regierung auch das Ziel, eine internationale Botschaft zu senden: Bis heute weigert sich das British Museum in London, jene Teile des Parthenon-Frieses zurückzugeben, die 1803 von Lord Elgin, dem damaligen Botschafter im Osmanischen Reich, nach England gebracht und an das Museum verkauft worden waren. Wiederholt scheiterten Verhandlungen zwischen griechischen und britischen Behörden zur Rückgabe der kostbaren Schätze. Griechenland hofft weiterhin, dass der zu verzeichnende Anstieg der Besucherzahlen des Akropolis-Museums den Druck auf die Regierung in London erhöhen und zum Einlenken bewegen wird.

Themen der Reliefs am Parthenon-Fries

1 Geburt der Athena, die aus einem Spalt im Haupt des Zeus hervortritt *(siehe S. 52)*

2 Der Pantheon beobachtet Athenas Geburt

3 Athena und Poseidon im Streit um die Herrschaft über Athen *(siehe S. 52)*

4 Die Götter verfolgen den Wettbewerb zwischen Athena und Poseidon

5 Panathenäische Prozession, die bedeutendste religiöse Veranstaltung im antiken Athen

6 Kämpfe der Kentauren mit den Lapithen

7 Kämpfe der Götter mit Titanen

8 Kriege der Griechen mit den Amazonen

9 Plünderung von Troja

10 Priesterinnen fertigen einen Schleier für die Göttin Athena an

Im Akropolis-Museum erlauben Glaswände einen herrlichen Blick auf die antiken Tempel auf dem Hügel. Durch den gläsernen Boden kann man die Relikte einer frühchristlichen Siedlung sehen.

TOP 10 Agora

Der im 6. Jahrhundert v. Chr. angelegte Marktplatz war rund 1200 Jahre lang Forum für politische Debatten, Handel, Philosophie, Religion, Kunst und Sport. Hier sprach Sokrates zum Volk, hier ist die Wiege der Demokratie und hier predigte der heilige Paulus. Der weitläufige Platz mit seinen vielen Relikten mag schwer zu überblicken sein, doch anders als die drückend heiße Akropolis lädt die grüne Agora zum Flanieren ein.

1 Tempel des Hephaistos

Der besterhaltene Tempel aus klassischer Zeit in ganz Griechenland *(oben)* war Hephaistos und Athena geweiht. Der Fries zeigt die Taten von Theseus und Herakles.

2 Tholos

Die 50 Mitglieder des ersten Parlaments hielten in dem runden, auch Prytaneion genannten Gebäude ihre Sitzungen ab.

3 Odeion des Agrippa

Marcus Vipsanius Agrippa, Feldherr unter Kaiser Augustus, ließ das Theater, vor dem Statuen von Giganten und Tritonen auf hohen Sockeln thronten *(links)*, 15 n. Chr. erbauen. Einige der Skulpturen sind erhalten.

4 Stoa des Basileios

Das um 500 v. Chr. errichtete Gebäude diente als Amtssitz des für religiöse Belange zuständigen Archons. Große Teile wurden 267 n. Chr. bei einem Angriff der Heruler zerstört. Die Straße Adrianoú bietet guten Blick auf die Ruinen.

5 Denkmal der Eponymen Heroen

Attische Helden standen Pate für die zehn Stämme *(phylae)* der Bürgerschaft. Das Denkmal von 350 v. Chr. zeigte Bronzen der Helden: Ajax, Leos, Antiochos, Hippothoon, Erechtheus, Kekrops, Akamas, Aigeus, Pandion und Oeneus.

6 Mittlere Stoa

Die ausladende Stoa *(oben)* nahm den größten Teil des Platzes ein. Dorische Säulen schmückten die Hallen.

7 Altar des Zeus Agoraios

Der dem obersten Gott geweihte Tempel war im 4. Jahrhundert v. Chr. vermutlich auf dem Hügel Pnyx errichtet worden. Im 1. Jahrhundert n. Chr. wurde er zerlegt und auf der Agora wiederaufgebaut.

8 Nymphaion

Unter der Kirche Agii Apóstoli *(siehe S. 46)* sind noch die Ruinen des Nymphaions, des kunstvoll gestalteten Brunnenhauses aus dem 2. Jahrhundert, zu sehen.

Pilgerstätte

Auf dem Hügel Areopag oberhalb der Agora trifft man oft auf betende und singende Pilger, die auf den Spuren des heiligen Paulus wandeln. Der Platz wird im Neuen Testament (Apostelgeschichte 17, 22–34) erwähnt: Paulus soll hier zu den »Männern von Athen« gesprochen haben. Durch Anprangern der Irrlehren ihres Götterglaubens bekehrte er die ersten Athener zum Christentum – auch Dionysios Areopagita, der Bischof von Athen wurde.

10 Kanal

Bei starkem Regen sammelt der Kanal *(oben)* bis heute das von Akropolis, Areopag und Agora abfließende Wasser und leitet es in das Flussbett des Eridanós.

Infobox

Karte B4 ■ Adrianoú, Monastiráki ■ Metro 1 & 3: Monastiráki ■ +30 210 321 0185 ■ http://odysseus.culture.gr

■ Sommer: tägl. 8–20 Uhr; Winter: bis 17 Uhr; Zwischensaison: variierende Öffnungszeiten

■ Eintritt Sommer: 10 € (ermäßigt 5 €); Winter: 5 €; EU-Bürger unter 25 Jahren frei; Kombiticket inkl. Akropolis, Kerameikós, Dionysos-Theater, Römische Agora, Olympieíon, Lykeion des Aristoteles & Hadriansbibliothek 30 € (5 Tage gültig)

■ Der Areopag *(siehe S. 61)* bietet Blick auf die Agora.

■ Im Dióskouroi *(siehe S. 83)* gibt es gute Snacks.

9 Stoa des Attalos

Die eindrucksvolle, von König Attalos II. von Pergamon (159–138 v. Chr.) errichtete Anlage *(oben)* wurde 1956 von US-amerikanischen Archäologen rekonstruiert. Heute beherbergt sie ein Museum, das Funde aus der Agora präsentiert *(siehe S. 18f)*.

Agora-Museum (Stoa des Attalos)

1 Kopf der Nike

Der kleine, äußerst filigran gestaltete Kopf der Athena Nike wurde um 425 v. Chr. angefertigt. Er war ursprünglich mit Gold- und Silberplatten bedeckt.

2 Klepsydra

Dieses Stück aus dem 5. Jahrhundert v. Chr. ist ein einzigartiges Beispiel für die Terrakotta-Wasseruhren, die bei öffentlichen Gerichtsverhandlungen die Redezeit begrenzten. Zu Beginn einer Rede wurde der Pfropfen aus dem Behältnis gezogen und genau sechs Minuten lang floss Wasser heraus. War das Gefäß leer, musste der Redner abbrechen – auch in der Mitte eines Satzes.

3 Ostraka

Tonscherben mit eingeritzten Inschriften *(ostraka)* spielten in den Anfängen der Demokratie eine zentrale Rolle: Sie dienten in Scherbengerichten als Stimmzettel. War Tyrannei zu befürchten, verbannten die Bürger die als demokratiefeindlich erachteten Politiker ins Exil. Die ausgestellten Scherben tragen die Namen prominenter Exilanten, auch den von Themistokles, einem der bedeutendsten Führer Athens.

Ostrakon-Fragment

4 Bronzeschild

Den riesigen Spartanischen Schild brachten die Athener im Jahr 425 v. Chr. nach dem Sieg über Sparta in der Bucht von Pilos als Trophäe mit. Dass ein Soldat in der Schlacht ein derart schweres und unhandliches Stück zu tragen hatte, ist schwer vorstellbar. Die Inschrift auf der Vorderseite besagt: »Athen besiegte Sparta bei Pilos.«

5 Aryballos

Die archaische Ölflasche von 530 v. Chr. ist in Form eines knienden jungen Athleten gestaltet, der zum Zeichen des Sieges ein Band um seinen Kopf bindet.

Aryballos

6 Nike mit Flügeln

Die sinnliche, lebendig wirkende Figur der Athena stammt von 415 v. Chr. Sie zierte einst die Stoa des Zeus Eleuthereus auf der Agora. Die dynamische Haltung und der flatternde *chitón* – eine lange leichte Tunika – sind typisch für die damalige Art, die Göttin darzustellen.

7 Apollo Patroos

Die kolossale, aber sehr fein gearbeitete Marmorstatue stand in einem Apollon geweihten Tempel auf der Agora. Eine spätere Nachbildung zeigt, dass der Gott der Musik in dieser Darstellung die Kithara, ein antikes Saiteninstrument, spielt. Die Skulptur wurde um 335 v. Chr. angefertigt. Sie ist ein Werk des berühmten Bildhauers und Malers Euphranor.

Apollo Patroos

8 Gesetz zum Aufbau der Demokratie

337 oder 336 v. Chr. fand eine historisch bedeutende Abstimmung statt: Die Bürger Athens entschieden sich

für das System der Demokratie, das jedem (männlichen) Bürger gleichberechtigt eine Stimme zugestand. Über dem geschriebenen Gesetzestext thront die Personifizierung des Athener Volkes, gekrönt von der Demokratie.

9 Marmor-Kleroterion

Das Rechengerät wurde im 3./2. Jahrhundert v. Chr. – zur Zeit der zehn attischen Stämme – vom Athener Parlament für die Wahl von Vertretern genutzt. Mit der scheinbar simplen Kiste ließen sich durch Federn, Gewichte, Kurbeln und farbige Bälle komplexe Rechenoperationen durchführen. Eine Tafel erklärt die Funktionsweise des Geräts.

10 Calyx-Krater

Der älteste bekannte Calyx-Krater stammt von 530 v. Chr. und ist ein elegantes Gefäß, das bei Banketten zum Mischen von Wasser und Wein diente. Es ist das einzige Gefäß dieser Art, das Exekias, dem bedeutendsten attischen Vasenmaler, zugeschrieben werden kann. Die überaus detailreichen Szenen zeigen u. a. die Ankunft des Herakles auf dem Olymp.

Stoa des Attalos

Die Stoa des Attalos war im 2. Jahrhundert v. Chr. eine Einkaufsstraße: In den Arkaden befanden sich Läden, die kühle, von Marmorsäulen umrahmte Halle diente den wohlhabenden Athenern als Treffpunkt. Die Agora wurde durch jahrzehntelange Ausgrabungen freigelegt und gilt heute als eine der bedeutendsten griechischen Stätten. Die auf dem Gelände entdeckten, künstlerisch hervorragend gestalteten Fundstücke sind wichtige Zeugnisse des politischen und kulturellen Lebens zur Zeit der ersten Demokratie. Mitte des 20. Jahrhunderts rekonstruierten US-amerikanische Archäologen die Stoa und richteten ein Museum für die in der Agora gefundenen Schätze ein. Die meisten Exponate stehen in Zusammenhang mit der Entwicklung der Demokratie in Athen. Die Statuen in der Säulenhalle zierten einst die Tempel auf dem Platz.

Kopf der Nike

Die rekonstruierte Stoa des Attalos beherbergt das Agora-Museum

Top 10 Archäologisches Nationalmuseum

Das Museum ist eines der bedeutendsten weltweit. Es zeigt stilprägende Objekte der Hochkulturen – von der Jungsteinzeit über die Bronzezeit, wie sie Homer beschrieb, bis zum Goldenen Zeitalter des klassischen Athen und zur römischen Zeit. Zu den Highlights zählen die goldenen Artefakte aus Mykene und die archaischen Koroi und Koren.

1 Kykladische Kunst (3200–2200 v. Chr.)

Die größte Sammlung an Objekten dieser Kultur besitzt das Museum für Kykladische Kunst *(siehe S. 22f)*, jedoch bietet auch das Archäologische Nationalmuseum einige außergewöhnliche Stücke – z. B. den Harfner *(oben)*, eine dreidimensionale Figur in Bewegung.

2 Thera-Fresken

Die hoch entwickelte Siedlung Akrotíri auf der Insel Thíra (Santorin) wurde bei einer vulkanischen Eruption um das Jahr 1600 v. Chr. verschüttet. Herrliche Fresken wie die der jungen Faustkämpfer *(rechts)* blieben unter den Ascheschichten perfekt erhalten.

3 Archaische Koroi & Koren (7. Jh.–480 v. Chr.)

Diese Statuen von Jungen und Mädchen in Tempeln und Grabstätten gelten als die ersten Monumentalwerke griechischer Kunst. Die zunächst stilisierten Darstellungen wurden im Lauf des 6. Jahrhunderts natürlicher.

4 Mykenische Kunst (16.–11. Jh. v. Chr.)

Die Stadt Mykene war sowohl für tapfere Krieger als auch für Goldschätze bekannt. Das Museum präsentiert einige funkelnde Artefakte, darunter die sagenumwobene Totenmaske des Agamemnon *(rechts)*, wertvolle Goldschwerter und Schmuck.

5 Bronzen

Die Sammlung umfasst bronzene Artefakte aus archaischer und klassischer Zeit. Zu den Skulpturen zählen eine Darstellung des Poseidon oder Zeus von 460 v. Chr. *(links)*, ein galoppierendes Pferd und ein Knabe aus Antikýthira von 140 v. Chr.

6 Klassische Skulpturen

Die Sammlung beinhaltet originale Marmorskulpturen aus antiken Tempeln im gesamten Griechenland. Highlights sind die Werke aus dem Asklepieíon in Epídauros und die marmorne Nachbildung einer Bronze des Bildhauers Polykleitos aus dem späten 5. Jahrhundert.

7 Hellenistische Skulpturen

Die Exponate veranschaulichen den Übergang von den statisch wirkenden Skulpturen archaischer Zeit zu Statuen voller Bewegung und Sinnlichkeit. Die Darstellungen von Hermes, Pan, Aphrodite und einem verwundeten Gallier zeigen dies besonders deutlich.

8 Vasen & kleine Artefakte

Zu der Sammlung gehören Vasen, Goldschmuck, Terrakotta-Figurinen und gläserne Gefäße. Die Zeitspanne reicht vom 10. Jahrhundert v. Chr. bis zum 18. Jahrhundert.

9 Ägyptischer Flügel

In dieser Abteilung ist in faszinierender Weise zu sehen, dass sich die frühe griechische Kunst stark an ägyptischen Objekten orientierte, bevor sie schließlich ihren eigenen Stil entwickelte. Zur Sammlung gehört auch ein als Grabbeigabe verwendetes hölzernes Boot *(unten)*.

Erdbeben

Im September 1999 erlebte Athen ein gewaltiges Erdbeben mit fatalen Folgen – viele Gebäude waren eingestürzt und zahlreiche Tonwaren des Archäologischen Nationalmuseums zerstört. Die betroffenen Bereiche (etwa die Hälfte des Museums) wurden restauriert und im Jahr 2004 wiedereröffnet.

10 Grabstelen

Klassische marmorne Grabskulpturen waren so groß und stattlich, dass sie 317 v. Chr. verboten wurden. Diese zeittypische Steinmetzarbeit *(unten)* zeigt auf der rechten Seite die Verstorbene, links eine trauernde Angehörige.

Infobox

Karte C/D1 ■ Patisíon 44 (28 Oktovríou) ■ Metro 1: Omónia oder Victória ■ +30 213 214 4800 ■ www.namuseum.gr

■ Apr – Mitte Mai: Di 13 – 20 Uhr, Mi – Mo 9 – 16 Uhr; Mitte Mai – Okt: Di 13 – 20 Uhr, Mi – Mo 8 – 20 Uhr; Nov – März: Di 13 – 20 Uhr, Mi – Mo 8.30 – 15.30 Uhr

■ Eintritt Apr – Okt: 12 €; Nov – März 6 €; EU-Bürger unter 25 Jahren frei; Kombiticket inkl. Epigrafisches Museum, Numismatisches Museum, Bzyantinisches & Christliches Museum 15 € (3 Tage gültig)

■ Im Atrium und vor dem Museum gibt es Cafés.

TOP 10 ★ Museum für Kykladische Kunst

Die Exponate zeichnen ein faszinierendes Bild der in der Bronzezeit auf den Kykladen lebenden Gesellschaften. Marmorskulpturen aus dem 3. Jahrtausend v. Chr. inspirierten viele Künstler des 20. Jahrhunderts (u. a. Picasso, Henry Moore und Modigliani).

1 Taubengefäß

Das aus einem einzigen Marmorblock gehauene Objekt mit den schmückenden Tauben *(oben)* ist das wohl bemerkenswerteste einer ganzen Reihe pfannenartiger Behältnisse, die man in Gräbern entdeckte. Archäologen gehen davon aus, dass Tauben in der Kykladenkultur eine starke Symbolkraft hatten, da sie auch auf zahlreichen anderen Artefakten zu finden sind.

Die Familie Goulandrís

Das Museum für Kykladische Kunst wurde von der Familie Goulandrís ins Leben gerufen, die zu den größten Reederdynastien Griechenlands gehört. Die Familienmitglieder betätigten sich auch als Kunstsammler und Museumsgründer. Auf Andros wurde 1979, in Athen *(siehe S. 49)* 2019 ein Museum der Basil-&-Elise-Goulandrís-Stiftung eröffnet. Die beiden Häuser präsentieren moderne Kunst.

2 Rotfiguriger Krater

Der Kolonettenkrater *(rechts)* wird dem »Agrigento-Maler« zugeschrieben, der im 5. Jahrhundert v. Chr. in Attika wirkte. Krater dienten zum Mischen von Wein und Wasser. Abgebildet sind ein Mädchen mit Flöte, ein Junge mit Lyra, ein Tänzer und ein Junge mit Efeukranz, der eine Amphore trägt.

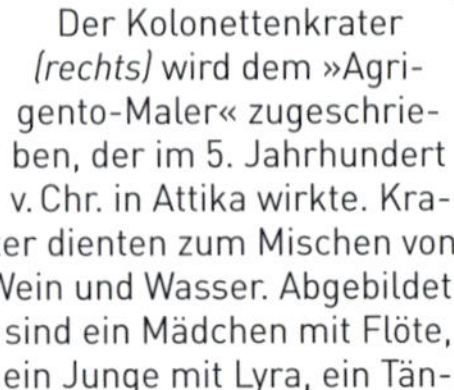

3 »Modigliani«-Figur

Die Figur *(links)* trägt diesen Namen, weil sie sich im Werk des modernen Bildhauers und Malers Amedeo Modigliani wiederfindet. Die schlanke Form, die verschränkten Arme und das glatte Gesicht sind typisch für die kykladische Kunst. Die Fußstellung deutet darauf hin, dass solche Figuren lagen und nicht standen.

4 Weibliches Idol

Die Kalksteinfigurine mit modellierten Brüsten und tiefen Augenhöhlen zählt zu einer Gruppe von Skulpturen aus der Kupfersteinzeit (3500–2800 v. Chr.).

5 Bronzehelme

Zur Sammlung antiker griechischer Kunst zählen Helme aus Korinth, die im 7. Jahrhundert n. Chr. eine wichtige Entwicklung erfuhren: Als erste ihrer Art wurden sie aus einem einzigen Stück Bronzeblech gefertigt. Sie passten sich besser an und schützten jeden Teil des Kopfes *(rechts)*.

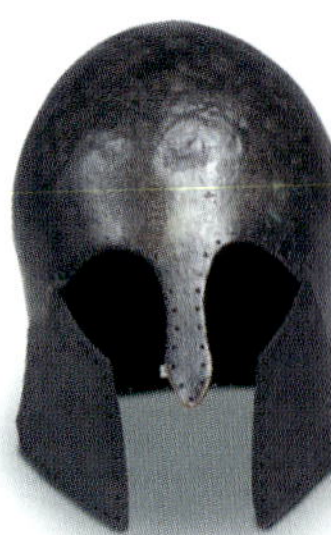

6 Symposium-Kylix

Die außergewöhnliche Töpferarbeit aus dem 5. Jahrhundert v. Chr. trägt das Bild eines nackten jungen Mannes, der Wein aus einem Krater entnimmt, um ihn in das Trinkgefäß in seiner linken Hand zu füllen. Die Inschrift gibt Lysis als den Namen des Jünglings an und preist dessen Schönheit.

Legende

- Kykladische Kunst
- Antike griechische Kunst
- Zypriotische Kunst
- Alltagsleben in der griechischen Antike

7 Dionysos-Vase

Die Vase aus dem 6. Jahrhundert v. Chr. zeigt auf einer Seite den von tanzenden Satyrn flankierten Gott des Weines, auf der anderen Seite Athena und Hermes im Gespräch.

8 Männliches Idol

Die Figur ist das einzige männliche Kykladenidol in dieser Größe, das bisher gefunden wurde. Ähnlich wie die weiblichen Figurinen ist es mit schlanken, auf der Brust verschränkten Armen gestaltet. Die Beinstellung lässt vermuten, dass es sich um das Fragment einer stehenden Figurine handelt.

9 Weibliche Figur & Jäger

Die beiden langarmigen Figuren mit mandelförmigen Augen sind die naturgetreuesten in der späten kykladischen Kunst. Fachleute sehen in dem um die Brust des Mannes skulptierten Muster und dem Dolch den Beleg für dessen Funktion als Jäger.

Infobox

Karte P3 ■ Neófytou Doúka 4 ■ Metro 3: Evangelismós ■ +30 210 722 8321 ■ www.cycladic.gr

■ Mo & Mi – Sa 10 – 17 Uhr (Do bis 20 Uhr), So 11 – 17 Uhr

■ Eintritt 12 € (ermäßigt 9 €); unter 18 Jahren frei

■ Die hier vorgestellten Exponate gehören zur Dauerausstellung im Hauptgebäude des Museums. Das Mégaro Stathátou (Irodotoú 1) dient für Wechselausstellungen.

■ Reisegruppen steuern das Museum in der Regel vormittags an – nachmittags kann man es in Ruhe besichtigen.

■ Das Café im Atrium bietet Snacks und leichte Mittagsgerichte.

10 Mégaro Stathátou

Das dem Museum angegliederte Haus *(oben)* ist ein prachtvoll vergoldetes klassizistisches Gebäude, das der bayerische Architekt Ernst Ziller *(siehe S. 102)* entwarf. Es dient sowohl für Wechselausstellungen als auch für Lesungen und Empfänge.

TOP 10 Römische Agora & Turm der Winde

Im 1. Jahrhundert n. Chr. legten die Römer einen neuen Marktplatz an. Er war kleiner als die alte Agora, bot mit den Marmorsäulen aber ein reizvolleres Ambiente für Läden. Das Handels- und Verwaltungszentrum hatte bis ins 19. Jahrhundert Bestand. Blickfang des Areals war der Turm der Winde.

1 Byzantinische Grabsteine

In byzantinischer Zeit diente der Turm der Winde als Kirche, das umliegende Gelände wurde als Friedhof genutzt. Die Gräber waren mit zum Teil sehr schön gravierten zylindrischen Steinen markiert. Die Steine wurden später an der Stätte zusammengetragen.

2 Vespasianae

Die mit Marmor ausgestattete öffentliche Bedürfnisanstalt – ein rechteckiger Bau mit einem freien Platz in der Mitte und Latrinen mit insgesamt 68 Sitzen an den vier Seiten – hatte eine hübsche Lage und war ein beliebter gesellschaftlicher Treffpunkt.

3 Turm der Winde

Der von dem syrischen Astronomen Andronikos Kyrrhestas 50 v. Chr. erbaute achteckige Turm *(links)* trägt auf jeder Seite das Relief eines Windgottes und barg einst eine Wasseruhr.

4 Fethiye-Moschee

Auch unter den Osmanen blieb das Forum bedeutsam. Die »Moschee des Eroberers« wurde kurz nach Einnahme der Stadt durch Sultan Mehmed II. im Juni 1456 erbaut. Nach langer Restaurierung steht sie Besuchern wieder offen.

5 Marktplatz

Den Platz – Herzstück der Anlage – umrahmten Werkstätten und Läden, in denen Lebensmittel, Tonwaren, Kleidung, Schmuck und diverse ausländische Waren erhältlich waren. Kaiser Hadrian ließ den Platz im 2. Jahrhundert n. Chr. pflastern.

6 Brunnen

Wie die Wasseruhr im Turm der Winde wurden wohl auch die Brunnen *(unten)* von einem Bach gespeist, der von der Akropolis herablief. Die Brunnen boten Marktbesuchern einst angenehme Erfrischung, führen aber heute kein Trinkwasser mehr.

7 Tor der Athena Archegetis

Das monumentale, mit vier Säulen versehene westliche Tor zur Agora *(links)* wurde 11 – 9 v. Chr. aus pentelischem Marmor erbaut. Das Volk von Athen widmete es der Göttin Athena in ihrer Rolle als mythische Stadtgründerin.

Römische Säulen vor der Fethiye-Moschee

Sammelsurium

Ab den 1940er Jahren nutzten Archäologen die römische Agora als Lager für nicht zu klassifizierende Funde aus ganz Attika. Die Stätte ist noch heute übersät von ortsfremden, aber faszinierenden Stücken. So finden sich z. B. nahe der Latrine eine ganze Mauer aus Kapitellresten und beim Brunnen ein paar mit Kränzen geschmückte Sarkophage.

8 Östliches Propylon

Beim Eintritt durch einen der zwei ursprünglichen Eingänge der Agora passierte man die angrenzende Stoa mit Statuen bedeutender Römer – vermutlich Kaiser und Amtspersonen.

9 Agoranomeion

Das zweiräumige Gebäude galt lange als Sitz der Marktverwaltung, doch jüngste Theorien erachten es als Teil einer Kultstätte zur Verehrung von Herrschern.

Infobox

Karte J4 – K4 ■ Monastiráki ■ Metro 1 & 3: Monastiráki ■ +30 210 324 5220 ■ http://odysseus.culture.gr

■ Sommer: tägl. 8 – 20 Uhr; Winter: bis 15 Uhr; Zwischensaison: variierende Öffnungszeiten

■ Eintritt Sommer: 8 € (ermäßigt 4 €); Winter: 4 €; EU-Bürger unter 25 Jahren frei; Kombiticket inkl. Akropolis, Kerameikós, Dionysos-Theater, Agora, Olympieíon, Lykeion des Aristoteles & Hadriansbibliothek 30 € (5 Tage gültig)

■ Bei Vollmond im August ist die Anlage bei freiem Entritt bis spätabends geöffnet.

■ Statt der meist überteuerten Restaurants an der römischen Agora empfiehlt sich das nahe O Thanásis *(siehe S. 90)*.

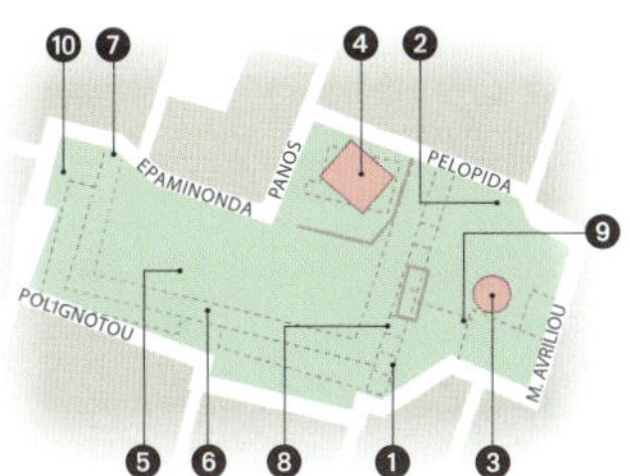

10 Inschrift am Tor der Athena Archegetis

Eine stark verblasste Inschrift am Architrav (auf Stützsäulen ruhender Querbalken) erinnert daran, dass das Tor während der Amtszeit von Archon Nikias von den Athener Bürgern errichtet wurde.

TOP 10 ★ Benáki-Museum für griechische Kultur

Die mehr als 20 000 Exponate (Plastiken, Gemälde, Kunsthandwerk) dokumentieren griechische Geschichte von der Jungsteinzeit über Antike sowie byzantinische und osmanische Ära bis zur Gegenwart. Sie sind chronologisch angeordnet.

1 Gemälde von El Greco

Domínikos Theotokópoulos (1541–1614) erhielt seinen Beinamen El Greco in Spanien. Das Bild *Der heilige Lukas malt eine Ikone der Jungfrau mit dem Kind (links)* vollendete der Künstler 1567, als er noch in seiner Heimat Kreta lebte.

2 Schatz aus Theben

In der späten Bronzezeit galt zierender Schmuck als Zeichen von Reichtum. Zum mykenischen Goldschatz, den das Museum präsentiert, zählt ein Siegelring, dessen Gravuren eine Vermählung zeigen, die mit einem prähistorischen Göttinnenkult in Verbindung steht.

3 Schatz aus Thessalien

Die Ausstellung mit Goldschmuck – Ohrringe, Halsketten und Armbänder (3. bis 2. Jh. v. Chr.) – aus der Epoche des Hellenismus zeigt Filigranarbeiten (aus kunstvoll gebogenem Draht) und Granulationen (auf Metall gelötete Ornamente aus Goldperlen). Glanzstück ist ein Schmuckband mit einem Herkulesknoten.

4 Gebäude

Emmanouíl Benákis erwarb die 1867 im klassizistischen Stil erbaute Villa *(oben)* 1910. Mit Eröffnung des Museums 1931 vermachten seine Erben das Haus dem griechischen Staat.

5 Empfangsraum aus dem 18. Jahrhundert

Die Rekonstruktion des Salons einer makedonischen Villa *(unten)* – mit getäfelten Wänden und vergoldeter Holzdecke – erinnert an die Zeit, in der das Kunsthandwerk in der Region blühte.

6 Café

In dem Café auf der Dachterrasse mit Blick auf die Nationalgärten kann man während des Museumsbesuchs entspannen.

Infobox

Karte N3 ■ Koumbári 1, Kolonáki ■ Metro 2 & 3: Sýntagma ■ +30 210 367 1000 ■ www.benaki.gr

■ Mo & Mi – Sa: 10 – 18 Uhr (Do bis 24 Uhr), So 10 – 16

■ Eintritt 12 € (ermäßigt 9 €); unter 22 Jahren frei; Do 18 – 24 Uhr frei

■ Donnerstags hat das Benáki-Museum bis Mitternacht geöffnet und lockt ab 18 Uhr mit freiem Eintritt.

■ Wer bei so viel Kunstgenuss eine Stärkung benötigt, kann mittags im Museumscafé zur schönen Aussicht eine kleine Mahlzeit genießen.

7 Schatz aus Euböa

Die Nutzung von Metall um 3000 v. Chr. markiert den Übergang von der Steinzeit zur Bronzezeit. Aus dieser Epoche stammen u. a. drei Tassen – zwei aus Gold *(unten)* und eine aus Silber. Die zurückhaltend verzierten Trinkgefäße entstanden zwischen 3000 und 2800 v. Chr.

8 Zweiter Empfangsraum aus Kozáni

Auch dieser Empfangsraum aus dem 19. Jahrhundert ist nach einem makedonischen Vorbild gestaltet. Er ist mit einer kunstvoll geschnitzten Holzdecke, reich verzierten Schränken aus Holz sowie einer Sitzecke mit Perserteppichen und Kissen versehen.

9 Historische Erbstücke

Café 6

Empfangsraum aus dem 18. Jahrhundert 5

Legende
Erdgeschoss
Erster Stock
Zweiter Stock
Dritter Stock

8 Zweiter Empfangsraum aus Kozáni

1 Gemälde von El Greco

2 Schatz aus Theben

Schatz aus Thessalien 3

7 Schatz aus Euböa

10 Museumsladen

Gebäude 4

Museumsgründer Antónis Benákis

Antónis Benákis (1873–1954) wurde in Ägypten als Sohn des ausgesprochen wohlhabenden Kaufmanns Emmanouíl Benákis, dem späteren Bürgermeister von Athen, geboren. Antónis Benákis begann in Alexandria mit dem Sammeln von islamischer Kunst, später in Athen legte er zudem Sammlungen mit byzantinischen Kunstwerken und griechischer Volkskunst an. 1931 vermachte er schließlich alle in seinem Besitz befindlichen Kunstobjekte dem griechischen Staat.

9 Historische Erbstücke

Säbel, Schwerter und Gewehre, das Bildnis eines Freiheitskämpfers aus dem Krieg von 1821, eine Flagge der Insel Ydra, die »Sieg oder Tod« proklamiert *(unten)*, wie auch ein Schreibpult von Lord Byron erinnern an Griechenlands Kampf um Unabhängigkeit.

10 Museumsladen

Die Nachbildungen von Exponaten wie irdene Kugeln, Fliesen, byzantinische Ikonen oder auch Schmuck wurden weitgehend mithilfe der alten Handwerkstechniken hergestellt.

Folgende Doppelseite Blick über Pláka auf den Lykavittós

TOP 10 ★ Kerameikós

Die Stadtmauern des antiken Athen führten durch Kerameikós, einst Randbezirk der Stadt. Krieger und Priesterinnen kehrten auf getrennten Wegen über das Gelände nach Athen zurück – einer führte zu einem Bordell, der andere zu einem Tempel. Auf dem Areal wurden Staatsmänner und Helden unter prächtigen Grabmälern bestattet. Der Ort war aber auch ein Tummelplatz für Prostituierte, Geldverleiher und Weinverkäufer.

Pompeion ①

Der einstige Prachtbau *(rechts)* diente der Vorbereitung feierlicher Prozessionen. Besonders wichtig war die jährliche Panathenäische Prozession, bei der der Statue der Athena im Parthenon ein neues Gewand gebracht wurde.

② Stadtmauern

Die Mauern, die einst die ganze Stadt umgaben, wurden von 487 bis 479 v. Chr. unter dem Athener Herrscher Themistokles errichtet. Beim Bau wurde auch Material von Gräbern, Tempeln und Wohnhäusern verwendet.

③ Heiliges Tor

Durch das Tor *(oben)* verlief die Heilige Straße, die bei Prozessionen nach Eleusis *(siehe S. 115)* Pilgern und Priesterinnen vorbehalten war. In das Tor war eine große marmorne Sphinx gebaut.

④ Dipylon

Die Hauptstraßen von Korinth, Theben und dem Peloponnes führten alle zu diesem Stadttor, dem größten im antiken Griechenland. Bei An- und Abreise berühmter Personen fanden dort Feierlichkeiten statt.

⑤ Tritopatreion

Bis heute konnte die Forschung nicht vollständig klären, wer die Tritopatores waren. Vermutlich handelte es sich um Stellvertreter für die Seelen der Toten, die in einem Ahnenkult verehrt wurden.

Marmorstier ⑥

Die eindrucksvolle Skulptur *(unten)* am Grab von Dionysios Kollytos stammt aus dem 4. Jahrhundert v. Chr. Eine Inschrift preist Dionysios als tugendhaft und besagt, dass er unverheiratet starb, betrauert von Mutter und Schwestern.

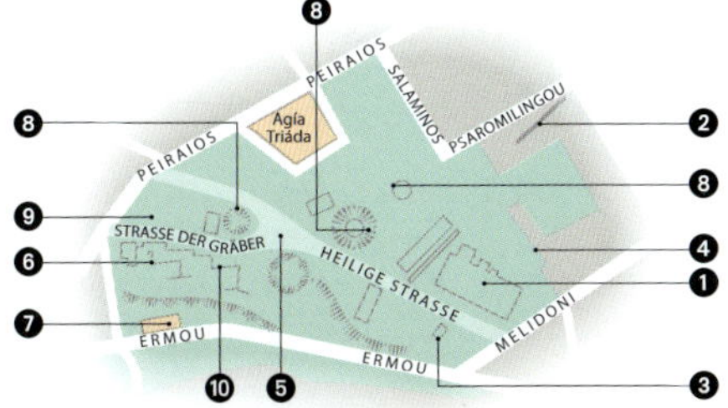

Infobox

Karte A3–4 ■ Ermoú 148, Thissío ■ Metro 1: Thissío ■ +30 210 346 3552 ■ http://odysseus.culture.gr

■ Sommer: tägl. 8–19 Uhr; Winter: bis 15 Uhr; Zwischensaison: variierende Öffnungszeiten

■ Eintritt Sommer: 8 € (ermäßigt 4 €); Winter: 4 €; EU-Bürger unter 25 Jahren frei; Kombiticket inkl. Akropolis, Dionysos-Theater, Agora, Römische Agora, Olympieíon, Lykeion des Aristoteles & Hadriansbibliothek 30 € (5 Tage gültig)

■ Die grüne Anlage inmitten des Industriegebiets ist abends, wenn sie von der untergehenden Sonne in rosafarbenes Licht getaucht ist, am stimmungsvollsten.

■ In den nahen Straßen Eptachálkou, Adrianoú und Apostólou Pávlou gibt es traditionelle Tavernen mit Tischen im Freien.

Das alte Töpferviertel

Der Name Kerameikós leitet sich von Keramos ab, dem Schutzgott der Töpfer. Pausanias *(siehe S. 51)* und auch anderen Schriftstellern zufolge bezieht sich der Name auf eine Gruppe von Töpferwerkstätten an den grünen Ufern des Eridanós, der die Stätte durchzieht. Das Museum zeigt schöne Beispiele griechischer Urnen und anderer Tonwaren, die auf dem Gelände gefunden wurden.

7 Kerameikós-Museum

Das kleine Museum zeigt u. a. Originale von Grabmälern *(oben)*, die auf der Stätte durch Nachbildungen ersetzt sind, und einige Tonscherben mit Bordellszenen.

8 Kriegergräber

Die großen Hügelgräber *(tumuli)* entlang der Heiligen Straße wurden im 7. Jahrhundert v. Chr. angelegt – vermutlich, um besonders tapfere Krieger zu ehren. Im Innern der Erdhügel befanden sich meist Marmorsärge und Grabbeigaben.

9 Stele der Hegeso

Die Grabstele zählt wohl zu den bezauberndsten Werken attischer Kunst aus dem 5. Jahrhundert v. Chr. Die Verstorbene ist sitzend dargestellt – die Szene zeigt, wie sie gerade ein Schmuckstück aus einem Kästchen nimmt.

10 Stele des Dexileos

Die Marmorstele *(unten)* ziert das Grab eines 394 v. Chr. verstorbenen jungen Reiters. Die Toten wurden im antiken Griechenland oft mit ihren trauernden Familienangehörigen dargestellt.

TOP 10 Byzantinisches & Christliches Museum

Von 395 bis 1204 beherrschte das Byzantinische Reich unangefochten den Mittelmeerraum. Die reiche orthodoxe Kirche hatte in Byzanz großen Einfluss und hinterließ ein bedeutendes Erbe. Das Museum beherbergt etwa 15000 Artefakte aus jener Zeit.

1 Skulptur des Guten Hirten

Die Marmorskulptur aus dem 4. Jahrhundert ist eine christliche Allegorie mit heidnischen Wurzeln. Der Hirte verkörpert Christus, ist aber einer archaischen Statue von der Akropolis nachempfunden: dem Kalbträger, der Athena ein Opfertier darbringt.

2 Schatz aus Mytilene

Die silbernen Pokale, der Goldschmuck und die Münzen aus dem 6. Jahrhundert wurden in einem vor Mytilene (Lésbos) gesunkenen Schiff entdeckt. Vermutlich wollten die Besitzer die Wertsachen auf der Insel verstecken.

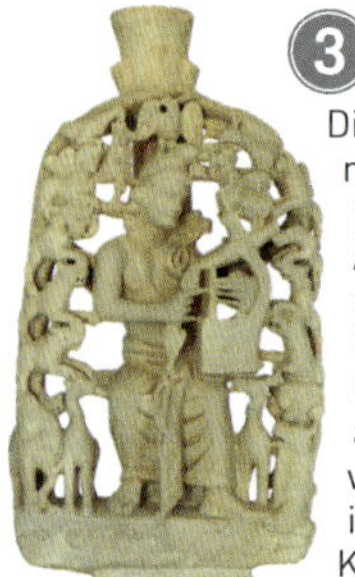

3 Orpheus mit der Lyra

Die Figur des von Tieren umgebenen Orpheus *(links)* ist eine Allegorie auf Jesus und seine Jünger. Die Übertragung antiker heidnischer Mythen auf das Christentum war zentrales Thema in der byzantinischen Kunst.

4 Sakrale Kostbarkeiten

Zu den besonders wertvollen sakralen Objekten zählen ein Holzkreuz aus dem späten 14. Jahrhundert, das mit Silber und kleinen Ikonen aus Speckstein geschmückt ist, ein kupferner Kelch aus dem 10. Jahrhundert und eine Seidenstola mit kunstvollen Heiligenstickereien.

5 Mosaik-Ikone der Jungfrau Glykophilousa

Das Mosaik aus dem späten 13. Jahrhundert *(oben)* zeigt die »Liebkosende Jungfrau« vor goldenem Hintergrund. Das Werk ist eine von nur etwa 40 bekannten Mosaik-Ikonen – sie alle stammen aus Konstantinopel.

Infobox

Karte P3 ■ Vasilíssis Sofías 22 ■ Metro 3: Evangelismós ■ +30 213 213 9517 ■ www.byzantinemuseum.gr

■ Sommer: Di 13–20 Uhr, Mi–Mo 8–20 Uhr; Winter: Mi–Mo 9–16 Uhr

■ Eintritt: 8 € (Nov–März: 4 €); EU-Bürger unter 25 Jahren frei; Kombiticket inkl. Acrhäologisches Nationalmuseum, Epigrafisches Museum & Numismatisches Museum15 € (3 Tage gültig)

■ Im Hof des Museums finden im Sommer oft Konzerte statt. Informationen sind telefonisch zu erfragen.

■ Das Café im Museumsgarten serviert Snacks. An der nahen Plateía Kolonákiou gibt es weitere Cafés und Restaurants, im Viertel Pangráti nette Tavernen.

8 Doppelseitige Ikone des heiligen Georg

Große doppelseitige Ikonen waren in Byzanz äußerst selten. Dieses ungewöhnliche Exemplar aus dem 13. Jahrhundert *(links)* ist zudem dreidimensional gestaltet und zeigt den ganzen Körper.

Das Lykeion des Aristoteles

Bebauungspläne für das Nachbargrundstück wurden aufgegeben, als man bei Ausgrabungen auf die Reste vom Lykeion des Aristoteles stieß. Der Philosoph hatte die Schule als Konkurrenz für Platons Akademie gegründet. Das Areal gehört zum Museum und kann besichtigt werden.

6 Ikone des heiligen Michael
8 Doppelseitige Ikone des heiligen Georg
4 Sakrale Kostbarkeiten
10 Gemälde aus der Kirche von Episkopi
9 Ikone des Propheten Elija
3 Orpheus mit der Lyra
1 Skulptur des Guten Hirten
5 Mosaik-Ikone der Jungfrau Glykophilousa
7 Urkundensammlung
2 Schatz aus Mytilene

Legende
Zweiter Stock
Erster Stock
Erdgeschoss

6 Ikone des heiligen Michael

Die im 14. Jahrhundert in Konstantinopel angefertigte Ikone zeigt den Erzengel vor goldenem Hintergrund mit den irdischen Symbolen Zepter und Reichsapfel.

7 Urkundensammlung

Glanzstück der Sammlung ist ein von Andronikos II. unterzeichnetes kaiserliches Dokument *(chrysobullos)* aus dem 14. Jahrhundert. Ein Miniaturgemälde auf der Schriftrolle zeigt den Herrscher selbst, wie er Christus ein Dokument überreicht. Das Schriftstück ist mit roter Tinte signiert.

9 Ikone des Propheten Elija

Die Ikone aus dem späten 17. Jahrhundert trägt die Signatur des kretischen Künstlers Theódoros Pouhákis. Sie zeigt neben kleinen Szenen aus dem Leben des Propheten, wie Elija (griechisch Ilias) in einer flammenden, von roten Pferden gezogenen Kutsche in den Himmel auffährt.

10 Gemälde aus der Kirche von Episkopi

Die Bibelszenen an der Ikonostase *(unten)* stammen vermutlich aus dem 17. Jahrhundert, die anderen Gemälde reichen ins 13., 11. und 9. Jahrhundert zurück. Die Objekte sind so angeordnet, wie es in der Kirche mit kreuzförmigem Grundriss wohl der Fall war.

TOP 10 Philopáppos

Die kiefernbedeckten Hänge des Philopáppos bieten ein angenehm schattiges Labyrinth an Wegen, die an einer Reihe geschichtsträchtiger Monumente vorbeiführen. Der in der Antike auch als Musenhügel bekannte Philopáppos diente zahlreichen Poeten als Quelle der Inspiration. Am Rosenmontag lassen die Athener auf dem Hügel gern Drachen steigen.

1 Demos Koile

Die antike Straße führte von der Akropolis bis Piräus, zwischen Philopáppos und Pnyx hindurch und die Lange Mauer (5. Jh. v. Chr.) entlang. Sie war zweispurig, acht bis zwölf Meter breit und dank eingearbeiteter Rillen rutschsicher. 500 Meter Strecke wurden freigelegt.

2 Nationales Observatorium Athen

Im ältesten Observatorium Griechenlands in einem klassizistischen Bau beobachtet man die Sterne, das Wetter und Erdbeben *(siehe S. 84)*.

3 Nymphenhügel

In der Antike glaubte man, der Philopáppos sei von den Musen der Kunst, der Musik und der Dichtung bewohnt. Der kleinere Hügel galt als Heimat der Nymphen – weibliche Geister der Bäume, Quellen, Berge und Höhlen.

4 Sokrates' »Zelle«

Der Überlieferung nach wurde der zum Tode verurteilte Sokrates *(siehe S. 50)* in dieser Höhle *(links)* gefangen gehalten. All seine Schüler waren bei ihm, als er das todbringende Gift trank.

5 Pnyx

Wenn Athen die Wiege der Demokratie ist, liegt hier das Kindbett: Nach Ausrufung der Demokratie im Jahr 508 v. Chr. fanden auf dem Hügel die ersten wöchentlichen Volksversammlungen statt, auf denen die größten Redner sprachen. Die Arena *(rechts)* fasste mehr als 10 000 Menschen.

6 Agía Marína

Die Kirche Agía Marína *(unten)* wird vor allem mit Geburt und Kinderkrankheiten assoziiert. In der Hoffnung auf glückliche Niederkunft glitten schwangere Frauen hier einst eine steinerne Rutsche hinab. Am 17. Juli wird der heiligen Marína zu Ehren ein farbenfrohes Fest gefeiert.

7 Agios Dimítrios Loumbardiáris

1648 plante ein osmanischer Kommandeur die Bombardierung der byzantinischen Kirche. Das Unternehmen scheiterte, weil die Kanone vom Blitz getroffen wurde. Der Beiname »Loumbardiáris« erinnert daran.

8 Philopappus-Denkmal

Der römische Konsul Gaius Julius Antiochus Philopappus verehrte die klassische Kultur Griechenlands und wählte Athen als Altersruhesitz, wo er 114 n. Chr. starb. Zu seinen Ehren entstand ein marmornes Grabmal, das ihn, umringt von seiner Familie, als Bürger von Athen zeigt. Das teilweise zerstörte Monument *(links)* blickt zur Akropolis.

Belagerung im Jahr 1687

Die Venezianer richteten bei einem Versuch, die von den Osmanen besetzte Akropolis einzunehmen, ihr Lager auf dem Philopáppos ein – dem strategisch günstigsten Ort für dieses Vorhaben. Als sie ihr Ziel unter Beschuss nahmen, traf ein Geschoss den Parthenon, der den Osmanen als Munitionslager diente. Die folgende Explosion beschädigte mehrere Tempel und Statuen der Akropolis schwer.

9 Aussicht

Der Aufstieg zum Gipfel des Philopáppos fällt leicht und man genießt ein überwältigendes Panorama: Der Blick reicht von der Akropolis über den gesamten Süden Athens bis zum Meer. Einst schätzten Militärführer den Aussichtspunkt, heute werden vom Philopáppos aus vorwiegend Fotos geschossen.

Infobox

Karte A5 – B6 ■ Zugang von Dionysíou Areopagítou ■ Metro 2: Akrópoli

Dóra-Strátou-Tanztheater:
■ Arakýnthou 33 ■ Vorstellungen: Ende Mai – Sep: Do, Fr 21.30 Uhr, Sa, So 20.30 Uhr
■ Tickets: an der Theaterkasse oder unter +30 210 921 4650 ■ www.grdance.org

■ Tagsüber ist das Gebiet sehr sicher, doch nach Einbruch der Dunkelheit sollte man den Philopáppos besser meiden.

■ In den Cafés an der Apostólou Pávlou – der Straße nördlich des Zugangs zum Philopáppos von der Dionysíou Aeropagítou – genießt man zu Snacks einen tollen Blick, aber oft zu überhöhten Preisen. Die Tavernen im westlich gelegenen Viertel Petrálona sind günstiger.

10 Dóra-Strátou-Tanztheater

Das 1953 von Dóra Strátou gegründete Ensemble bewahrt traditionelle Tänze aus ganz Griechenland vor dem Vergessenwerden. Es tritt in diesem Theater und landesweit auf.

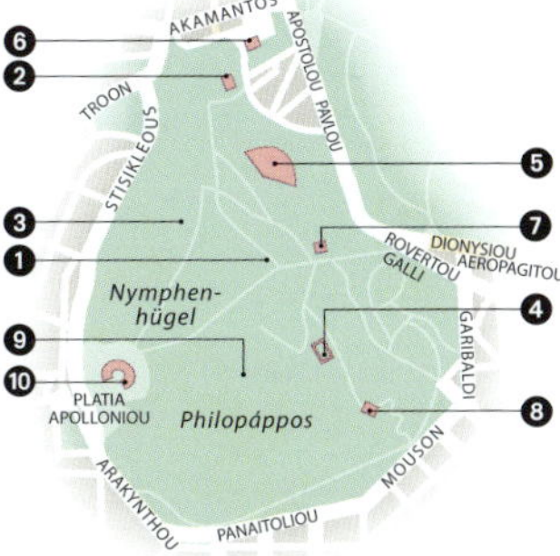

 Olympieíon

Der Tempel des Olympischen Zeus im Zentrum der Stätte war der größte auf dem griechischen Festland. Er barg neben einer Zeus-Statue aus Gold und Elfenbein auch ein Standbild des römischen Kaisers Hadrian. Wegen politischer Unruhen dauerte es ab 515 v. Chr. fast 700 Jahre bis zur Fertigstellung des Tempels. Als Dank für die Vollendung baute man 131 n. Chr. den zweistöckigen Bogen, der Hadrian mit einer Inschrift ehrt.

1 Valerianische Mauer

Die Mauer *(unten)*, die einige Gebäude umgab, wurde im 3. Jahrhundert von Kaiser Valerian in Auftrag gegeben. Um genügend Marmor zur Verfügung zu haben, wurden umstehende Tempel abgetragen.

Die lange Bauzeit des Olympieíon

Der Tyrann Peisistratos begann 515 v. Chr. mit dem Bau des Tempels, um die rebellischen Athener durch Arbeit abzulenken. Nach seinem Sturz um 515 v. Chr. weigerte sich das Volk, das Werk des verhassten Herrschers zu vollenden. König Antiochus IV. setzte den Bau 174 v. Chr. fort, doch auch nach seinem Tod 164 v. Chr. kamen die Arbeiten zum Erliegen. Vollendet wurde der Tempel erst 131 n. Chr., in der Regierungszeit von Kaiser Hadrian (117–138 n. Chr.).

2 Tempel des Olympischen Zeus

Vor der Errichtung dieses Tempels gab es mindestens ein weiteres Zeus geweihtes Bauwerk auf diesem Gelände. Von einstmals 104 Säulen sind 16 erhalten *(oben)*.

3 Hadriansbogen

Kaiser Hadrian ließ an der Westseite des Bogens *(rechts)* die Inschrift »Dies ist Athen, die alte Stadt des Theseus« und an der Ostseite »Dies ist die Stadt des Hadrian, nicht des Theseus« eingravieren, um die neue Stadt von der der Mythen abzugrenzen.

4 Tore des Themistokles

Auf dem Gelände finden sich Relikte der Mauer, die der Staatsmann und Feldherr Themistokles 479 v. Chr. errichten ließ, um Athen vor persischen Angriffen zu schützen.

5 Gerichtshof im Delphínion

Überreste des Gerichtshofs von 500 v. Chr. sind noch zu sehen. Vermutlich stand an der Stelle vorher der Palast von König Aigeus, dem Vater Theseus' *(siehe S. 53)*.

9 Römische Bäder

Zu den vielen Relikten von »Hadrianopolis«, der neuen Stadt des Kaisers, gehören auch die Fundamente der römischen Bäder *(oben)* – die besterhaltenen in Athen. Das Badehaus hatte einen farbigen Mosaikboden.

10 Tempel des Apollon Delphinios und der Artemis Delphinia

Der Tempel wurde zu Ehren der Götter-Geschwister Apollon und Artemis errichtet und zeigt die beiden in der Gestalt von Delfinen.

Infobox

Karte L5 ■ Vasilíssis Olgas ■ Metro 2: Akrópoli ■ +30 210 922 6330 ■ http://odysseus.culture.gr

■ Sommer: tägl. 8–20 Uhr; Winter: bis 15 Uhr; Zwischensaison: variierende Öffnungszeiten

■ Eintritt Sommer: 8 € (ermäßigt 4 €); Winter: 4 €; EU-Bürger unter 25 Jahren frei; Kombiticket inkl. Akropolis, Dionysos-Theater, Agora, Römische Agora, Kerameikós, Lykeion des Aristoteles & Hadriansbibliothek 30 € (5 Tage gültig)

■ In der Nähe der Stätte kann man sich im Café Aígli am Záppeion und in den Tavernen an der Plateía Tsókri stärken.

6 Ruinen von Wohnhäusern

Rohre, Fundamente und Haushaltsgegenstände zeigen, dass in der Zeit des Tempelbaus, zwischen dem 5. Jahrhundert v. Chr. und dem 2. Jahrhundert n. Chr., Menschen auf dem Areal wohnten.

7 Tempel von Kronos und Rhea

Nur die Fundamente des Tempels (5. Jh. v. Chr.) zu Ehren der Eltern des Zeus sind erhalten. Rhea rettete Zeus vor Kronos; später wurde Zeus oberster olympischer Gott.

8 Tempel des Zeus Panhellenios

Hadrian förderte den Kult des Zeus Panhellenios (»Herrscher über alle Griechen«) und setzte sich selbst Zeus gleich. In dem später zerstörten Tempel wurden sowohl dem Gott als auch dem Kaiser Opfer dargebracht.

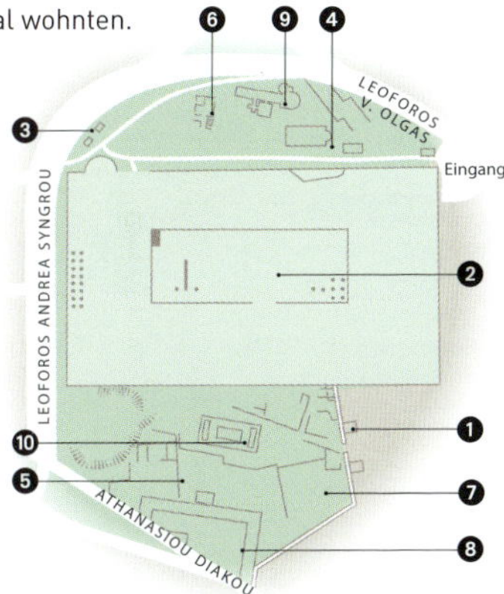

Themen

Ausgrabungen am Akropolis-Museum

TOP 10 Historische Ereignisse

1 Entstehung Athens

Die Akropolis war bereits in der Jungsteinzeit um 3000 v. Chr. bewohnt. Mykener aus dem südöstlichen Teil des Landes befestigten die Anlage um 1400 v. Chr. und bauten sie zum Siedlungszentrum aus.

2 Goldenes Zeitalter

Der Stadtstaat war im 6. und 5. Jahrhundert v. Chr. eine bedeutende Kolonialmacht. Unter Perikles (ca. 495–429 v. Chr.) erfuhr Athen mit dem Bau von Parthenon, Tempel der Athena Nike und Erechtheion seine klassische Ausgestaltung. Die kulturelle Blütezeit endete mit der Niederlage gegen Sparta im Peloponnesischen Krieg (431–404 v. Chr.).

Büste des Staatsmannes Perikles

3 Athen unter den Römern

Die römische Herrschaft dauerte ab 146 v. Chr. fünf Jahrhunderte an. Die zunächst guten Beziehungen zu den neuen Herren wurden 86 v. Chr. getrübt, als die Römer die von König Mithridates VI. von Pontos unterstützten Unabhängigkeitsbestrebungen Athens mit Gewalt beendeten. Kaiser Hadrian (76–138 n. Chr.) blieb Bewunderer der griechischen Kultur und ließ u. a. das Olympieíon fertigstellen; Herodes Atticus sorgte z. B. für den Bau des Odeion *(siehe S. 13)*.

4 Byzantinische Zeit

Mit der Teilung des Römischen Reichs im Jahr 395 wurde Athen Teil des Oströmischen, später des Byzantinischen Reichs. Philosophenschulen wurden geschlossen, Tempel in Kirchen verwandelt und die Olympischen Spiele verboten.

5 Osmanische Herrschaft

Die Osmanen nahmen Athen 1456 ein, die Stadt versank in Bedeutungslosigkeit. Nach der Bombardierung des Parthenon 1687 gelangte kurz Venedig an die Macht. Im 18. Jahrhundert sorgten Künstler aus England und Frankreich für kulturellen Aufschwung, entwendeten aber auch viele Kunstobjekte.

6 Unabhängigkeitskrieg

1821 erhob sich Griechenland gegen die osmanische Herrschaft, ab 1827 unterstützt von Großbritannien, Frankreich und Russland. Obwohl der Krieg 1829 endete, hielten die Osmanen die Akropolis noch bis 1834. Der neue König Otto I. machte Athen zur griechischen Hauptstadt und ließ es wieder aufbauen.

Gemälde vom Unabhängigkeitskrieg

7 Zweiter Weltkrieg

Mussolini erklärte Griechenland im Oktober 1940 den Krieg. Im April 1941 besetzten deutsche Truppen Athen, hissten auf der Akropolis die Hakenkreuzfahne und nutzten das Hotel Grande Bretagne *(siehe S. 144)* als Hauptquartier.

Deutsche Flugzeuge, Zweiter Weltkrieg

8 Nachkriegszeit

Auf den Zweiten Weltkrieg folgte in Griechenland der Bürgerkrieg. Unter der Bedingung, die Kommunisten von der Macht fernzuhalten, erhielt das Land Hilfe von den USA. In den folgenden Jahrzehnten erlebte Athen eine Phase rascher Industrialisierung und starker Zuwanderung vom Land sowie eine Ausuferung der Vorstädte.

9 Militärdiktatur

Im April 1967 begann mit dem Staatsstreich von Geórgios Papadópoulos eine siebenjährige Militärdiktatur. Studentenproteste wurden am 17. November 1973 von der Armee blutig niedergeschlagen. Das Regime endete 1974, nachdem die Einnahme Zyperns gescheitert war.

10 Modernes Athen

1981 trat Griechenland der EG (heute EU) bei. 1985 wurde Athen erste europäische Kulturhauptstadt. Für die Olympischen Sommerspiele 2004 entstanden viele neue Sport- und Kulturstätten. Ab 2010 zog die griechische Staatsschuldenkrise ein knappes Jahrzehnt sozialer Unruhen nach sich. Stabilisierung und Wiederaufschwung wurden durch die Covid-19-Pandemie erschwert.

Bedeutende Athener

1 Drakon
Der Reformer schuf im 7. Jahrhundert v. Chr. die ersten Gesetzestexte. Selbst kleine Verbrechen wurden »drakonisch« mit dem Tod bestraft.

2 Solon
Der Staatsmann (ca. 638 – 560 v. Chr.) milderte Drakons Gesetze ab und weitete Bürgerrechte auf Ärmere aus.

3 Kleisthenes
Der um 508 – 506 v. Chr. aktive Staatsmann ersetzte die Adelsherrschaft durch eine demokratische Versammlung.

4 Themistokles
Der Feldherr (ca. 527– 459 v. Chr.) machte Athen zur führenden Seemacht.

5 Perikles
Unter Perikles (um 495 – 429 v. Chr.) stand die Stadt auf dem Höhepunkt der Macht und erlebte eine kulturelle Blüte.

6 Aspasia
Perikles' Gemahlin war im 5. Jahrhundert v. Chr. eine der einflussreichsten Frauen in der athenischen Gesellschaft.

7 Lela Karagianni
Die Widerstandskämpferin (1898 – 1944) wurde wenige Wochen vor der Befreiung Athens vom NS-Regime hingerichtet.

8 Damaskinós Papandréou
Der 1941 zum Erzbischof ernannte Geistliche widersetzte sich den nationalsozialistischen Besatzern, indem er falsche Taufscheine für Juden ausstellte.

9 Dimítris Pikiónis
Der angesehene Architekt (1887–1968) entwarf in den 1950er Jahren die Pflasterwege am Südhang der Akropolis.

10 Melína Mercoúri
Die Schauspielerin (1920 – 1994) – eine Symbolfigur des Widerstands gegen die Diktatur (1967–74) – wurde später Kultusministerin.

Melína Mercoúri

TOP 10 Geschichte des Theaters & der Musik

Moderne Inszenierung der Tragödie *Die Perser* von Aischylos

1 Dionysoskult (ab 1200 v. Chr.)

Um den Gott des Weines und der Ekstase zu ehren, feierte man im Frühjahr orgiastische Feste, wobei auch berauschende Kräuter konsumiert wurden. Chöre aus als Satyrn (Waldgeister) verkleideten Männern begleiteten die Gelage mit Hymnen auf Dionysos (Dithyramben).

2 Städtische Dionysien (ab 534 v. Chr.)

Peisistratos machte als Herrscher Athens aus dem Dionysoskult einen Wettstreit (Agon) und gab ihm mit den ersten Städtischen Dionysien 534 v. Chr. einen offiziellen Rahmen.

3 Thespis erfindet das Drama (534 v. Chr.)

Bei den ersten Städtischen Dionysien trat ein Mann namens Thespis aus dem Chor heraus und ergänzte die Aufführung mit einer Erzählung. Damit war die Rolle des Protagonisten geboren, der vom Chor begleitet wurde. Thespis gewann den ersten Agon.

4 Aischylos begründet die Tragödie (472 v. Chr.)

Aischylos stellte dem Protagonisten den Antagonisten gegenüber. Seine erste Tragödie *Die Perser (Persai)* entstand 472 v. Chr.

5 Sophokles baut die Tragödie aus (468 v. Chr.)

Sophokles fügte der Tragödie einen dritten Charakter hinzu. 468 v. Chr. besiegte er Aischylos bei den Dionysien. Sein *König Ödipus* (425 v. Chr.) gilt als eine der zentralen griechischen Tragödien.

Puppe beim Schattentheater

6 Schattentheater (18./19. Jh.)

Nach der Blüte des griechischen Dramas passierte in den Theatern nur wenig. Unter den Osmanen entwickelte sich mit *karagiózis* eine griechische Form des orientalischen Schattenspiels. Die satirischen, etwas derben Stücke über den Narren Karagiózis nahmen die Besatzer aufs Korn.

7 *Rembétiko* (ab 1922)

Flüchtlinge, die 1922 aus Anatolien nach Griechenland vertrieben worden waren, prägten den *rembétiko*, der in den 1930er Jahren überaus populär wurde. Die orientalisch beeinflussten Lieder handeln von den Schattenseiten des Lebens.

8 Maria Callas beherrscht die Opernbühne (ab 1950)

Die Meisterin des Belcanto zog Millionen in ihren Bann und sang auf den größten Bühnen der Welt. Dramatik und Leidenschaft kennzeichneten nicht nur die Darbietungen, sondern auch das Privatleben der Diva – ihre Affäre mit Aristotelís Onásis war oft in den Schlagzeilen.

9 Míkis Theodorákis schreibt Lieder für eine Generation (1960er/1970er Jahre)

Der große Komponist erlangte mit Liedern wie *Epiphánia* und der Filmmusik zu *Alexis Sorbas* auch international Anerkennung. Zur Zeit der Militärdiktatur wurde der politisch engagierte Theodorákis inhaftiert und dadurch zur Symbolfigur des Widerstands gegen die Junta.

Konzert von Míkis Theodorákis

10 Eröffnungsfeier der Olympischen Spiele in Athen (2004)

Dimítris Papaioánnou inszenierte eine Reise durch die Geschichte Griechenlands und der Menschheit, mit Kostümen von Sophía Kokosaláki und einem Gedicht des Nobelpreisträgers Giórgos Seféris.

Bühnen

Odeion des Herodes Atticus

1 Odeion des Herodes Atticus
Karte J5 ▪ Dionysíou Areopagítou ▪ Karten unter +30 210 327 2000
Das Theater *(siehe S. 13)* ist Bühne des Festivál Athinón & Epidaúrou *(siehe S. 72)*.

2 Technópolis
Karte A4 ▪ Pireós 100 ▪ +30 213 010 9300 ▪ www.athens-technopolis.gr
Die Freilichtbühne befindet sich auf dem Gelände eines stillgelegten Gaswerks.

3 Stavros Niarchos Foundation Cultural Center (SNFCC)
Karte T3 ▪ Syngroú 364, Kallithéa ▪ Karten unter +30 213 088 5700
Das Zentrum ist Sitz der Nationaloper.

4 Nationaltheater
Das Haus zeigt exzellente Aufführungen griechischer Klassiker *(siehe S. 96)*.

5 Temple
Karte A3 ▪ Iakchou 17
In dem Club finden oft Konzerte statt.

6 Gagarin 205
Karte B1 ▪ Liosión 205 ▪ +30 211 411 2500 ▪ www.gagarin205.gr
Der Club bietet exzellente Konzerte.

7 Mégaro Mousikís
Karte G3 ▪ Vas. Sofías & Kókkali ▪ +30 210 728 2333 ▪ www.megaron.gr
Die tolle Akustik lockt Orchester, Ballett- und Opernensembles aus aller Welt an.

8 Lykavittós-Theater
Karten unter +30 210 722 7233
Auf dem Hügel *(siehe S. 102)* sind Freiluftkonzerte von Rock bis Klassik zu hören.

9 Half Note
Karte M6 ▪ Trivonianoú 17 ▪ +30 210 921 3310 ▪ www.halfnote.gr
Jazzgrößen aus aller Welt spielen hier.

10 Epídauros
Karten unter +30 210 327 2000
Das berühmte Amphitheater zeigt ausschließlich klassische Werke *(siehe S. 125)*.

TOP 10 Archäologische Stätten

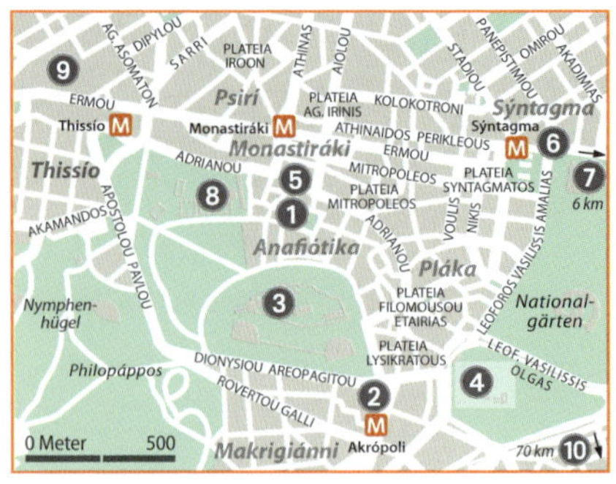

1 Römische Agora & Turm der Winde

Die Fundstätte ist eine der interessantesten Athens. Zu den Relikten zählen der faszinierende Turm der Winde, der Marktplatz der Römer und eine von den Osmanen erbaute Moschee *(siehe S. 24f)*.

Römische Agora

2 Frühchristliche Siedlung

Im Akropolis-Museum gibt ein Glasboden den Blick auf eine frühchristliche Siedlung frei. Der dicht bebaute Ort verfügte über mindestens eine Quelle und einen Wasserspeicher – eine Besonderheit in dieser trockenen Gegend. Die Stätte steht in reizvollem Kontrast zu den antiken Artefakten, die im Museum zu bestaunen sind *(siehe S. 14f)*.

3 Akropolis

Wer sich nur einen Tag lang in Athen aufhält, sollte diesen unbedingt auf der Akropolis verbringen. Die Tempel – vor allem der zu Ehren der Athena errichtete Parthenon – beeinflussten die europäische Architektur der folgenden 2000 Jahre maßgeblich und haben nichts von ihrer Faszination eingebüßt *(siehe S. 12f)*.

4 Olympieíon

Die 515 v. Chr. begonnenen Arbeiten an dem kolossalen Zeus-Tempel wurden erst 700 Jahre später abgeschlossen. Bis dahin waren bereits viele der Nachbargebäude – Tempel, Thermen und ein Gerichtshof – fertiggestellt *(siehe S. 36f)*.

5 Hadriansbibliothek

Hadrian ließ den mit korinthischen Säulen versehenen Bau 132 v. Chr. anlegen. Den marmornen Hof stattete er mit Gärten und einem Wasserbecken aus, außerdem gab es Lese- und Musikräume sowie ein Theater. Die eigentliche Bibliothek befand sich im Ostteil, wo noch die marmornen Fächer für die Schriftrollen zu sehen sind *(siehe S. 84f)*.

6 Metro

Im Vorfeld der Olympischen Spiele fanden mit dem Ausbau der Metro Ende der 1990er Jahre die bislang umfangreichsten Ausgrabungen in Athen statt. Die Fundstücke wurden in das Projekt integriert und sind in einigen Metro-Stationen ausgestellt. Am interessantesten ist die Station Sýntagma, in der man durch eine Glaswand die Schichten der einzelnen Epochen erkennen kann *(siehe S. 101)*.

Kloster Kaisariani

7 Kloster Kaisarianí

Karte T2 ▪ Kaisarianí ▪ +30 210 723 6619 ▪ Mi–Mo 8–15.30 Uhr ▪ Eintritt

Das Kloster aus dem 11. Jahrhundert liegt von Zypressen umgeben am Hang des Bergs Ymittós. Es ist von Athen aus im Rahmen eines Tagesausflugs (am besten mit dem Auto) zu erreichen. Die dem Tempelgang der Jungfrau Maria geweihte Kapelle wurde auf antiken Ruinen erbaut, die Wände zieren Emaillearbeiten und Gemälde aus dem 17. Jahrhundert *(siehe S. 46)*.

8 Agora

Der Marktplatz der Antike, auf dem Händler stritten, Philosophen ihre Lehren verkündeten und Staatsmänner die Grundlagen der ersten Demokratie ausarbeiteten, war 1200 Jahre lang das Herzstück Athens. Der Tempel des Hephaistos auf dem Gelände ist der besterhaltene antike Tempel Griechenlands *(siehe S. 16f)*.

9 Kerameikós

Die beeindruckende Stätte an der antiken Stadtmauer lohnt einen Besuch. Die freigelegten Relikte zeigen das typische Bild eines Viertels am Stadtrand: Gräber – Erdhügel für Kriegshelden, pompöse Marmorgrabmäler für große Staatsmänner –, Tempel, ehemals wichtige Straßen, Töpferwerkstätten und ein Bordell. Heute ist Kerameikós eine grüne Oase im verkehrsreichen Zentrum von Athen *(siehe S. 30f)*.

10 Tempel des Poseidon

Der im 5. Jahrhundert v. Chr. zu Ehren des Gottes des Meeres errichtete Marmortempel am Kap Soúnio, der südlichsten Spitze von Attika, zählt zu den bedeutendsten Sehenswürdigkeiten in ganz Griechenland. Das Heiligtum hoch über den Wellen des Ägäischen Meers hat zahllose Literaten inspiriert – auch Lord Byron widmete ihm eine Reihe von Gedichten und ritzte sogar seinen Namen in eine der Säulen. Bei Sonnenuntergang ist die Stätte besonders eindrucksvoll *(siehe S. 130)*.

Tempel des Poseidon in Soúnio

TOP 10 Kirchen & Klöster

1 Agía Sótera Kottáki

Karte C5 ■ Odós Kidathinéon, Pláka

Die byzantinische Kirche am Nordhang des Akropolis-Felsens stammt aus der zweiten Hälfte des 11. Jahrhunderts oder aus dem 14. Jahrhundert. Die Bauweise mit vier Säulen und hoher Kuppel ist typisch für die sakrale Architektur jener Epochen. Kuppel, Nord- und Südseite sind original, die Westfassade wurde rekonstruiert.

2 Panagía Pantánassa

Karte J3 ■ Plateía Monastiráki

Die Kirche von 1678 gehörte einst zum größten Kloster in der Region und erhielt – nachdem bei Ausgrabungen im 19. Jahrhundert alle umliegenden Klostergebäude zerstört worden waren – den Beinamen Monastiráki (»Kleines Kloster«), den nun auch der Platz *(siehe S. 86)* und das ganze Viertel tragen. Im Zuge der Arbeiten an der Metro-Station wurde auch die Kirche renoviert.

3 Kaisarianí, Berg Ymittós

Das Kloster an den duftenden Waldhängen vor der Stadt wurde im 11. Jahrhundert erbaut. Es besitzt Fresken aus dem 16./17. Jahrhundert und eine Quelle, die Unfruchtbarkeit heilen soll, deren Wasser man heute aber nicht mehr trinken kann *(siehe S. 45)*.

4 Agii Apóstoli

Karte J4

Die den Aposteln geweihte Kirche zählt zu den ältesten Athens. Sie wurde Anfang des 11. Jahrhunderts auf den Resten eines Brunnenhauses (Nymphaion) der Agora erbaut *(siehe S. 17)*. Das Gotteshaus wurde bei der osmanischen Eroberung stark beschädigt, die verbliebenen Fresken wurden jedoch restauriert.

Agii Apóstoli

Kapnikaréa

5 Kapnikaréa

Die der Muttergottes geweihte Kirche entstand im 11. Jahrhundert auf den Ruinen eines antiken Tempels. Mit einem Narthex im Westen und drei Apsiden im Osten weist sie den typisch byzantinischen Grundriss auf. Den Innenraum zieren Fresken von Fótis Kóntoglou *(siehe S. 87)*.

6 Agios Fanoúrios (Panagía Grigoroússa)

Karte J3 ■ Taxiarchón ■ Gottesdienst: Apr–Okt: tägl. 17.45 Uhr; Nov–März: tägl. 16.45 Uhr

Der heilige Fanoúrios ist Patron für das Wiederfinden von verlorenen Gegenständen. Samstags wird in der Kirche von den Gläubigen mitgebrachtes *fanourpíta* gesegnet - wer dieses Brot mit den Armen teilt und ein Gebet spricht, so heißt es, wird das Gesuchte wiederfinden.

7 Agios Geórgios

Karte P1

Wegen des herrlichen Blicks bis zum Saronischen Golf und den Ägäischen Inseln ist die Kirche auf dem Lykavittós, der höchsten Erhebung Athens, ein beliebtes Ausflugsziel. Es werden auch Gottesdienste im Freien abgehalten.

8 Panagía Gorgoepíkoös

Die kleine, auch Mikrí Mitrópoli (»Klein-Mitropóli«) genannte Kirche übertrifft ihre große Nachbarin, die Athener Kathedrale *(siehe unten)*, an geschichtlicher und kunsthistorischer Bedeutung weit. Sie wurde im 12. Jahrhundert auf den Ruinen eines der Göttin Eileithyia geweihten Tempels errichtet. Die mit Reliefs des antiken Festkalenders geschmückten Mauern sind gänzlich aus antiken und byzantinischen Marmorrelikten erbaut.

9 Agía Ekateríni

Die Reste klassischer Säulen im Kirchhof belegen, dass die Kirche im 12. Jahrhundert auf den Ruinen eines wohl der Göttin Hestia geweihten antiken Tempels erbaut wurde. Die bunten Fresken wurden sorgfältig restauriert *(siehe S. 80)*.

Fresko, Mitrópoli

10 Mitrópoli

Die 1862 fertiggestellte Athener Kathedrale war der erste große Kirchenbau, nachdem Griechenland seine Unabhängigkeit erlangt hatte. Sie wurde zum Sitz des Erzbischofs und damit der griechischen Orthodoxie. Die Architektur des bedeutendsten orthodoxen Gotteshauses ist weit weniger eindrucksvoll als das prachtvolle Innere mit einem reichen Kirchenschatz und farbenfrohen Fresken *(siehe S. 79)*.

TOP 10 Museen

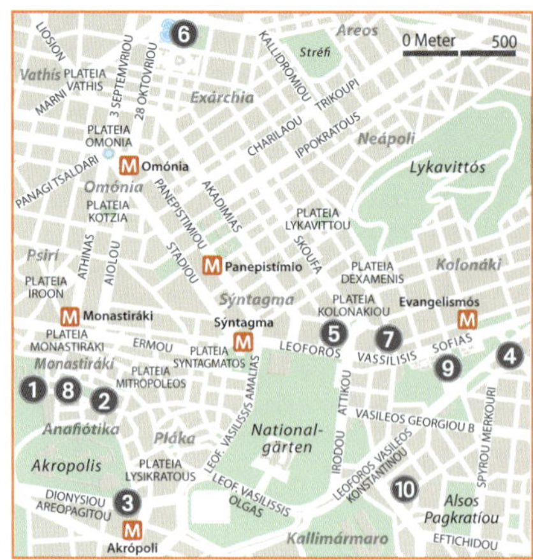

1 Agora-Museum

Die Sammlung an Fundstücken von dem antiken Marktplatz konzentriert sich auf Objekte, die mit der Einführung der Demokratie zu tun hatten. Dazu gehören z. B. die in Marmor gehauenen Grundlagen der neuen Ordnung *(siehe S. 18f).*

2 Museum für griechische Volksmusikinstrumente

Es gibt weit mehr traditionelle griechische Musikinstrumente als die weithin bekannte *bouzoúki*. Trotz starker Einflüsse aus der Türkei und dem Nahen Osten hat die griechische Musik ihre einzigartige Sensibilität bewahrt. Die Sammlung des Museums umfasst byzantinische Lyren, Lauten aus Elfenbein, Hirtenflöten und viele weitere schöne Stücke *(siehe S. 78).*

3 Akropolis-Museum

Das im Jahr 2009 eröffnete Akropolis-Museum wurde als zukünftige Heimstatt des vollständigen Marmorfrieses aus dem Parthenon der Akropolis konzipiert. In einigen Teilen des berühmten Museums bieten Glasflächen im Boden ungewöhnliche Blicke auf die Schätze der tieferen Etagen *(siehe S. 14f).*

4 Nationalgalerie

Karte F4 ▪ Alsos Stratoú, Goudí; Eingang: Vasiléos Konstantínou 50 ▪ +30 214 408 6201 ▪ Mo & Mi–So 10–17.30 Uhr ▪ Eintritt ▪ www.nationalgallery.gr

Griechenlands bedeutendste Kunstgalerie präsentiert Meisterwerke aus griechischer Hand. Zu den Highlights zählen u. a. Arbeiten von Fótis Kóntoglou, Sophia Laskaridou und von Malern des 19. Jahrhunderts wie Nikifóros Lýtras und Theódoros Vryzákis.

Museum für griechische Volksmusikinstrumente

5 Benáki-Museum für griechische Kultur

In der klassizistischen Villa der Familie Benákis lässt sich an einer glänzend präsentierten Sammlung die Entwicklung der griechischen Kunst und Kultur – von der Antike bis ins 20. Jahrhundert – nachvollziehen *(siehe S. 26f)*.

Exponat des Museums für griechische Volkskunst

6 Archäologisches Nationalmuseum

Das Museum beherbergt eine unvorstellbare Menge an griechischen Kulturschätzen aus prähistorischer Zeit und der Antike. Zu den Höhepunkten der Sammlung zählen die herrlichen Thera-Fresken aus dem 17. Jahrhundert v. Chr. und der Goldschatz aus Mykene *(siehe S. 20f)*.

Archäologisches Nationalmuseum

7 Museum für Kykladische Kunst

Die Kykladenkultur kam etwa gleichzeitig mit der frühen ägyptischen und der mesopotamischen Kultur zur Blüte, brachte aber etwas Einzigartiges hervor: elegante, stilisierte Marmorfiguren – die ersten einer jahrhundertelangen Tradition in der griechischen Kunst. Das Museum besitzt die weltweit größte Sammlung *(siehe S. 22f & S. 102)*.

8 Museum für griechische Volkskunst

www.mnep.gr

Die Sammlung mit griechischer Volkskunst ab Mitte des 17. Jahrhunderts umfasst Wandteppiche, Stickereien, Trachten, Schattenspielpuppen, Filigranschmuck sowie dekorative Kunst des 18. und 19. Jahrhunderts. Sie ist seit einigen Jahren in einem neuen Gebäude in Monastiráki zu sehen.

9 Basil-&-Elise-Goulandrís-Stiftung

Das Museum der Stiftung zeigt eine erstklassige Sammlung mit Kunst des späten 19. bis frühen 20. Jahrhunderts, u. a. mit Werken von Joan Miró, Pablo Picasso, Vincent van Gogh, Claude Monet, Paul Cézanne, Anselm Kiefer und Roy Lichtenstein. Zudem sind Arbeiten von bedeutenden griechischen Künstlern der Moderne wie Tákis, Yánnis Móralis, Yánnis Tsaroúchis, Konstantínos Parthénis und Níkos Hadjikyriákos-Ghíkas zu sehen *(siehe S. 103)*.

10 Byzantinisches & Christliches Museum

Der Bestand des Museums umfasst rund 30 000 Objekte aus den bedeutendsten byzantinischen Kirchen und Klöstern Griechenlands – darunter Skulpturen, Schriften, Ikonen und Fresken sowie herrliche Arbeiten aus Gold, Silber und Edelsteinen *(siehe S. 32f & S. 103)*.

Exponate im Byzantinischen & Christlichen Museum

TOP 10 Philosophen & Dichter

1 Homer (um 700 v. Chr.)

Über den Verfasser der Werke *Ilias* und *Odyssee* ist wenig bekannt. Seine Epen wurden mündlich weitergegeben und zählen zu den einflussreichsten Werken der Literatur.

Homer

2 Sappho (um 630–570 v. Chr.)

Die Lyrikerin wurde wegen ihrer klaren, natürlichen Sprache verehrt. Platon bezeichnete sie als zehnte Muse. Ihre Lieder über Verlangen und weibliche Leidenschaft gelten als Ausdruck ihrer Liebe zu Frauen. Das Wort »lesbisch« leitet sich von der Insel Lésbos ab, auf der Sappho lebte.

3 Sophokles (496–406 v. Chr.)

Nur sieben Tragödien von Sophokles sind vollständig erhalten, sein Ruhm beruht auf *Antigone, Ödipus auf Kolonos* und *König Ödipus*. Vor allem das letztgenannte Werk, in dem der Held erkennen muss, unwissentlich seinen Vater erschlagen zu haben, ist ein Meisterwerk der griechischen Tragödie.

4 Sokrates (470–399 v. Chr.)

Der große Redner verfasste selbst keine Werke – seine Lehren wurden von Geschichtsschreibern und vor allem von seinem Schüler Platon notiert. Sokrates gilt als Vordenker der abendländischen Philosophie. In der Blüte des Goldenen Zeitalters erörterte er seine Erkenntnisse auf der Agora und wurde schließlich wegen Korrumpierung der Jugend zum Tode verurteilt *(siehe S. 34)*.

5 Aristophanes (um 450–380 v. Chr.)

Aristophanes gilt als bedeutendster Vertreter der griechischen Komödie. Sein heiteres und freizügiges Werk *Lysistrata*, in dem sich die Frauen Athens und Spartas ihren Gatten sexuell verweigern, um den Frieden zwischen den beiden Stadtstaaten zu erzwingen, gehört noch immer zu den herausragenden Beispielen der Antikriegsliteratur.

6 Platon (427–347 v. Chr.)

Sokrates gilt als Vordenker der abendländischen Philosophie, Platon ist ihr Begründer. Auf seine Schriften – von den frühen Dialogen, die der sokratischen Dialektik folgten, bis zu späten Werken wie *Politeía (Der Staat)* – beriefen sich in der Folgezeit zahlreiche philosophische Strömungen.

Platon und Aristoteles in Raffaels Gemälde *Die Schule von Athen*

7 Aristoteles (384–322 v. Chr.)

Nach dem Studium bei Platon wurde Aristoteles Lehrer Alexanders des Großen. Mit dem Lykeion gründete er später eine Schule, die sich mit

Aristoteles und Alexander der Große

Platons Akademie messen konnte. Aristoteles' *Poetik* gehört zu den Hauptwerken der Literaturkritik, die *Nikomachische Ethik* zu den bedeutendsten ethischen Abhandlungen.

8 Níkos Kazantzákis (1883–1957)

Der bittersüße Geist des modernen Griechenland, wie er im berühmten Roman *Alexis Sorbas* beschrieben ist, berührte Millionen. Schwermütiger erscheint *Die letzte Versuchung* (1951). Das autobiografische Werk *Rechenschaft vor El Greco* (1961) beschreibt u. a. die Kindheit auf der osmanisch beherrschten Insel Kreta.

9 Giórgos Seféris (1900–1971)

Die Gedichte des in Smyrna (heute Izmir, Türkei) geborenen Literaturnobelpreisträgers widmen sich der Geschichte, dem Phänomen der Entfremdung und der rauen Gegenwart, z. B. in *Mythischer Lebensbericht*.

10 Katerína Angeláki-Rooke (1939–2020)

Ermutigt durch ihren Patenonkel Níkos Kazantzákis, begann Angeláki-Rooke mit 17 Jahren mit dem Schreiben. Ihre Gedichte beschäftigen sich mit den Grenzen und Fähigkeiten des menschlichen Körpers und dem Wesen der Leidenschaft.

Werke

1 *Ilias* (Homer)
Eines der größten Epen aller Zeit erzählt eine Episode aus dem Trojanischen Krieg.

2 *Odyssee* (Homer)
Das Epos handelt von den Abenteuern des Helden mit Sirenen, Nymphen und Zyklopen auf seinem Heimweg von Troja nach Ithaka.

3 *Orestie* (Aischylos)
Die Trilogie über das Haus von Atreus, König von Mykene, erzählt von einem Fluch, der über der Familie liegt.

4 *König Ödipus* (Sophokles)
Schreckliches ereignet sich, als Ödipus – wie vom Orakel prophezeit – seinen Vater tötet und seine Mutter heiratet. Das Werk empfiehlt sich als Lektüre bei einem Aufenthalt in Delphi oder Theben.

5 *Der Staat* (Platon)
Platons berühmtes Werk *Politeía* befasst sich mit der Frage nach einem gerechten Gemeinwesen.

6 *Der Staat der Athener* (Aristoteles)
Das Werk verknüpft die demokratische Struktur Athens mit der Architektur der Agora.

7 *Der Peloponnesische Krieg* (Thukydides)
Ein Athener General erzählt die Ereignisse des Krieges Schlacht für Schlacht.

8 *Histories Apodeixis* (Herodot)
Der »Vater der Geschichtsschreibung« berichtet vom griechischen Freiheitskampf gegen die Perser.

9 *Periégesis tes Helládos* (Pausanias)
Der erste Reiseschriftsteller beschreibt Griechenland im 2. Jahrhundert n. Chr.

10 *Alexis Sorbas* (Níkos Kazantzákis)
Das Buch von 1946 – Inbegriff des modernen griechischen Romans – wurde 1964 verfilmt und dadurch weltberühmt.

Anthony Quinn in *Alexis Sorbas*

TOP 10 Mythen

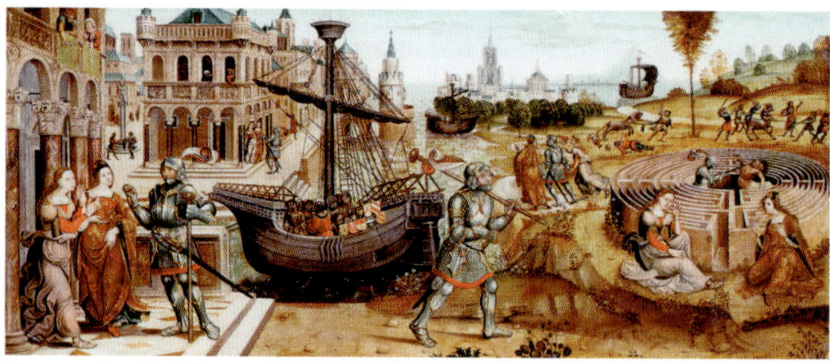

Theseus tötet den Minotaurus

1 Theseus tötet den Minotaurus

Nach einem Streit mit seinem Bruder Aigeus forderte Minos, König von Kreta, von Athen alle neun Jahre sieben Jünglinge und sieben Jungfrauen, um sie dem Minotaurus zu opfern. Dank Minos' Tochter Ariadne gelang es Theseus, das Mischwesen aus Mensch und Stier zu töten und viele vor dem Opfertod zu bewahren.

2 Geburt des Erichtonius

Beim Versuch, Athena zu vergewaltigen, vergoss Hephaistos seinen Samen auf deren Bein, von wo er auf den Boden tropfte und durch die Erdgöttin Gaia zum Kind wurde. Erichtonius, der »Erdgeborene«, wurde von den Töchtern von König Kekrops aufgezogen und später selbst zum König.

Geburt des Erichtonius

3 Geburt der Athena

Als Zeus gesagt wurde, seine Geliebte Metis bekäme einen Sohn, der ihn vom Thron stoßen würde, verschluckte er Metis, doch das ungeborene Kind wuchs in seinem Kopf weiter heran. Nach neun Monaten spaltete Hephaistos mit einer Axt Zeus' Haupt, dem Athena mit einer Rüstung bekleidet entsprang.

4 Athen erhält den Namen

Athena und Poseidon wetteiferten mit Gaben um die Herrschaft über Athen: Der Gott des Meeres stieß seinen Dreizack in den Akropolis-Felsen, aus dem sich Salzwasser ergoss; Athena bot den Ölbaum und wurde Schutzgöttin der Stadt.

5 Theseus erreicht Athen

König Aigeus' Sohn Theseus war fern vom Hof aufgewachsen. Im Alter von 16 Jahren reiste er nach Athen und tötete mit einem Schwert seines Vaters mehrere Ungeheuer, die Attika terrorisierten. Er wurde Athens meistgeachteter König.

6 Raub der Persephone

Nachdem Hades ihre Tochter entführt hatte, entzog Demeter der Erde die Fruchtbarkeit. Nach Zeus' Einschreiten gab Hades Persephone frei, ließ sie aber zuvor Granatapfelkerne essen. Der Verzehr der Speisen von Toten zwang Persephone, jährlich die Unterwelt aufzusuchen. Der Mythos erklärt die Jahreszeiten.

7 Prozess gegen Orestes

Nach dem Mord an seiner Mutter Klytämnestra (aus Rache für deren Mord an seinem Vater Agamemnon) wurde Orestes von den Erinnyen (Rachegöttinnen) bis Athen verfolgt. Athena verfügte statt der Todesstrafe einen Prozess. Die Verhandlung markiert die Abkehr von der Blutherrschaft hin zu Gesetzen.

8 Athena & Arachne

Als Göttin des Handwerks und der Künste beschloss Athena, der armen, aber talentierten Weberin Arachne zu helfen. Die Beschenkte erwiderte keinen Dank und Athena forderte sie zu einem Wettstreit in ihrer Kunst. Arachnes Werk zeigte die Liebesabenteuer der Götter, worauf die entrüstete Athena sie in eine Spinne verwandelte.

Porträt der Weberin Arachne

9 Tod des Aigeus

Theseus hatte mit Aigeus vereinbart, als Zeichen des Siegs über den Minotaurus weiße Segel zu setzen, vergaß dies jedoch. Beim Anblick der schwarzen Segel stürzte sich Aigeus vor Kummer ins Meer, das seither Ägäisches Meer heißt.

10 Perseus tötet Medusa

Polydektes, König von Serephos, versuchte die Liebe Danaes zu erpressen. Perseus, Sohn des Zeus und der Danae, versprach ihm das Haupt der Medusa, sofern er von seiner Mutter ablasse. Mit Athenas Hilfe tötete er das Ungeheuer und brachte den Kopf zu dem Tyrannen, worauf dieser zu Stein erstarrte.

Götter, Göttinnen & Ungeheuer

1 Zeus
Der Göttervater herrschte über den Pantheon und zeugte dank seiner übermenschlichen Libido unzählige Helden.

2 Poseidon
Der Gott des Meeres war der Bruder von Zeus – und gelegentlich dessen größter Rivale.

3 Athena
Die Tochter des Zeus war nicht nur die Göttin der Weisheit und der Philosophie, sondern auch Göttin des Handwerks und Schutzgöttin von Athen.

4 Medusa
Der Anblick der schlangenköpfigen Medusa ließ jeden zu Stein erstarren. Perseus konnte sie nur töten, weil er sie nicht direkt, sondern über Athenas spiegelnden Schild ansah.

5 Artemis
Die jungfräuliche Göttin der Jagd, des Waldes und des Mondes war Apollons Zwillingsschwester.

6 Aphrodite
Die sinnliche Aphrodite war das Gegenteil von Artemis – die launenhafte Liebesgöttin hatte zahllose Affären.

7 Minotaurus
Pasiphaë, Königin von Kreta, und ein von Poseidon gesandter Stier zeugten das Wesen mit Stierkopf und menschlichem Körper.

8 Zyklopen
Der wohl bekannteste der einäugigen Giganten war der von Odysseus geblendete Polyphem, ein Sohn des Poseidon.

9 Sirenen
Der betörende Gesang der Sirenen brachte Odysseus' Seeleuten fast den Tod.

10 Apollon
Der überaus schöne Gott der Musik und der Dichtung stand den neun Musen vor.

Statue des Apollon

TOP 10 Griechische Erfindungen

Olympia

1 Olympische Spiele

Die ersten Spiele in Olympia fanden wohl 776 v. Chr. statt. Die Zeus gewidmeten Wettkämpfe im Laufen und Ringen dauerten einen Tag, wurden aber mit weiteren Sportarten wie Boxen, Pankration (ein weiterer Zweikampf), Pferderennen und Pentathlon (Fünfkampf aus Diskuswurf, Weitsprung, Speerwurf, Kurzstreckenlauf und Ringen) auf fünf Tage ausgedehnt. Sie fanden alle vier Jahre – nach Ablauf einer Olympiade – statt.

2 Athenische Trireme

Die Triremen waren Meisterwerke des antiken Schiffbaus (um 700 – 400 v. Chr.) und die Basis für Athens Seemacht. Die 40 Meter langen und fünf Meter breiten Schiffe waren mit bis zu zwölf Knoten beachtlich schnell. Für den Antrieb sorgten 170 Ruderer in drei Sitzreihen, die sich abwechselten, um Kraft zu sparen. Die Schiffe besaßen auch Segel, diese wurden allerdings bei Seeschlachten eingeholt.

3 Theater

Die früheste Form des Theaters basiert auf heidnischen Ritualen aus der griechischen Antike, aus denen die Städtischen Dionysien *(siehe S. 42)* hervorgingen. Die Aufführungen fanden in eigens dafür erbauten Amphitheatern statt. Mittels Masken stellten Schauspieler verschiedene Charaktere dar. Die Stücke betonten Werte wie Patriotismus, Götterverehrung, Freiheit und Gastlichkeit.

4 Satz des Pythagoras

»Im rechtwinkligen Dreieck ist das Quadrat über der Hypothenuse gleich der Summe der Quadrate über den Katheten.« Der Lehrsatz des Philosophen und Mathematikers (um 570 – 500 v. Chr.) bedeutete einen gewaltigen Fortschritt für Mathematik, Geometrie und Astronomie.

5 Demokratie

Die »Herrschaft des Volkes« als Regierungsform wurde in Athen 508/507 v. Chr. unter dem Staatsmann Kleisthenes eingeführt. Alle freien in Athen geborenen Männer durften der auf dem Pnyx tagenden Volksversammlung beiwohnen und so an politischen Entscheidungen mitwirken. Die Versammlung trat 40 Mal im Jahr zusammen, für Abstimmungen war die Anwesenheit von 6000 Bürgern nötig.

6 Hippokratischer Eid

Dem griechischen Arzt Hippokrates (460 – 377 v. Chr.), »Vater der Medizin«, wird jener Eid zugeschrieben, der Ärzten Abtreibungen, Sterbehilfe, unnötige Operationen sowie sexuelle Beziehungen zu Patienten untersagt und Schweigepflicht auferlegt. Der Eid wurde von Ärzten bis 1948 geleistet – dann galt die Berufung auf griechische Gottheiten als nicht mehr zeitgemäß, und der Weltärztebund formulierte das Genfer Ärztegelöbnis, das bis heute gilt.

7 Katapult

Mit dem von Dionysios von Syrakus (430 – 367 v. Chr.) erdachten Gerät konnte man schwere Objekte schleudern und Pfeile weit schießen. Nach seiner Machtübernahme in Sizilien vertrieb Dionysios damit die Karthager, die weite Teile der Insel beherrschten, und machte Syrakus zur griechischen Machtbasis in Italien. Die Römer entwickelten die Erfindung weiter: Durch Räder wurde das Katapult mobil gemacht.

8 Griechisches Feuer

Im Byzantinischen Reich griff man Schiffe mit der auch Seefeuer genannten Waffe an: Durch Bronzerohre am Bug der Galeeren schoss man eine hochentzündliche Masse, deren Feuer sich nicht mit Wasser löschen ließ. Seefeuer wurden erstmals bei der Belagerung von Konstantinopel (674–678) durch die Araber und bis ins 13. Jahrhundert erfolgreich genutzt. Die Formel ist unbekannt, doch vermutlich enthielt die Brandwaffe Petroleum, Rohbenzin, Schwefel und gebrannten Kalk.

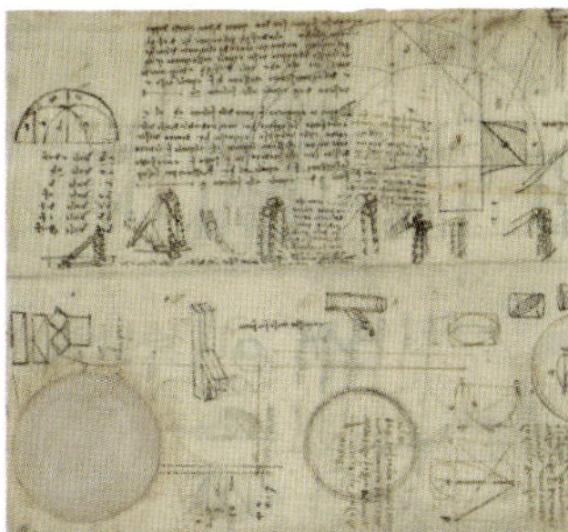

Schraube des Archimedes, Skizze von Leonardo da Vinci

9 Schraube des Archimedes

Der in Syrakus geborene Mathematiker (287–212 v. Chr.) erfand eine Förderanlage für Wasser, bei der sich eine hölzerne Schraube in einem Zylinder aus geteerten Holzplanken dreht. Das untere Ende liegt im Wasser, oben befindet sich eine Kurbel. Durch die Drehbewegung wird das Wasser in den Kammern der Schraube nach oben befördert.

10 Pap-Abstrich

Der nach seinem Entwickler, dem griechisch-amerikanischen Mediziner Geórgios Papanicoláou (1883–1962), benannte Test dient seit 1943 zur Früherkennung von Gebärmutterhalskrebs.

Olympische Fakten

1 Olympischer Friede
Zur störungsfreien Durchführung der Olympischen Spiele schlossen verfeindete Stadtstaaten 776 v. Chr. Frieden.

2 Ende der antiken Spiele
Die letzten Olympischen Spiele der Antike fanden wohl 393 n. Chr. statt, bevor der christliche Herrscher Theodosios I. derlei »heidnisches Treiben« verbot.

3 Wiederaufleben der Spiele
Rund 1500 Jahre nach den letzten Olympischen Spielen regte Baron Pierre de Coubertin (1863–1937) eine Wiederbelebung an.

4 Die ersten Spiele der Neuzeit
Athens Kallimármaro-Stadion *(siehe S. 101)* war 1896 Schauplatz der ersten Olympischen Spiele der Neuzeit.

5 Olympische Ringe
Die fünf ineinandergreifenden Ringe – 1912 von Baron Pierre de Coubertin entworfen – symbolisieren die Kontinente.

6 Olympische Medaillen
Die letzte gänzlich aus Gold gemachte Medaille gab es im Jahr 1912.

7 Olympisches Motto
Das Motto *Citius, altius, fortius* (Schneller, höher, stärker) wurde 1921 von Baron de Coubertin vorgeschlagen und zitiert den Dominikanerpater Henri Didon.

8 Olympisches Feuer
1936 fand der erste olympische Fackellauf statt, bei dem die Flamme von Athen bis zum Austragungsort – in jenem Jahr Berlin – getragen wird.

9 Erste Fernsehübertragung
Die Olympischen Sommerspiele in Berlin wurden live im Fernsehen übertragen.

10 Olympische Spiele der Neuzeit zum zweiten Mal in Griechenland
2004 fanden die Spiele erneut in Athen statt – erstmals seit 1896.

Entzündung des Feuers (2004)

TOP 10 Kunstgeschichte

Kykladisches Idol

1 Kykladische Kunst (3200–2200 v. Chr.)

Die Kykladenkultur hatte ihre Blüte auf den Inseln Náxos, Páros, Amorgós, Mílos, Sýros und Kéros, die im Ägäischen Meer einen Kreis *(kýklos)* um Dílos bilden. Sie verschwand nach rund 1000 Jahren auf mysteriöse Weise – geblieben sind stilisierte Marmorfiguren (Idole), die meist Frauenkörper darstellen.

2 Minoische Kunst (2000–1400 v. Chr.)

Die Minoer auf Kreta waren ein soziales, sinnliches, naturverbundenes und matriarchalisches Volk. Naturmotive in fließenden Linien kennzeichnen ihre Keramiken. Fresken stellten meist Priester und Tiere dar. Interessant sind auch die irdenen Skulpturen von sinnesfreudigen Göttinnen mit Schlangen und der fein gearbeitete Goldschmuck.

3 Mykenische Kunst (1600–1100 v. Chr.)

Die mykenische Kultur auf dem Festland war von der minoischen beeinflusst, allerdings stärker auf Krieg und Machtzuwachs (vor allem durch Erwerb von Gold) ausgerichtet. Die Paläste zierten in Gold gefasste Schwerter, Dolche und Pokale, goldene Totenmasken und Keramiken mit Kriegsszenen.

Mykenisches Wandbild

4 Geometrischer Stil (900–700 v. Chr.)

Im geometrischen Stil gestaltete Kunstwerke stammen aus dem dunklen Zeitalter Griechenlands, das mangels Quellen wenig erforscht ist. Einzige Fundstücke sind mit eckigen Mustern und abstrakten Figuren bemalte Vasen. Eine große Totenvase aus dieser Zeit steht im Archäologischen Nationalmuseum.

Ausstellung archaischer Skulpturen

5 Archaische Kunst (700–500 v. Chr.)

In dieser Epoche entstanden die ersten Tempel und Statuen aus Marmor. Die meist kultischen Skulpturen junger Frauen (Koren) und Männer (Koroi) waren stark von der ägyptischen Kunst beeinflusst: Die steifen, bunt bemalten Figuren zeigen akzentuierte Muskeln und fein ausgearbeitete Gesichter.

6 Griechische Klassik (480–323 v. Chr.)

Skulpturen der Klassik waren naturgetreu und verkörperten den Idealismus der neuen Zeit. Tempel wurden nach exakten Berechnungen konstruiert und mit plastischen Reliefs verziert, die mit der Tradition brachen. Phidias gilt als größter Bildhauer des Goldenen Zeitalters.

7 Hellenistische Kunst (323 – 30 v. Chr.)

Durch die Expansion des Reichs unter Alexander dem Großen unterlag die klassische Bildhauerei orientalischen Einflüssen. Der Bildhauer Lysippos prägte die neue Epoche mit sinnlichen Motiven. Er porträtierte Aphrodite, Pan oder Dionysos mit ausladenden Körperbewegungen.

Byzantinische Ikone

Byzantinische Kunst (330 – 15. Jh.)

Die Kunst der Byzantiner widmete sich fast ausschließlich christlichen Motiven. Prächtige Mosaiken, Fresken und Ikonen wurden aus wertvollem Material – vor allem aus Gold – gefertigt, um die Macht des Reichs widerzuspiegeln.

Osmanische Einflüsse (1453 – 1821)

Unter den Osmanen stagnierten kulturelles Leben und Kunst, einzig die Volkskunst hatte Bestand und setzte die fremden Einflüsse um. Neben Silberschmuck und Metallarbeiten wurden Teppiche, Wandbehänge und Stickereien angefertigt.

10 Klassizismus (1836 – Anfang 20. Jh.)

Nach dem Sieg über die Osmanen wurde wieder eifrig gebaut. Stilprägend waren Baumeister vom bayerischen und vom dänischen Hof, die sich von der Klassik inspirieren ließen. Viele bedeutende Gebäude in Athen – u. a. die Universität und die Akademie der Wissenschaften – sind im Stil antiker Bauten errichtet.

Stilelemente

1 Koros / Kore
Skulpturen junger Männer *(kouroi)* und Mädchen *(koren)* waren die frühesten Statuen in der griechischen Kunst.

2 Kapitell
Abschlüsse griechischer Säulen sind dorisch (einfache Deckplatte), ionisch (gegliederte Voluten) oder korinthisch (mit Akanthusblättern).

3 Ikone
Byzantinische Tafelbilder von Heiligen oder biblischen Szenen sind meist mit Blattgold geschmückt.

4 Dreiecksgiebel
Den von Säulen getragenen Giebel an der Fassade eines Tempels ziert häufig ein Relief.

5 Fries
Unterhalb des Giebels verläuft an Tempeln in der Regel ein Zierstreifen mit floralen oder geometrischen Motiven.

6 Krater
Die großen Bronze- oder Tongefäße zum Mischen von Wein und Wasser waren oft schön verziert.

7 Schwarzfiguriger Stil
Die früheste Form griechischer Vasenmalerei zeigte formale schwarze Figuren auf rotem Ton.

8 Rotfiguriger Stil
In Umkehrung der schwarzfigurigen Technik wurden feine Linien auf- statt abgetragen, was die Figuren weicher und lebensnaher erscheinen ließ.

9 Fresko
Fresken werden auf den noch nassen Kalkputz gemalt und sind so eins mit der Wand.

10 Karyatide
Die bekanntesten dieser als Säulen fungierenden weiblichen Skulpturen befinden sich im Erechtheion der Akropolis.

Karyatiden, Erechtheion

Folgende Doppelseite Fußgängerweg, Olympisches Sportzentrum Athen

TOP 10 Spaziergänge

Shoppingmeile Ermoú

1 Ermoú

Athens größte Shoppingmeile bietet an einem Ende Designerboutiquen und elegante Kaufhäuser, am anderen unkonventionelle Läden mit gebrauchten Möbeln, Antiquitäten und mehr. Sonntags lockt ein Flohmarkt *(siehe S. 87)* besonders viele Besucher an.

2 Dionysíou Areopagítou

Der breite, von Bäumen gesäumte Fußgängerweg verbindet alle wichtigen archäologischen Stätten der Innenstadt und bietet einige Straßencafés.

3 Kallidromíou & Stréfi

Die Kallidromíou bildet das Zentrum von Exárcheia – vor allem an Samstagen, wenn der *laïki agora* (Bauernmarkt) zahllose Besucher anlockt. Bei einem Bummel entlang der Straße kann man die Eindrücke genießen und sich frisches Obst schmecken lassen, bevor man sich an den Aufstieg auf den Hügel Stréfi macht *(siehe S. 95)*.

4 Philopáppos

Kurvenreiche Wege führen auf den Hügel und vorbei an zwei alten Kirchen, einer römischen Gedenkstätte und dem Observatorium von Athen. Der fantastische Ausblick vom Gipfel ist den Aufstieg mehr als wert *(siehe S. 34f)*.

5 Zentralfriedhof

Karte D6

Athens größter Friedhof bietet beim Schlendern zwischen den überwucherten Grabsteinen erholsame Ruhe. Die schlanken Zypressen, die spitz in den Himmel weisen, erleichtern – so glauben die Griechen – den Aufstieg der Seelen.

6 Lykavittós

Mehrere hübsche Spazierwege durchziehen den mit Kiefern bestandenen Lykavittós (auch Lykabettos). Wenn Sie den Aufstieg nicht scheuen, wandern Sie bis zum Gipfel des Hügels, andernfalls nehmen Sie die Seilbahn und spazieren hinab *(siehe S. 102)*.

Blick vom Lykavittós auf die Stadt

7 Zéa (Pasalimáni)

Der Naturhafen in Piräus ist voller Fischerboote und Yachten. Die Hafenpromenade führt zum Marinemuseum, abends locken die Cafés am Ufer viele Gäste an *(siehe S. 109)*.

8 Kallimármaro-Stadion

Unterhalb der Marmorränge drehten sowohl die Läufer der Panathenäischen Spiele im 4. Jahrhundert v. Chr. als auch die der ersten Olympischen Spiele der Neuzeit ihre Runden *(siehe S. 55)*. 2004 war das Stadion mit 70 000 Plätzen Ziel des Marathonlaufs. Jogger schätzen die schattige Strecke oberhalb der Stätte *(siehe S. 101)*.

Nationalgärten

9 Nationalgärten

Die verschlungenen Wege in den üppig grünen Nationalgärten eignen sich hervorragend für Spaziergänge. 1839 wurden in den damals »Königlichen Gärten« rund 15 000 exotische Bäume und Blumen aus aller Welt gepflanzt. Viele davon blühen noch heute *(siehe S. 101)*.

10 Marína Flísvou

Der Yachthafen in Palaío Fáliro verströmt kosmopolitisches Flair. An den Kais liegen Luxusyachten vor Anker. Ein Spaziergang auf der Hafenpromenade führt zu einer Freiluft-Shoppingmall und zahlreichen Restaurants und Cafés, die Blick aufs Meer bieten.

Ausblicke

Blick vom Areopag auf die Stadt

1 Areopag
Auf dem hohen, glatten Felsen über der Agora *(siehe S. 16f)* tagte jahrhundertelang das Oberste Gericht.

2 Restaurant Orízontes
Abends ist der Blick vom Lykavittós auf die Lichter Athens herrlich *(siehe S. 107)*.

3 Philopappus-Denkmal
Das Denkmal bietet auf einer Seite Aussicht auf die Akropolis, auf der anderen Seite reicht der Blick bis Piräus und zur Küste *(siehe S. 35)*.

4 Adrianoú, Monastiráki
Von den Straßencafés aus überblickt man die antike Agora *(siehe S. 88)*.

5 Cocktailbar 360
Karte J3 ▪ Ifaístou 2
Die Bar bietet wunderbaren Blick auf die Akropolis.

6 GB Roof Garden
Die fantastische Aussicht von der Rooftop-Bar des Hotels Grande Bretagne ist nicht zu toppen.

7 Stréfi
Der Hügel bietet eine fast ebenso schöne Aussicht wie der Lykavittós – nach deutlich kürzerem Aufstieg *(siehe S. 95)*.

8 Pýrgos Athinón
Mesogeíon 2
Das höchste Gebäude Athens hat keine Aussichtsplattform, doch der Blick aus den oberen Geschäftsräumen ist toll.

9 Kloster Kaisarianí
Das schöne Kloster liegt an den bewaldeten Hängen des Ymittós über den östlichen Vororten Athens *(siehe S. 45)*.

10 Pentéli
Karte J3 ▪ www.astro.noa.gr
Vom Zentrum des Instituts für Astronomie im Norden der Stadt genießt man Tag und Nacht eine grandiose Sicht.

TOP 10 Unbekanntes Athen

1 The Breeder

Karte B2 ■ Iásonos 45 ■ +30 210 331 7527 ■ Di–Sa 12–17 Uhr (Sa bis 15 Uhr) ■ www.thebreedersystem.com

In dem aufstrebenden Viertel Metaxourgío, westlich von Omónia, haben sich schicke Bars und Restaurants sowie Museen und viele Kunstgalerien angesiedelt. Die älteste und bekannteste dieser Galerien präsentiert seit 2008 zeitgenössische Werke von renommierten internationalen und jungen griechischen Künstlern.

2 Athens Food Tour

Karte D4 ■ ab Plateía Syntágmatos ■ +30 211 012 6544 ■ Mo–Sa 10 Uhr (nach Anmeldung) ■ Gebühr ■ www.alternativeathens.com

Die drei- bis vierstündigen englischsprachigen Touren führen zu diversen familiengeführten Lebensmittel- und Feinkostläden in Monastiráki und Psirí sowie zum zentralen Markt von Athen (Varvákios Agora). Auf ein üppiges Frühstück vor dem Start sollte man verzichten – unterwegs finden viele Verkostungen statt.

Station bei der Athens Food Tour

3 Fahrradtour

Karte B6 ■ Parthenónos 12 ■ +30 210 331 0323 ■ Gebühr ■ www.trekking.gr

Bei den von Trekking Hellas geleiteten vierstündigen Touren zur Küste durchquert man hübsche Stadtviertel. Der Veranstalter bietet auch Seekajakfahrten am Kap Soúnio, Canyoning in der Schlucht Goúra und Spaziergänge zu Athener Kunsthandwerksläden und Märkten an.

4 Street Art Tour

Karte C2 ■ ab Plateía Omónia ■ +30 210 322 6713 ■ Termin nach Anmeldung ■ Gebühr

Athen ist für die Graffiti-Künstler bekannt, die ihre politischen Überzeugungen in bunten, humorvollen Werken zum Ausdruck bringen. Bei den zwei- bis dreistündigen englischsprachigen Führungen durch Gázi und Metaxourgío sieht man beeindruckende Wandmalereien.

5 Alibi Gallery

Karte B3 ■ Sarrí 12 ■ +30 697 648 4135 ■ Di–Fr 12–14 Uhr & 15–20 Uhr, Sa 12–18 Uhr ■ www.alibigallery.com

Die Galerie in Psirí zeigt Werke angesehener griechischer und internationaler Künstler und organisiert Straßenkunst-Events.

6 Ciné Thiseíon

Karte B5 ■ Apostólou Pávlou 7 ■ +30 210 342 0864 ■ Mai – Okt ■ Eintritt ■ www.cine-thisio.gr

Versteckt hinter einer Mauer zwischen Pnyx und Areopag, liegt das älteste Freilichtkino Athens – es existiert bereits seit 1935 und ist im Sommer überaus beliebt. Die Filme, alt und neu, werden in der Originalfassung mit griechischen Untertiteln gezeigt. Getränke sind an der Bar erhältlich, der Blick auf die beleuchtete Akropolis ist herrlich.

7 Culinary Secrets of Downtown Athens

Karte C2 ■ ab Plateía Omónia ■ Mo – Sa 9.30 & 13 Uhr (nach Anmeldung) ■ Gebühr ■ www.culinarybackstreets.com

Im Rahmen dieses etwa fünfeinhalbstündigen Schlemmerspaziergangs werden versteckte Restaurants im Zentrum von Athen erkundet und regionale Köstlichkeiten von makedonischem *souvláki* bis zu kretischen Spezialitäten vorgestellt. Die Verkostungen sind im Preis inbegriffen, die Führung wird auf Englisch abgehalten.

8 Strand von Glyfáda

Karte T3 ■ Attische Küste ■ Mai – Okt ■ Eintritt

Zu dem zwölf Kilometer südlich von Athen an der attischen Küste gelegenen Ort Glyfáda gelangt man von Sýntagma aus mit der Straßenbahn. Den Sandstrand besuchen Einheimische im Sommer gern in ihrer Mittagspause, bevor sie wieder an ihren Arbeitsplatz gehen. Abends kann man an dem Strand wunderschöne Sonnenuntergänge erleben.

9 Kloster Kaisarianí

Das in nahezu unberührter Natur gelegene Kloster aus dem 11. Jahrhundert erreicht man von Sýntagma aus nach einer 25-minütigen Busfahrt und einem kurzen Spaziergang den Berg Ymittós hinauf. Die byzantinische Kirche birgt herrliche Fresken. Vom Refektorium, den Mönchszellen und einem Badehaus sind nur noch Relikte erhalten. Das Kloster wird zuweilen von Reisegruppen angesteuert, ist aber meist eine wahre Oase der Ruhe *(siehe S. 45)*.

Kloster Kaisarianí

10 Al Hammam

Karte K4 ■ Tripódon 16 ■ +30 211 012 9099 ■ tägl. 11 – 22 Uhr ■ Eintritt ■ www.alhammam.gr

Das elegante Hamam befindet sich im Zentrum von Pláka nahe dem Bad der Winde *(siehe S. 80)*, dem einzigen verbliebenen Badehaus aus osmanischer Zeit in Athen. Besucher kommen in den Genuss eines traditionellen türkischen Wellnessprogramms, inklusive Kese-Peelings und Massagen mit Olivenölseife. Mittwochs haben nur Frauen Zutritt. Reservierung empfiehlt sich.

Strand von Glyfáda

TOP 10 Griechische Spezialitäten

1 *Moussakás*

Von dem berühmten Auflaufgericht gibt es zahlreiche Variationen. Die wichtigsten Zutaten sind Auberginen, Hackfleisch, Kartoffeln und Tomaten, dazu kommen etwas Weißwein, Muskatnuss und Zimt sowie reichlich Béchamelsauce.

Kalamária stin skára

2 *Stifádo*

Das herzhafte Eintopfgericht mit Kaninchenfleisch stammt aus den Bergregionen Nordgriechenlands, wo es die Menschen im Winter stärkte und wärmte. Es wird mit Essig, Zimt und Knoblauch gewürzt, aber das Charakteristische ist die feine Süße, für die karamellisierte Zwiebeln und ein Schuss Dessertwein sorgen.

3 *Choriátiki saláta*

Auf Speisekarten der ganzen Welt wird »Griechischer Salat« in diversen Variationen angeboten, im Original wird die Spezialität aber aus folgenden frischen Zutaten bereitet: sonnengereifte Tomaten, knackige Gurken, grüne Paprikaschoten, rote Zwiebeln, dicke Kalamáta-Oliven und eine Scheibe Schafskäse. Mit aromatischem Oregano, Essig und gutem Olivenöl wird daraus ein einfacher, aber schmackhafter Salat.

***Stifádo* – Eintopf mit Kaninchenfleisch**

4 *Kalamária stin skára*

Gegrillter Tintenfisch ist besonders schmackhaft, wenn er fangfrisch über Holzkohle gegart und mit einem Spritzer Zitrone, Oregano, etwas Essig und Olivenöl serviert wird.

5 *Pítes*

Die *píta* (»Pastete«) kam aus der Türkei und dem Nahen Osten nach Griechenland. Das Geheimnis einer perfekten *píta* ist der berühmte griechische Blätterteig *fýllo*: Lagen von hauchdünnem Teig werden Dutzende Male mit Butter oder Olivenöl bestrichen, gefaltet und erneut ausgerollt. Die Füllungen sind vielfältig, sie reichen von süß (z. B. Honig und Nüsse für *baklavás*) bis würzig pikant (Spinat oder Feta). *Chortópita* ist mit grünem Blattgemüse gefüllt.

6 *Kokorétsi*

Nach EU-Richtlinien dürfte dieses Osteressen gar nicht mehr serviert werden, doch in traditionellen Tavernen ist es oft noch zu haben. Für das Gericht werden Innereien vom Lamm in Kräutern, Knoblauch und Zitronensaft mariniert, in Därme gewickelt und stundenlang über Holzkohle gegrillt.

Choriátiki saláta

7 *Gemistá*

Der Name bedeutet »gefüllt«. Griechen füllen Tomaten, Zucchini, Auberginen, Paprikaschoten und Kohlblätter mit Zutaten wie Hackfleisch, Reis, Rosinen, Pinienkernen und Kräutern. Das Gericht wird im Ofen gegart und mit cremiger Zitronensauce serviert. Gefüllte Weinblätter heißen übrigens *ntolmadákia*.

8 *Fassoláda*

Bohnensuppe war in der Antike das gängige Winteressen und noch heute ist sie die Lieblingssuppe der Griechen. Weiße Bohnen, Karotten, Zwiebeln, Sellerie und Paprika werden gekocht und vor dem Servieren mit etwas Olivenöl verfeinert. Im Sommer genießt man die Suppe gern kalt als Vorspeise oder Snack.

Souvláki **auf Gemüse**

9 *Souvláki*

Souvláki bedeutet »Spießchen«. In Oregano, Salz, Pfeffer und Zitronensaft eingelegte Stückchen Schweinefleisch werden auf Holzspieße gesteckt und über Holzkohle gegrillt. Der beliebte Snack ist an vielen Straßenständen erhältlich und wird oft – mit *tzatzíki*, Zwiebeln und Tomaten – als Sandwich in frischem Pitabrot gereicht.

10 *Spetzofaï*

Das ursprünglich vom Pílio in Thessalien stammende Gericht – ein würziger Wursteintopf mit Zwiebeln, Auberginen und Paprika – wird in ganz Griechenland serviert. Da jeder Koch seine Lieblingswürste verwendet, gibt es die verschiedensten Variationen.

Getränke

Oúzo

1 *Oúzo*
Ohne diesen starken, bis zu 47-prozentigen Anisschnaps, der gern zu *mezédes* gereicht wird, wäre Griechenland wohl nicht, was es ist.

2 *Tsípouro*
Der feurige Schnaps aus dem Trester von Muskatellertrauben wirkt an kalten Wintertagen wahre Wunder.

3 *Retsína*
Der für seinen harzigen Geschmack bekannte Wein ist zwar nicht der edelste, aber einer der beliebtesten Tropfen.

4 *Chíma*
Hauswein wird in Tavernen meist direkt vom Fass in Krüge abgefüllt.

5 *Mavrodáphne*
Die besten Trauben für diesen dunklen Dessertwein (wörtlich »schwarzer Lorbeer«) kommen vom Peloponnes.

6 *Agiorgítiko*
Dunkle Trauben aus Neméa sind Basis für den überaus beliebten samtigen Rotwein.

7 *Assýrtiko*
Einer der besten griechischen Weißweine duftet nach Geißblatt und Feige – die Trauben stammen aus Santorin oder aus Makedonien.

8 *Rakí/Soúma*
Rakí ist die kretische und etwas stärkere Variante des *tsípouro*. Auf anderen Inseln heißt dieser Tresterbrand auch *soúma*.

9 *Ellinikó*
Griechischer Kaffee ist dick (mit Satz!), stark und süß *(métrio)* bis sehr süß *(glykó)*. *Ellinikó skéto* ist ohne Zucker.

10 *Kafés frapé*
Instantkaffee, Milch und kaltes Wasser werden zu einem erfrischenden Drink aufgeschäumt.

TOP 10 Restaurants

1 Cookoovaya

In der offenen Küche des innovativen Restaurants sind fünf renommierte griechische Köche tätig. Das Rindercarpaccio mit Gorgonzola und der Tintenfisch mit Bohnenmus sind besonders lecker *(siehe S. 107)*.

Cookoovaya

2 Point A

Das Restaurant begeistert mit einfallsreichen, wunderschön angerichteten Variationen griechischer Speisen. Von den Tischen auf der Dachterrasse des Hotels Herodion *(siehe S. 146)* genießt man atemberaubenden Blick auf die Akropolis.

3 Ergon House

Das als moderne Agora konzipierte Gebäude ist eine Attraktion für sich. Der großen Auswahl an traditionellen und modernen Gerichten liegen erstklassige Zutaten zugrunde: Lebensmittel aus handwerklicher Herstellung in ganz Griechenland und von den Fischhändlern, Metzgern, Gärtnern und Bäckern im Ergon House *(siehe S. 107)*.

4 Varoulko Seaside

In dem mit einem Michelin-Stern prämierten Restaurant bereitet Küchenchef Leftéris Lazárou exzellentes Seafood wie gegrillten Tintenfisch mit schwarzen Bohnen, Majoran und Kreuzkümmel oder Petersfisch mit Blumenkohlpüree zu. Der Blick auf den Hafen Mikrolímano von Piräus ist herrlich *(siehe S. 112)*.

5 Máni Máni

In dem Lokal sorgen griechisch-amerikanische Brüder für internationales Flair – auch in der Küche. Kosten Sie Schweinelende mit Weichkäse, Feigen, Honig und Mandeln oder Kichererbsen mit Kraut und Minze *(siehe S. 83)*.

6 Nolan

Die griechisch-asiatische Fusionsküche fußt auf familiären Einflüssen: Der Vater von Küchenchef Sotíris Kontizás stammt aus Griechenland, die Mutter aus Japan. Die Gerichte wie Nudeln mit schwarzer Bohnensauce, Tintenfisch und Kalamáta-Oliven oder Gyoza mit Rinderbacken sind exquisit *(siehe S. 90)*.

7 Aleria

Das schöne Lokal ist ideal für ein Abendessen zu zweit. Serviert werden tolle Gerichte der modernen Küche wie *píta* mit grünem Gemüse oder Couscous-*bourdéto* (ein korfiotischer Fischeintopf) mit Skorpionfisch und Muscheln. Es empfiehlt sich, eines der preiswerten Degustationsmenüs zu wählen *(siehe S. 90)*.

Aleria

Spondí

8 Spondí

Das wohl vornehmste Restaurant in Athen kann zwei Michelin-Sterne vorweisen. Küchenchef Angelos Lántos bietet wundervolle Haute Cuisine. Auf der Karte stehen z. B. Krebse mit Honigrüben, Estragon und Passionsblüten oder Wild im Pfeffermantel *(siehe S. 107)*.

Griechische Küche im Hytra

9 Hytra

Sternekoch Tásos Mantís weiß seine exquisiten Kreationen spektakulär zu präsentieren. Genießen Sie z. B. Süßwasserkrebse in Basilikum-Bärlauch-Sauce oder Seebarsch mit Kartoffel-Lauch-Püree und Safran-Babyzwiebeln – oder bestellen Sie das achtgängige Degustationsmenü *(siehe S. 83)*.

10 Orízontes

Die mediterrane Küche und die Weinauswahl sind atemberaubend – ebenso wie der Ausblick von dem auf dem Lykavittós gelegenen Restaurant *(siehe S. 107)*.

Tavernen

1 Klimatariá
Die beliebte Taverne bietet gute Gerichte, *rembétiko* und Tanz *(siehe S. 98)*.

2 Nikítas
Das Lokal lockt mit leckerer Hausmannskost, gutem Hauswein und freundlichem Service *(siehe S. 90)*.

3 Filíppou
Karte F3 ▪ Xenokrátous 19 ▪ +30 210 721 6390
Die Taverne mit historischem Flair im elegantesten Viertel Athens bietet Aufläufe, Fisch und Grillgerichte.

4 Kapilio o Zachos
Ein Favorit der Einheimischen: Probieren Sie knusprige *gambari* (Garnelen) und die Vorspeise *taramosalata* *(siehe S. 112)*.

5 Ouzerí Lésvos
Karte D2 ▪ Emmanouíl Benáki 38 ▪ +30 21 0381 4525
Das traditionelle Lokal bietet Oúzo und ein Vielzahl von *mezédes*.

6 To Kafeníon
Gäste genießen traditionelle Gerichte in gemütlichem Ambiente *(siehe S. 83)*.

7 Mouriés
An Tischen unter Maulbeerbäumen werden Aufläufe serviert *(siehe S. 107)*.

8 Ama Láchei
Die Tische der Taverne in einem ehemaligen Schulgebäude stehen in einem bezaubernden Innenhof *(siehe S. 98)*.

9 O Thanásis
Spezialität des Hauses ist Kebab nach nordafrikanischer Art *(siehe S. 90)*.

10 Rififi
Karte D2 ▪ Emmanouíl Benáki 69a & Valtetsíou ▪ +30 210 330 0237
In der modernen, in Pastelltönen gestalteten Taverne gibt es viele vegetarische Gerichte und eine reizvolle Auswahl an Bier und Spirituosen.

Rififi

TOP 10 Shopping

1 Parthenis

Die lässig-elegante Mode ist synonym mit dem griechischen Lebensstil – ob im urbanen Umfeld oder auf den Inseln. Das Angebot umfasst Damen-, Herren- und Unisex-Kollektionen – und wunderschöne Badehandtücher als Strandaccessoires *(siehe S. 105)*.

2 Shop im Benaki-Museum

Karte N3 ■ Koumbári 1

Im Shop des Benaki-Museums für griechische Kultur *(siehe S. 26f)* finden Sie Museumsrepliken, schöne Bücher und stilvolle zeitgenössische Haushaltswaren, die Themen der Ausstellungen aufgreifen.

3 Melissinós Art

Die nach antiken Vorbildern maßgefertigten Ledersandalen sind die perfekte Fußbekleidung für den Strandurlaub. Zu den prominenten Kunden des renommierten Geschäfts zählten bereits die Beatles, Leonard Cohen und Kate Moss *(siehe S. 89)*.

Eingang zu Loumídis

4 Loumídis

Der Laden der ältesten noch aktiven Kaffeerösterei Griechenlands ist ein Paradies für Koffeinliebhaber. Er bietet griechische und türkische Kaffeesorten sowie alle Utensilien für deren Zubereitung, aber auch Kaffeebohnen aus dem Rest der Welt, Espressomaschinen, Tassen – und alles, was man für die Zubereitung von Kaffee benötigt.

Flohmarkt in Monastiráki

5 Flohmarkt in Monastiráki

Wer ein Auge für echte Antiquitäten hat, kann auf dem Sonntagsmarkt einige Schnäppchen machen. Man sollte früh erscheinen: Ab 11 Uhr herrscht Hochbetrieb und die besten Stücke sind schnell weg *(siehe S. 87)*.

6 Elena Vótsi

Die Schmuckdesignerin war für Gucci tätig, vertreibt jetzt aber ihre eigenen Kreationen. Teile ihrer Kollektion sind in London, Paris und New York zu haben, in der Athener Boutique ist die ganze Bandbreite zu bewundern. Elena Vótsi arbeitet viel mit Aquamarin, Amethyst, Lapislazuli, Gold und Koralle; ihr Markenzeichen sind wuchtige Halsketten und Ringe aus grob belassenen Steinen. Sie entwarf auch die Vorderseiten der Olympischen Medaillen für die Spiele 2004 *(siehe S. 105)*.

7 The Naxos Apothecary

Karte D4 ■ Kolokotroni 3–5, Voulis ■ www.thenaxosapothecary.com

Die Apotheke ist von der ältesten homöopathischen Apotheke des Landes inspiriert und auf natürliche Arzneimittel und Heilmittel von der Kykladeninsel Naxos spezialisiert. Das Sortiment umfasst hochwertige Düfte, Cremes, Kerzen und kosmetische Kräuterheilmittel. Die Produkte werden schön eingepackt und eignen sich perfekt als Geschenk oder Souvenir.

8 Zoumboulákis

Die Galerie vertreibt zeitgenössische Kunst, Möbel, Keramiken und Skulpturen. Auch limitierte Drucke, signierte Siebdrucke und Poster von renommierten Künstlern gehören zum Angebot. Ausstellungen widmen sich jungen griechischen Talenten *(siehe S. 97)*.

9 Kóri

Kóri gibt dem Begriff Souvenirladen eine völlig neue Dimension: Die Räumlichkeiten bergen ein kunterbuntes Angebot an Accessoires und Schmuck von einigen der talentiertesten jungen Künstler des Landes. Auch schöne Nachbildungen ausgesuchter Museumsstücke, traditionelle Tonwaren, Ikonen und Statuetten gehören zum Sortiment *(siehe S. 81)*.

10 Pantopólion

Der Feinkostladen spricht Gourmets mit einer herrlichen Auswahl an griechischen Lebensmitteln an. Die Bandbreite reicht von Thymianhonig aus Tínos über den für Chíos typischen Likör Mastícha bis zu schwarzen Oliven aus Kalamáta sowie Tees und getrockneten Kräutern aus dem Taÿgetos-Gebirge. Die Inhaber, zwei ehemalige Rechtsanwälte, veranstalten auch Vorträge und Verkostungen und stellen auf Wunsch hübsche Geschenkkartons zusammen *(siehe S. 81)*.

Edle Souvenirs bei Kóri

TOP 10 Kostenlose Attraktionen

Straßenmusikanten, Plateía Monastiráki

1 Straßenkünstler

Auf der Plateía Monastiráki *(siehe S. 86)* sind beinahe rund um die Uhr Straßenkünstler zu sehen. Die Vorführungen reichen von Pantomimen über Feuerschlucken und Jonglieren bis zu Musik.

2 Archäologische Stätten

Die Akropolis *(siehe S. 12–15)* und andere bedeutende archäologische Stätten in Athen kann man an den folgenden Tagen gratis besichtigen: 6. März, 18. April, 18. Mai und 28. Oktober. Vom 1. November bis zum 31. März ist der Eintritt am ersten Sonntag jedes Monats frei. Auch am letzten Wochenende im September haben Besucher gratis Zugang zu vielen antiken Sehenswürdigkeiten.

3 Benáki-Museum für griechische Kultur

Im Benáki-Museum *(siehe S. 26f)* kann man sich donnerstags von 18 bis 24 Uhr bei freiem Eintritt über die griechische Kultur informieren.

4 Kapnikaréa

An der betriebsamen Shoppingmeile Ermoú kann man in der kostenlos zu besichtigenden kleinen byzantinischen Kirche Kapnikaréa *(siehe S. 87)* einen Moment der Ruhe und Besinnung erleben.

5 Konzerte

Am 21. Juni, dem längsten Tag des Jahres, wird in Griechenland mit kostenlosen Konzerten der »Europäische Tag der Musik« gefeiert. In Athen wird die Hauptbühne auf der Plateía Kotziá *(siehe S. 93)* nahe der Plateía Omónia aufgebaut.

6 Küstenspaziergang

Von der Metro-Station Néo Fáliro aus kann man zu Fuß am Ufer entlang bis nach Piräus spazieren. Der malerische Weg führt am Hafen Mikrolímano *(siehe S. 111)* vorbei, an dem Fischerboote anlegen. Im Hafen Zéa *(siehe S. 109)* liegen Luxusyachten vor Anker. Am Uferweg Akti Themistokléous bieten Cafés schönen Meerblick *(siehe S. 110)*.

Fischerboote und Yachten im Hafen von Piräus

7 Stadtführungen mit Einheimischen

Athens Insiders bietet von Bewohnern der Stadt geleitete kostenlose Führungen. Die Spaziergänge führen durch einzelne Stadtviertel oder widmen sich bestimmten Themen wie Architektur, Straßenkunst oder LGBTQ+ Locations *(siehe S. 139)*.

8 Wachwechsel

Dem Wachwechsel der Soldaten der Präsidialgarde *(evzones)* vor dem Grab des Unbekannten Soldaten am Parlamentsgebäude *(siehe S. 101)* kann man täglich zur vollen Stunde kostenlos beiwohnen.

Wachwechsel der Evzonen

9 Bergtour

Wer den steilen, verschlungenen Weg auf den Lykavittós *(siehe S. 102)* in Angriff nimmt, kann dem Trubel der Stadt entfliehen, den herrlichen Blick über Athen bis zum Meer und zu den Bergen genießen und großartige Fotos machen.

10 Marktflair

Varvákios Agora, der zentrale Markt von Athen *(siehe S. 94)*, bietet ein authentisch griechisches Shoppingerlebnis. Auch ohne etwas zu kaufen, lohnt der Bummel entlang der mit frischem Obst und Gemüse vollgepackten Stände. Fisch und Fleisch werden auf Lagen von zerstoßenem Eis präsentiert. Die Atmosphäre auf dem von Athenern viel besuchten Markt ist äußerst lebhaft.

Athen für wenig Geld

Fahrt mit der Fähre

1 Fähren sind zwar langsamer als Tragflächenboote und Katamarane, bieten aber die preiswertere Möglichkeit, nahe gelegene Inseln zu erreichen.

2 Wer in Lokalen offenen Wein *(chíma)* bestellt, ist meist gut bedient und spart gegenüber Flaschenweinen viel Geld.

3 Da die meisten Sehenswürdigkeiten im Stadtzentrum nahe beieinanderliegen, kann man auf die Nutzung öffentlicher Verkehrsmittel weitestgehend verzichten.

4 Für Fahrten mit Metro, Bus und Tram empfehlen sich Tages- oder Fünf-Tages-Karten für 4,50 bzw. 9 Euro. EU-Bürger ab 65 und unter 18 Jahren, die sich entsprechend ausweisen können, erhalten Ermäßigungen.

5 An Imbissständen erhältliche *souvláki (siehe S. 65)* sind eine leckere und sättigende Alternative zu einer Mahlzeit in einem Restaurant.

6 Viele Lokale servieren *ladera*, ein so köstliches wie günstiges Gericht, bei dem verschiedene Gemüse in einer Tomatensauce zubereitet werden.

7 Athener Leitungswasser kann man bedenkenlos trinken, es muss also nicht unbedingt Mineralwasser in Flaschen sein.

8 Mit dem Kombiticket für Akropolis, Kerameikós, Dionysos-Theater, Agora, Römische Agora, Olympieíon, Lykeion des Aristoteles & Hadriansbibliothek kann man beim Sightseeing Geld sparen.

9 Auch für das Archäologische Nationalmuseum, das Byzantinische & Christliche, das Numismatische und das Epigrafische Museum gibt es ein Kombiticket.

10 Wer sich am Strand auf seinem mitgebrachten Handtuch ausstreckt, spart die Kosten für eine Liege.

TOP 10 Feste & Veranstaltungen

1 Theofánia (Heilige Drei Könige)

6. Jan

An Meeres- und Flussufern wird das Wasser gesegnet und junge Männer tauchen nach von Priestern ins Wasser geworfenen Kreuzen – wer eines erhascht, hat ein glückliches Jahr.

2 Apókries (Karneval)

Feb / März

Der griechische Karneval beginnt 56 Tage vor Ostern. Die Festlichkeiten samt bunten Paraden dauern mehrere Tage. In Athen tummeln sich in den Straßen von Pláka maskierte Musikanten und Feiernde.

Drachensteigen an Katharí Deftéra

3 Katharí Deftéra

Der Beginn der Fastenzeit, 48 Tage vor Ostersonntag, wird in Griechenland mit Landpartien und Drachensteigen begangen – in Athen ist dann der Himmel über dem Philopáppos ganz bunt.

4 Unabhängigkeitstag

25. März

Militärparaden feiern den Jahrestag der griechischen Revolution, die 1821 der fast 400 Jahre dauernden osmanischen Herrschaft ein Ende setzte. Dass der Nationalfeiertag mit Mariä Verkündigung zusammenfällt, sorgt für die religiöse Note.

Rot gefärbte Ostereier

5 Ostern

Apr

Ostern ist das größte Fest im orthodoxen Jahr, viel wichtiger als Weihnachten. Am Gründonnerstag wird in der Messe ein Kreuz durch die Kirche getragen, am Karfreitag folgt man blumengeschmückten Bahren mit Bildnissen Christi. Die Mitternachtsmesse am Karsamstag endet mit Feuerwerk (in Bergdörfern auch mit Salutschüssen). Der Ostersonntag gehört dann ganz der Familie, die sich zum Festschmaus trifft – es gibt Osterlamm und rot gefärbte Eier, die das Blut und die Wiedergeburt Christi symbolisieren.

6 Festivál Athinón & Epidaúrou

Juni – Aug ▪ https://aefestival.gr

Die alten Griechen führten einst im Odeion des Herodes Atticus und im Theater von Epídauros Tragödien auf, heute stehen dort im Sommer weltberühmte Sänger, Tänzer und Mimen auf der Bühne – bisher u. a. der Harlem Gospel Choir, Gérard Depardieu und Isabella Rossellini.

Aufführung beim Festivál Epidaúrou

Athens Pride

Mai / Juni ■ www.athenspride.org

Die LGBTQ+ Community sorgt in den Straßen der Metropole für ausgelassene Partystimmung. Höhepunkt ist die große Parade.

Mariä Himmelfahrt

15. Aug

Am nach Ostern zweitwichtigsten Fest orthodoxer Christen haben alle Läden geschlossen. Die Kirchen sind voller Frauen namens Maria, die ihrer Namenspatronin gedenken.

Ochi-Tag

28. Okt

Der nationale Feiertag erinnert an die Ablehnung des von Benito Mussolini im Zweiten Weltkrieg gestellten Ultimatums, das Griechenland um seine Neutralität gebracht hätte. In Athen marschiert eine Militärparade zur Plateía Syntágmatos.

Athen-Marathon

Athen-Marathon

Anfang Nov

Nachdem griechische Truppen 490 v. Chr. ein persisches Heer bei Marathón geschlagen hatten *(siehe S. 130)*, lief Pheidippidis die rund 40 Kilometer nach Athen, verkündete »Sieg!« – und starb an Erschöpfung. Athleten aus aller Welt wandeln auf den Spuren des berühmtesten Läufers der Antike, allerdings sorgen an der Strecke von Marathón ins Kallimármaro-Stadion *(siehe S. 101)* heute Verpflegungsstände für gesundheitsschonendere Bedingungen.

Heiligenfeste

Prozession am Nikolaustag

1 Agios Vasíleios (Basilius), 1. Januar
Familien essen *vasilópita* (Basiliusbrot), in das eine Münze eingebacken ist – wer sie bekommt, hat Glück im neuen Jahr.

2 O Pródromos (Johannes der Täufer), 7. Januar
Zur Feier der Taufe Jesu durch Johannes werden u. a. Männer ins Wasser getaucht.

3 Agios Athanásios, 18. Januar
Kirchen versteigern dargebrachte Geschenke für einen der meistverehrten orthodoxen Heiligen.

4 Agía Filothéi (Philothea von Athen), 19. Februar
Athens Schutzheilige wurde als Äbtissin von den Osmanen gemartert, weil sie ihre Nonnen vor dem Haremsdienst bewahren wollte.

5 Agios Geórgios, 23. April
Georg, der Drachentöter, ist Schutzheiliger der Soldaten und der Schäfer.

6 Agía Iríni, 5. Mai
Die persische Prinzessin, die im 4. Jahrhundert zur eifrigen Christin wurde, ist Schutzpatronin der griechischen Polizei.

7 Agios Dimítrios, 26. Oktober
Thessaloniki feiert seinen Schutzpatron und die Rückeroberung der Stadt durch Griechenland 1912.

8 Agía Ekateríni (Katharina von Alexandrien), 25. November
Die Märtyrerin gilt als Beschützerin von Kindern, Jungfrauen und Studentinnen.

9 Agios Stylianós, 26. November
Der Schutzpatron der (ungeborenen) Kinder, oft mit Säugling dargestellt, wird bei Unfruchtbarkeit um Hilfe gebeten.

10 Agios Nikólaos, 6. Dezember
Die Feiern für den heiligen Nikolaus, Schutzpatron der Seeleute, sind an der Küste und auf Inseln besonders festlich.

Stadtteile & Abstecher

Theater aus dem 4. Jahrhundert v. Chr., Delphi

TOP 10 Pláka, Makrigiánni & Koukáki

Die Pláka, das historische Viertel unterhalb der Akropolis, ist der reizvollste und meistbesuchte Stadtteil Athens. Im Sommer werben zahllose Straßenhändler um Kundschaft, es gibt aber auch Plätze, an denen man Plákas Charme ganz ungetrübt genießen kann. Die einstigen Arbeiterviertel Makrigiánni und Koukáki bieten exzellente Museen, Restaurants und Clubs.

Relief, Römische Agora & Turm der Winde

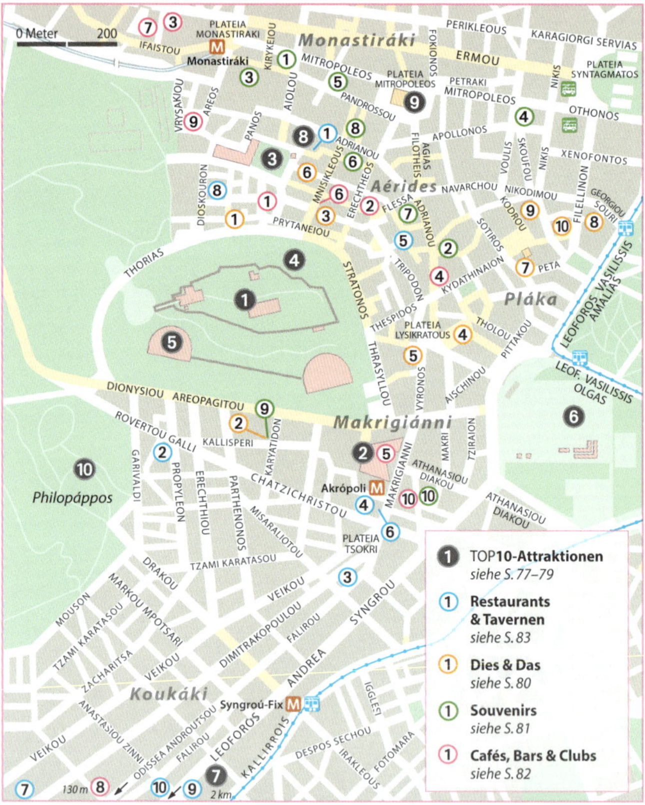

0 Meter 200

1 TOP10-Attraktionen
siehe S. 77–79

1 Restaurants & Tavernen
siehe S. 83

1 Dies & Das
siehe S. 80

1 Souvenirs
siehe S. 81

1 Cafés, Bars & Clubs
siehe S. 82

Die Akropolis dominiert Plákas Silhouette

1 Akropolis

Die Akropolis überragt die Pláka – die auf dem Felsen errichteten Tempel sind vom ganzen Viertel aus zu sehen. Der griechischen Mythologie zufolge gewann auf dem Gipfel des Felsens Athena bei einem Wettstreit mit Poseidon die Herrschaft über die Stadt *(siehe S. 53)*. Etwa ab 650 v. Chr. wurde die Göttin an dieser Stätte verehrt *(siehe S. 12f)*.

2 Akropolis-Museum

Mit den Statuen und anderen Artefakten, die einst die Tempel der Akropolis zierten, beherbergt das von Bernard Tschumi entworfene Museum *(siehe S. 13)* einige der bedeutendsten Kunstschätze Griechenlands. Besucher des Museums können die wertvollen historischen Exponate bewundern und gleichzeitig auf die Akropolis blicken *(siehe S. 14f & S. 48)*.

Statue, Akropolis-Museum

3 Römische Agora & Turm der Winde

Der römische Marktplatz, der die griechische Agora ersetzte, wurde unter Kaiser Augustus erbaut. Für das Tor der Athena Archegetis sorgten das Volk von Athen und der Archon Nikias, wie eine Inschrift belegt. Glanzstück der Stätte ist jedoch der bereits 50 v. Chr. unter Julius Caesar von einem syrischen Astronomen errichtete Turm der Winde. Jede der acht Seiten ist mit dem Relief des jeweiligen Windgottes versehen, der der Himmelsrichtung entspricht: Boreas, Kaikias, Apeliothes, Euros, Notos, Lips, Zephyros und Skiron *(siehe S. 24f & S. 44)*.

4 Anafiótika

Handwerker von der Kykladeninsel Anáfi, die nach dem Unabhängigkeitskrieg in Athen den Palast für König Otto errichteten, gründeten in den 1830er Jahren dieses Stadtviertel unterhalb der Akropolis. Heimweh veranlasste sie, es im Stil eines Inseldorfs zu gestalten: mit schmalen Gassen und von Bougainvilleen umrankten blau-weißen Häusern. In Anafiótika leben heute noch Nachkommen jener Handwerker.

Anafiótika

Lord Byron

Zu den berühmtesten Bewohnern der Pláka gehörte der englische Dichter Lord Byron (1788–1824). Während der Arbeit an seinem Werk *Childe Harold's Pilgrimage* lebte er in einem Kloster an der Plateía Lysikrátous, bis er in den griechischen Freiheitskampf zog. Die Straße Výronas (griechisch für Byron), die zur Plateía Lysikrátous führt, ehrt den Mann.

Odeion des Herodes Atticus

5 Odeion des Herodes Atticus

Karte J5 ▪ Dionysíou Areopagítou

Das Theater am Fuß des Akropolis-Felsens wurde von dem griechisch-römischen Gelehrten und Konsul Herodes Atticus gestiftet. Es dient heute noch seinem ursprünglichen Zweck. Die Konzerte, Opern- und Theateraufführungen unter freiem Himmel, u. a. im Rahmen des Festivál Athinón & Epidaúrou *(siehe S. 72)*, zählen zu den Highlights im Veranstaltungskalender der Stadt.

6 Olympieíon

Vom Tempel des Olympischen Zeus, dem einst größten Tempel in Griechenland, sind nur 16 Säulen verblieben, diese bieten allerdings noch immer einen imposanten Anblick. Der Tempel barg einstmals eine aus Gold und Elfenbein gefertigte Kolossalstatue von Zeus – eine Kopie jener Statue von Olympia, die zu den Sieben Weltwundern der Antike zählte *(siehe S. 36f)*.

7 Nationalmuseum für zeitgenössische Kunst

Karte C6 ▪ Kalliroís, Ecke Frantzí ▪ +30 211 101 9000 ▪ Di–So 11–19 Uhr (Do bis 22 Uhr) ▪ Eintritt ▪ www.emst.gr

Das Museum ist seit 2017 in dem reizvollen, 1957 errichteten Gebäude der Brauerei Fix ansässig. Die Dauerausstellung mit Werken griechischer und internationaler Künstler ist nicht sehr groß, wird aber regelmäßig durch interessante Wechselausstellungen ergänzt.

8 Museum für griechische Volksmusikinstrumente

Karte K4 ▪ Diogénous 1–3 ▪ +30 210 325 0198 ▪ Mi–Mo 8.30–15.30 Uhr ▪ Eintritt ▪ http://odysseus.culture.gr

Das kleine Museum ist in der historischen Lassanis-Villa, einem der ältesten noch erhaltenen Gebäude der Pláka, untergebracht. Gegründet wurde es auf Betreiben des Musikwissenschaftlers Foivos Anogoianakis. Hier können Besucher mit ihren Augen und Ohren die reiche Entwicklung des griechischen Musikstils aus nahöstlichen und europäischen Einflüssen nachvollziehen und traditionelle Instrumente kennenlernen *(siehe S. 48)*.

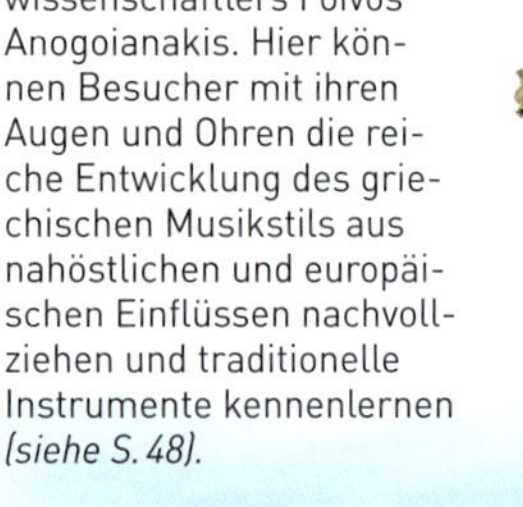

Tempel des Olympischen Zeus

Mitrópoli

9 Mitrópoli

Karte K3 ■ Plateía Mitropóleos ■ tägl. 6.30–20 Uhr

Die imposante Kathedrale ist eines der Wahrzeichen Athens. In dem Gotteshaus hält der Erzbischof des Landes Predigten, Prominente wählen es gern für ihre Hochzeit. Kunsthistorisch bedeutsamer ist die benachbarte Panagía Gorgoepíkoös: Die kleine Kirche wurde im 12. Jahrhundert auf den Ruinen eines antiken Tempels errichtet, römische, hellenistische und byzantinische Wandreliefs zeigen Darstellungen antiker Feste *(siehe S. 47)*.

Philopappus-Denkmal

10 Philopáppos

Der von Kiefern und Zypressen bewachsene Hügel ist ein schöner schattiger Erholungsort. Auf dem Gipfel steht das Grabmal des römischen Konsuls Gaius Julius Antiochus Philopappus. Der Ausblick auf die gegenüberliegende Akropolis und das Meer ist fantastisch. Im Sommer finden im von Pinien umringten Dóra-Strátou-Tanztheater traditionelle Aufführungen statt *(siehe S. 34f)*.

Spaziergang

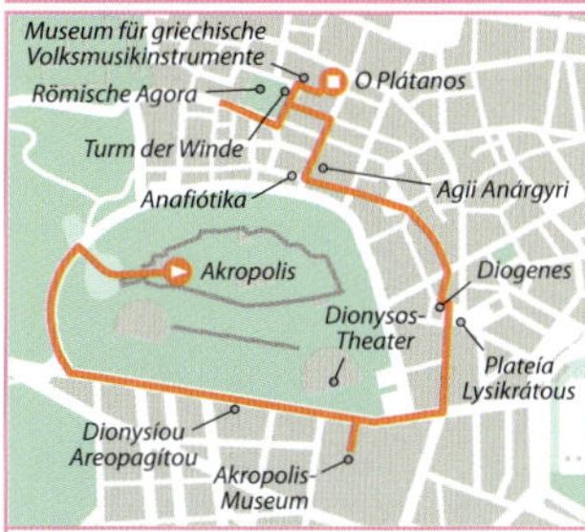

Früher Vormittag

Besichtigen Sie die **Akropolis** möglichst früh, um die Hitze und die Besuchermassen zu umgehen. Eine Stunde sollte reichen, um die Tempel angemessen zu bewundern.

Auf dem Rückweg biegen Sie links in die **Dionysíou Areopagítou** *(siehe S. 60)* ein – das Akropolis-Ticket erlaubt Zutritt zum **Dionysos-Theater** *(siehe S. 13)*, in dem viele griechische Tragödien uraufgeführt wurden.

Von der Dionysíou Areopagítou geht es rechts zum **Akropolis-Museum** *(siehe S. 14f)*. Nachdem Sie sich die Ausstellung angesehen haben, gehen Sie zur **Plateía Lysikrátous**, auf der ein Denkmal *(siehe S. 80)* an den Dionysien-Sieger von 335 v. Chr. erinnert. Kehren Sie in einem der Straßencafés am Platz ein – besonders guten Blick bietet **Diogenes**.

Später Vormittag

Nun geht es in das bezaubernde Viertel **Anafiótika** mit den gewundenen Gassen. Die Kirche **Agii Anárgyri** *(siehe S. 80)* hat einen hübschen Garten. Wer mag, kann an der Heiligen Flamme eine Kerze entzünden.

Die Mnisíkleous führt Sie zum **Museum für griechische Volksmusikinstrumente**. Wenn Sie vorher links abbiegen, gelangen Sie zur **römischen Agora** mit dem **Turm der Winde**. Die Taverne **O Plátanos** *(siehe S. 83)* lädt zum Mittagessen unter Platanen ein.

Siehe Karte S. 76

Dies & Das

1 Kanellopoúlos-Museum

Karte J4 ▪ Theorías 12 ▪ +30 210 331 9300 ▪ Mi–Mo 9–16 Uhr ▪ Eintritt ▪ www.camu.gr

Die klassizistische Villa birgt eine Sammlung kostbarer Antiquitäten.

2 Schmuckmuseum Ilías Lalaoúnis

Karte J5 ▪ Kallispéri 12 ▪ +30 210 922 1044 ▪ Mo–Sa 9–15 Uhr ▪ Eintritt ▪ www.lalaounis-jewelrymuseum.gr

Das Museum präsentiert Arbeiten des Juweliers Ilías Lalaoúnis.

Schmuckmuseum Ilías Lalaoúnis

3 Agii Anárgyri

Karte K4 ▪ zwischen Prytaneíou & Erotókritou

Das auch als Heilig-Grab-Kirche bekannte Gotteshaus aus dem 17. Jahrhundert wird mit einigen Wundern in Verbindung gebracht. Vor allem an Ostern entzündet man hier Kerzen an der aus Jerusalem stammenden Heiligen Flamme.

4 Agía Ekateríni

Karte L5 ▪ nahe Plateía Lysikrátous

Im Hof der byzantinischen Kirche sind Relikte der Säulen eines antiken Tempels zu sehen.

5 Lysikrates-Denkmal

Karte K5 ▪ Plateía Lysikrátous

Das Monument von 335 v. Chr. ehrt den Choregen, der in jenem Jahr bei den Dionysien *(siehe S. 42)* siegte.

6 To Loutró tis Aérides

Karte K4 ▪ Kyrístou 8 ▪ +30 210 324 5957 ▪ Mi–Mo 8.30–15.30 Uhr ▪ Eintritt ▪ www.mnep.gr

Das osmanische »Bad der Winde« aus dem 16. Jahrhundert wurde in ein Museum verwandelt.

7 Frissíras-Museum

Karte L4 ▪ Monís Asteriou 3 & 7 ▪ +30 210 323 4678 ▪ Mi–So 11–18 Uhr (Sa & So bis 17 Uhr) ▪ Eintritt ▪ www.frissirasmuseum.com

Das Museum für europäische Nachkriegskunst präsentiert mehr als 3000 Gemälde.

8 Agía Triáda

Karte L4 ▪ Filéllinon

Die 1031 fertiggestellte Dreifaltigkeitskirche, Athens größtes mittelalterliches Gotteshaus, ist heute Zentrum der russischen Orthodoxie.

9 Kinderkunstmuseum

Karte L4 ▪ Kódrou 9 ▪ +30 210 331 2621 ▪ Di–Fr 10–14 Uhr ▪ Eintritt ▪ www.childrensartmuseum.gr

Die Werke aus Kinderhand stammen von Bergvölkern, aus Städten in aller Welt und aus Flüchtlingslagern. Das Museum bietet für Kinder viele Aktivitäten an.

10 Jüdisches Museum

Karte L4 ▪ Níkis 39 ▪ +30 210 322 5582 ▪ Mo–Fr 9–14.30 Uhr, So 10–14 Uhr ▪ Eintritt ▪ www.jewishmuseum.gr

Rund 15 000 Objekte dokumentieren die Geschichte der Juden in Athen.

Jüdisches Museum

Souvenirs

Forget Me Not

1 Pantopólion

Karte K3 ▪ Dimitrakópoulou 34

Wer traditionelle Spezialitäten sucht, wird in dem Laden fündig. Die meisten Erzeugnisse stammen aus dem Kloster Makariotíssis in Böotien, außerdem gibt es griechische Weine und Craftbeer-Sorten *(siehe S. 69)*.

2 Ioánna Kourbéla

Karte C4 ▪ Adrianoú 109 ▪ www.ioannakourbela.com

Die schönen Kleidungsstücke aus Baumwolle, Leinen, Wolle und Seide sind jugendlich und flott.

3 pgi Pagáni

Karte C4 ▪ Pandróssou 59 ▪ www.pagani.gr

Die Kunsthandwerksobjekte und Schmuckstücke reflektieren griechische Tradition und Kultur.

4 Kóri

Karte K3 ▪ Mitropóleos 13 ▪ www.kori.gr

Zum Angebot gehören signierte Werke von äußerst talentierten jungen Künstlern *(siehe S. 69)*.

5 Athens Gallery

Karte C4 ▪ Pandróssou 14 ▪ www.athensgallery.gr

Die Galerie bietet Werke heimischer und internationaler Künstler – Sujet ist stets die griechische Lebensart.

6 Forget Me Not

Karte C4 ▪ Adrianoú 100 ▪ www.forgetmenotathens.gr

Der Laden bietet außergewöhnliche T-Shirts, Keramiken und Schmuckstücke von griechischen Designern.

7 Flâneur

Karte K4 ▪ Adrianoú 110

Athen lädt zum Flanieren ein. In dem Laden kann man für den Stadtbummel schicke Accessoires wie Rucksäcke und Taschen aus nachhaltiger Produktion erwerben.

8 Elía Olive Tree Store

Karte C4 ▪ Adrianoú 67

Der von einer Familie geführte Laden vertreibt wunderschöne, aus Olivenholz gefertigte Schüsseln, Löffel und Schneidebretter.

9 Shop im Schmuckmuseum Ilías Lalaoúnis

Im Laden des Museums *(siehe links)* werden wunderschöne Kreationen des Juweliers Ilías Lalaoúnis verkauft.

10 True Story

Karte K6 ▪ Makrigiánni 33 ▪ www.true-story.gr

Das Sortiment beinhaltet exquisiten, aber erschwinglichen Schmuck, Schals und Haushaltsgegenstände von griechischen Designern.

Siehe Karte S. 76

Cafés, Bars & Clubs

1 Klepsýdra

Karte K4 ■ Thrasývoulou 9

Die ruhige kleine Café-Bar liegt versteckt zwischen pastellfarbenen, mit Blumentöpfen geschmückten Häusern hinter dem Turm der Winde.

2 Melína

Karte K4 ■ Lysíou 22

Das in Pink und Gold gehaltene einstige Lieblingscafé der griechischen Schauspielerin und Nationalheldin Melína Mercoúri *(siehe S. 41)* ehrt deren Andenken.

3 Couleur Locale

Karte J3 ■ Normánou 3

In der auf einer Dachterrasse gelegenen Bar genießt man zu feinen Drinks oder Kaffee einen herrlichen Blick auf die Akropolis.

4 O Brettós

Karte L4 ■ Kydathinaíon 41

In der wandhoch mit bunten Likörflaschen dekorierten Bar, die zu einer Destillerie gehört, kann man exzellente Tröpfchen kosten.

5 Café im Akropolis-Museum

Karte C5 ■ Dionysíou Areopagítou 15

Das im Erdgeschoss des Museums gelegene nette Café-Restaurant serviert Snacks, Getränke und Kaffee. Dazu genießen Gäste gratis den Blick auf die Ausgrabungsstätte unter dem Gebäude.

6 Yiasemí

Karte K4 ■ Mnisikléous 23

Hausgemachter Kuchen wird an Tischen auf der Treppe unterhalb der Akropolis oder im Gastraum vor dem Kamin serviert. Das vegetarische Frühstücksbüfett ist beliebt.

7 The Art Foundation (TAF)

Karte B4 ■ Normánou 5

Das Kunst- und Kulturzentrum in einem schönen Gebäude aus dem 19. Jahrhundert betreibt im Innenhof ein lebhaftes Café.

8 Koúkles

Karte K6 ■ Zan Moreás 32

Die Dragshows in dem Club in Koukáki sind überaus beliebt. Das Koúkles ist aber auch für den freundlichen Service bekannt.

9 Vryssáki

Karte J3 ■ Vryssákiou 17

Das Kulturzentrum fördert die verschiedensten künstlerischen Aktivitäten. Die Bar auf der Dachterrasse bietet Blick auf die Agora.

10 Hitchcocktales

Karte K6 ■ Porínou 10

Die Namen der Gerichte, die in dem restaurierten Industriegebäude serviert werden, sind allesamt durch Filme von Alfred Hitchcock inspiriert. Das Lokal öffnet allerdings erst abends seine Türen.

Café im Akropolis-Museum

Restaurants & Tavernen

① O Plátanos

Karte K4 ■ Diogénous 4 ■ +30 210 322 0666 ■ So geschl. ■ keine Kreditkarten ■ €

Zu vielen der Fleischgerichte vom Grill oder aus dem Ofen wird *chórta* (Blattgemüse) serviert – und sehr guter *retsína (siehe S. 65)*.

Elegantes Ambiente im Strofí

② Strofí

Karte B5 ■ Rovértou Gálli 25 ■ +30 210 921 4130 ■ €€

Gute Küche und die Dachterrasse mit großartigem Blick locken u. a. Zuschauer und Schauspieler aus dem Odeion des Herodes Atticus an.

③ Máni Máni

Karte C6 ■ Falírou 10 ■ +30 210 921 8180 ■ €€

Eine Wendeltreppe führt in den Gastraum mit rustikalem Touch, wo moderne griechische Küche geboten wird *(siehe S. 66)*.

④ Namaste

Karte K6 ■ Lempesi 12 ■ +30 210 923 3999 ■ Mo geschl. ■ €

Genießen Sie Currys, *tandoori*-Spezialitäten, frisch gebackenes *naan* (Fladenbrot) und eine große Auswahl an vegetarischen Optionen.

⑤ To Kafeníon

Karte K4 ■ Epichármou 1 ■ +30 210 324 6916 ■ €

Das bei Urlaubern wenig bekannte Lokal verfeinert regionale Gerichte mit hausgemachten Saucen.

Preiskategorien

Preis für ein Drei-Gänge-Menü pro Person mit einer halben Flasche Wein, inkl. Steuern und Service.

€ unter 40 € €€ 40–60 € €€€ über 60 €

⑥ To Káti Allo

Karte K6 ■ Chatzichrístou 12 ■ +30 210 922 3071 ■ €

Die Taverne in der kleinen Straße im Süden des Akropolis-Museums bietet beste Hausmannskost.

⑦ Garýfallo Kanéla

Karte B6 ■ Odysséa Androútsou 35 ■ +30 210 924 5332 ■ Mo mittags & So geschl. ■ €

Zu den guten Aufläufen nach Hausfrauenart (auch für Vegetarier) gibt es drei Sorten *chíma (siehe S. 65)*.

⑧ Dióskouroi

Karte J4 ■ Dioskoúron 13 ■ +30 210 321 9607 ■ €

Trotz der Lage im touristischen Zentrum von Athen wird die Taverne vor allem von jungen Einheimischen besucht – vielleicht wegen der tollen Vorspeisenplatten *(pikilía)*.

Vorspeisenteller im Dióskouroi

⑨ Fábrika tou Eufrósinou

Karte B6 ■ Anastasíou Zínni 34 ■ +30 210 924 6354 ■ €€

Die authentische griechische Küche ist fein, doch lassen Sie unbedingt Platz für ein Dessert. Auch Vegetarier kommen auf ihre Kosten.

⑩ Hytra

Karte T2 ■ Andréa Syngroú 107–109 ■ +30 217 707 1118 ■ €€€

Zu jedem Gang des Degustationsmenüs wird der passende Wein oder Cocktail kredenzt *(siehe S. 67)*.

Siehe Karte S. 76 ←

TOP 10 Monastiráki, Psirí, Gázi & Thissío

Jahrzehntelang fanden die Viertel mit den Lagerhäusern und Werkstätten kaum Beachtung; nur der sonntägliche Flohmarkt auf der Plateía Avissynías lockte Besucher an. Clubs, Cafés und Restaurants, die sich aufgrund der zentralen Lage, der günstigen Mieten und der unkonventionellen Atmosphäre ansiedelten, verwandelten die Gegend in die trendigste der Stadt. An Flair haben die Viertel nicht verloren: Handwerksläden und Fabrikgebäude wechseln sich mit schicken Clubs, kleinen Musikkneipen und Plätzen voller Bars und Straßencafés ab. In diesen Stadtteilen finden sich aber auch antike Sehenswürdigkeiten wie die Agora und Kerameikós.

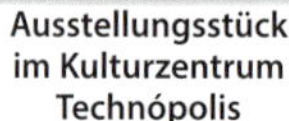

Ausstellungsstück im Kulturzentrum Technópolis

1 Nationales Observatorium Athen

Karte A5 ■ Nymphenhügel ■ variierende Öffnungszeiten ■ +30 210 349 0000 ■ www.noa.gr

Im Rahmen von Führungen können Besucher das Observatorium besichtigen und durch das Dorídis-Teleskop blicken *(siehe S. 34)*.

2 Hadriansbibliothek

Karte J3 ■ Areos 3 ■ variierende Öffnungszeiten ■ +30 210 324 9350 ■ Eintritt ■ http://odysseus.culture.gr

Das prächtige Bauwerk ließ der römische Kaiser Hadrian 132 n. Chr.

Hadriansbibliothek

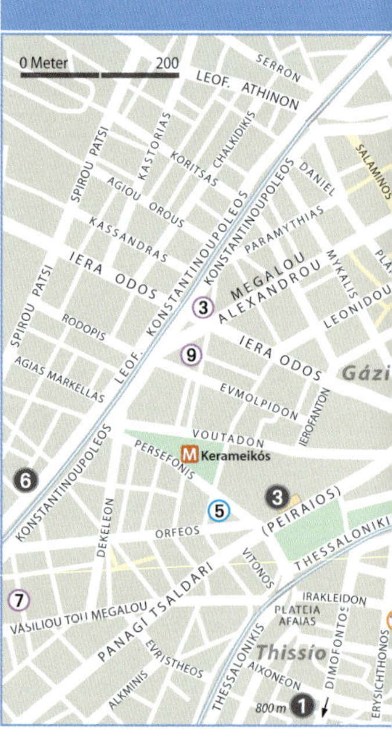

erbauen. Der von korinthischen Säulen umrahmte Komplex beinhaltete einen marmornen Innenhof, Mosaikfußböden, eine Konzertbühne und einen Bereich, in dem Schriftrollen gelagert wurden *(siehe S. 44)*.

3 Technópolis

Karte A4 ▪ Peiraiós 100 ▪ +30 213 010 9300 ▪ www.athens-technopolis.gr

Das 1862 errichtete Gaswerk war bis 1984 in Betrieb und gab dem Viertel Gázi seinen Namen. 1999 wurde es in ein Kulturzentrum umgestaltet, in dem exzellente Ausstellungen und Konzerte stattfinden. Das Zentrum verhalf Gázi zum Aufschwung – der Stadtteil zählt heute zu den beliebtesten Ausgehvierteln Athens.

4 Kerameikós

Inmitten von Fabriken und Verkehrsdepots bildet die älteste und größte Ausgrabungsstätte Attikas eine bezaubernde grüne Oase. Auf dem Areal führte die Heilige

Kerameikós

Straße (Iera Odós) durch die Stadtmauer des antiken Athen. Die Straße setzt sich außerhalb der Stätte fort – dort erscheint ihr Name heute allerdings angesichts des dichten Verkehrs und der leeren Lagerhäuser mehr als unpassend *(siehe S. 30f)*.

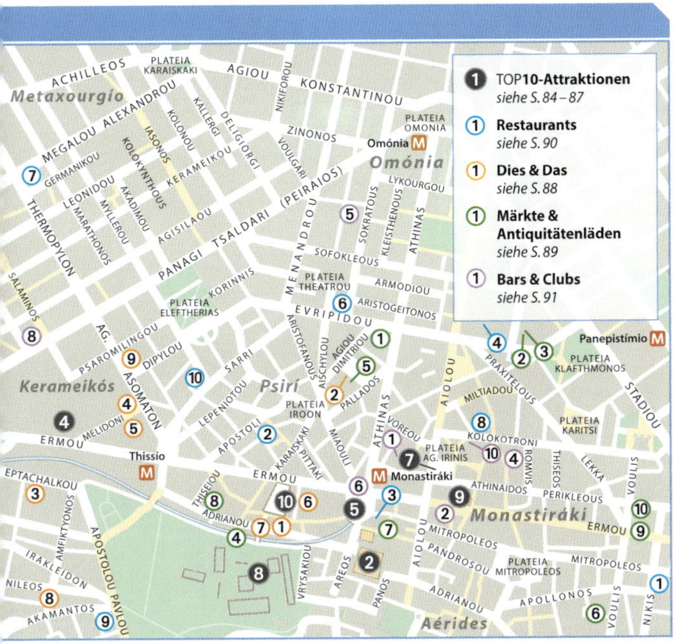

1 **TOP10-Attraktionen** *siehe S. 84–87*

1 **Restaurants** *siehe S. 90*

1 **Dies & Das** *siehe S. 88*

1 **Märkte & Antiquitätenläden** *siehe S. 89*

1 **Bars & Clubs** *siehe S. 91*

5 Plateía Monastiráki
Karte J3

Der Platz war mindestens seit dem 10. Jahrhundert Standort eines Klosters. Nachdem bei umfangreichen Ausgrabungsarbeiten im 19. Jahrhundert die meisten Klostergebäude zerstört worden waren, erhielten die verbliebene Kirche Panagía Pantánassa *(siehe S. 46)* und das gesamte Viertel den Namen Monastiráki (»Kleines Kloster«).

Plateía Monastiráki

6 Benáki-Museum, Zweigstelle Peiraiós
Karte A4 ▪ Peiraiós 138 & Androníkou ▪ +30 210 345 3111 ▪ Sep–Juli: Do–So 10–18 Uhr (Fr & Sa bis 22 Uhr) ▪ Eintritt ▪ www.benaki.gr

Das moderne Ausstellungszentrum in einem umgebauten Autosalon aus den 1960er Jahren widmet sich der zeitgenössischen Fotografie, Malerei, Bildhauerei und Architektur. Im Sommer finden im Hof Veranstaltungen statt. Es gibt ein kleines Café und einen exzellenten Shop.

Athens jüdische Gemeinde

Rund um Kerameikós und Psirí ließen sich ab dem 3. Jahrhundert v. Chr. viele griechische Juden nieder. 1944 brachten die Nazis über die Hälfte der Bevölkerung in Konzentrationslager, doch die Gemeinde konnte sich erholen, wuchs auf etwa 3000 Mitglieder an und ist nun wieder ein Zentrum jüdischen Lebens.

7 Plateía Agías Irínis
Karte K3

Der Platz hat eine wechselvolle Geschichte: Im 19. Jahrhundert war er ein bedeutendes Handelszentrum, später diente er als Blumenmarkt und als Textilmarkt, bis sein Ruhm ganz verblasste. Seit die Aiólou Fußgängerzone ist, geht es mit dem Platz wieder aufwärts: Heute umringen die namengebende Kirche Agía Iríni aus den 1850er Jahren Restaurants mit traditioneller Küche, elegante Bars und nette Cafés.

8 Agora & Agora-Museum

Die Agora zählt zu den interessantesten archäologischen Stätten in ganz Griechenland. Der Platz gilt als Geburtsort der Demokratie. Sokrates wurde wegen der Reden, die er auf dem Platz hielt, beschuldigt, die Jugend aufzuhetzen, Paulus warb auf der Agora um Anhänger des Christentums. Den wunderbar erhaltenen Tempel des Hephaistos und die wiederaufgebaute Stoa des Attalos – Heimat des hervorragenden Agora-Museums – sollte man unbedingt besuchen *(siehe S. 16–19)*.

Stoa des Attalos – Heimstatt des Agora-Museums

Kapnikaréa

Karte K3 ■ Kapnikaréas & Ermoú ■ tägl. 8–14 Uhr

Dass man bei einem Spaziergang entlang einer belebten Straße inmitten all der modernen Einrichtungen oft auf ein jahrhundertealtes Baudenkmal stößt, zählt zu den spannenden Facetten eines Aufenthalts in Athen. An der Einkaufsstraße Ermoú bietet die reizende, der Muttergottes geweihte Kirche Kapnikaréa aus dem 10. Jahrhundert ein solches Erlebnis. Sie ist auf den Relikten eines antiken Tempels erbaut und wurde in den 1950er Jahren von Fótis Kóntoglou mit wunderschönen Fresken ausgeschmückt *(siehe S. 47)*.

Fresken von Fótis Kóntoglou, Kapnikaréa

Flohmarkt in Monastiráki

Karte J3 ■ Plateía Avissynías & Ifaístou

Sonntagmorgens haucht der größte Flohmarkt Athens der Plateía Avissynías und den umliegenden Straßen Leben ein. Die Stände bieten ein herrlich buntes Sortiment: türkische Schnapsgläser aus rosa Kristall, 100 Jahre alte Telefone, die sogar noch funktionieren, wunderschöne antike Schreibtische mit Schnitzereien und natürlich jede Menge Kitsch und Kuriositäten. Feilschen ist erlaubt *(siehe S. 68)*.

Spaziergang

Vormittags

Unternehmen Sie diesen Spaziergang an einem Sonntag und beginnen Sie mit einem Frühstück im **Telaro** (Aiólou 33; +30 210 324 3840) schräg gegenüber der Kirche Agía Iríni, in der ab 9.30 Uhr Chorgesang erklingt.

Vielleicht lassen Sie sich ja bei **Melissinós Art** *(siehe S. 89)* ein Paar klassischer griechischer Sandalen anpassen, bevor es zur **Plateía Monastiráki** mit der hübschen alten Kirche Panagía Pantánassa *(siehe S. 46)* geht. Die Cocktailbar **360** *(siehe S. 61)* bietet zur Kaffeepause schönen Blick auf die Akropolis. Danach geht es zur **Hadriansbibliothek**.

Besichtigen Sie anschließend die **Agora**. Der Marktplatz war jahrhundertelang das Herzstück Athens. Nehmen Sie sich Zeit und versäumen Sie keinesfalls den **Tempel des Hephaistos** und die restaurierte Stoa des Attalos, die das **Agora-Museum** beherbergt.

Nachmittags

Nach so viel Kultur wird es Zeit, den Weg Richtung **Ifaístou** und **Plateía Avissynías** einzuschlagen und auf dem **Flohmarkt in Monastiráki** zu feilschen. Es ist schwer, dem Kaufreiz zu widerstehen, auch wenn es um diese Tageszeit eher Schnickschnack als echte Antiquitäten gibt.

Rast und Stärkung bietet schließlich das Lokal **Oinéas** *(siehe S. 90)*. Während die Markthändler langsam einpacken, genießen Sie dort ein Essen bei Musik.

Siehe Karte S. 84f

Dies & Das

Flohmarkt vor der Tzistarákis-Moschee

1 Tzistarákis-Moschee

Karte C4

Die Moschee (18. Jh.) umfasst angeblich eine Säule des Tempels des Olympischen Zeus *(siehe S. 36)*.

2 Ciné Thiseíon

Der Besuch eines Freilichtkinos ist im griechischen Sommer ein großes Vergnügen. Die Kulisse des Ciné Thiseíon ist dank der Akropolis sehr eindrucksvoll *(siehe S. 63)*.

3 Bernier / Eliades

Karte A4 ▪ Eptachálkou 11 ▪ +30 210 341 3935 ▪ www.bernier-eliades.com

Die Galerie präsentiert Künstler aus Griechenland und aller Welt.

4 Hammam Bathing House

Karte B3 ▪ Melidóni 1 & Agíon Asomáton ▪ +30 210 323 1073 ▪ tägl. 12–22.30 Uhr (Sa & So ab 10 Uhr) ▪ Eintritt ▪ www.hammam.gr

Das traditionelle türkische Bad befindet sich neben dem Benáki-Museum für islamische Kunst.

5 Beth-Shalom-Synagoge

Karte B4 ▪ Melidóni 5

Das »Haus des Friedens« ist Athens Hauptsynagoge; gegenüber steht eine ältere, kleinere Synagoge. Bis zum Zweiten Weltkrieg war das Areal Zentrum der jüdischen Gemeinde.

6 The Project Gallery

Karte J3 ▪ Normanou 3 ▪ www.theprojectgallery.gr

Die Galerie präsentiert Ausstellungen zeitgenössischer Kunst, Vorträge und Performances.

7 Adrianoú

Karte K3

Die Straße bietet zwischen Metro-Station Thissío und Hadriansbibliothek Blick auf Agora und Akropolis.

8 Museum Herakleidón

Karte A4 ▪ Irakleidón 16 & Apostólou Pávlou 37 ▪ tägl. 10–18 Uhr (Nov–März: Mi–So) ▪ Eintritt ▪ www.herakleidon-gr.org

Das private Kunstmuseum bietet neben der eigenen Sammlung Wechselausstellungen und einen Laden.

Museum Herakleidón

9 Benáki-Museum für islamische Kunst

Karte B3 ▪ Agíon Asómaton 22 & Dipílou 12 ▪ +30 210 325 1311 ▪ Do–So 10–18 Uhr ▪ Eintritt ▪ www.benaki.gr

In dem klassizistischen Stadthaus werden in vier großen Räumen islamische Keramiken, Glaswaren, Textilien und Schnitzereien gezeigt.

10 Irakleidón

Karte A4

Die von Cafés und Bars gesäumte Straße ist Tag und Nacht voller Leben.

Märkte & Antiquitätenläden

1 Bahár
Karte K2 ■ Evripídou 31–33

Rund um den Fleischmarkt finden sich viele alteingesessene Läden, die traditionelle Lebensmittel verkaufen. Bahár ist vor allem für gute Kräuter und Gewürze bekannt.

2 Artemis
Karte K2 ■ Aristidou 6

Unter den Büchern, Münzen, Briefmarken, Schmuckstücken und Antiquitäten sind echte Schätze zu entdecken.

3 Flohmarkt in Monastiráki

Auf dem Markt lässt sich alles finden – von alten Münzen über gefakte Designerbrillen bis zu echten Antiquitäten *(siehe S. 87)*.

4 D. Goúnaris
Karte J3 ■ Ifaístou 11

Der winzige Laden führt eine beachtliche Auswahl an traditionellen *Távli*-Brettern (Backgammon) aus Holz – sogar schon ab 10 Euro.

5 3Quarters
Karte C3 ■ Agíou Dimitríou 19

Die legeren, praktischen Taschen und Rucksäcke, die der Laden in Psirí verkauft, stammen aus nachhaltiger Produktion: Sie wurden aus in der Region erworbenen, ungenutzten Markisenstoffen gefertigt.

6 Melissinós Art
Karte L4 ■ Tzireon 16
■ melissinos-art.com

Pantelís Melissinós hat den Laden seines Vaters Stavrós, den der als »Dichter und Sandalenmacher« weithin bekannte Mann seit 1954 betrieben hatte, übernommen. Die handgefertigten Sandalen sind nach wie vor ein Erfolgsmodell.

Sandalen von Melissinós Art

Antiquitäten bei Martinós

7 Martinós
Karte K3 ■ Pandrósou 50
■ www.martinosart.gr

Auf drei Stockwerken finden sich antike Möbel, Gold und Silber, Bilder, Teppiche und Bücher aus aller Welt.

8 Vasilis Korovessis
Karte J3 ■ Adrianou 7
■ +30 210 321 7562

Ein charmanter Laden mit einem großen Sortiment an Büchern, Fotografien und Postkarten.

9 Aristokratikon
Karte L3 ■ Karageórgi Servías 9

Die aus den allerfeinsten griechischen Zutaten produzierten Schokoladen bringen nicht nur Naschkatzen zum Schwärmen.

10 Kalyviótis
Karte L3 ■ Ermoú 8

Unter den zahlreichen Kurzwarenläden an Ermoú und Periklέous bietet Kalyviótis die beste Auswahl.

Siehe Karte S. 84f

Restaurants

Preiskategorien
Preis für ein Drei-Gänge-Menü pro Person mit einer halben Flasche Wein, inkl. Steuern und Service.

€ unter 40 € €€ 40–60 € €€€ über 60 €

1 Nolan

Karte L3 ▪ Voulís 31–33 ▪ +30 210 324 3545 ▪ So geschl. ▪ www.nolanverse.com ▪ €

Der erfolgreiche junge Chefkoch Sotíris Kontizás bietet griechisch-asiatische Küche *(siehe S. 66)*.

Oinéas

2 Oinéas

Karte J2 ▪ Aisópou 9 ▪ +30 210 321 5614 ▪ €

Die Gerichte in der modernen Taverne sind exzellent – ob Salat nach Art des Hauses, gefülltes Lamm oder Reistopf mit Krebsen.

3 O Thanásis

Karte K3 ▪ Mitropóleos 69 ▪ +30 210 324 4705 ▪ www.souvlaki-othanasis.gr ▪ €

Das berühmte Lokal versorgt Gäste seit dem 19. Jahrhundert mit köstlichen *souvláki*.

4 Aiólou 68

Karte K2 ▪ Aiólou 68 ▪ +30 210 324 7925 ▪ www.aiolou68.gr ▪ €

In dem modernen Restaurant nahe dem Fischmarkt kommt köstliches Seafood auf den Tisch.

5 Treis Laloún

Karte A4 ▪ Persefónis 19 ▪ +30 210 345 9977 ▪ www.3-laloun.gr ▪ €

Das schicke, aber gemütliche vegane Restaurant liegt neben der Technópolis. Es ist bei der LGBTQ+ Community und bei Familien beliebt.

6 Ta Karamanlidíka tou Fáni

Karte J2 ▪ Sokrátous 1 ▪ +30 210 325 4184 ▪ www.karamanlidika.gr ▪ €

Der Feinkostladen mit klassizistischem Ambiente serviert anatolische Spezialitäten wie eingelegte Okraschoten und »Finger-Kebab«.

7 Aleria

Karte A3 ▪ Megálou Alexándrou 57 ▪ +30 210 522 2633 ▪ So & mittags geschl. ▪ www.aleria.gr ▪ €€€

Das Restaurant bietet Gerichte wie Krebse mit Kohlrabi und Fenchel, Kalbsbries-Frikassee und mehrere Degustationsmenüs *(siehe S. 66)*.

8 Shedia

Karte K3 ▪ Kolokotróni 56 ▪ +30 210 331 6849 ▪ So geschl. ▪ www.shediahome.gr ▪ €

Das Restaurant wurde eröffnet, um für Menschen, die extreme Armut erlebten, Arbeitsplätze zu schaffen. Serviert werden Kreationen von Sternekoch Leftéris Lazárou, der die Köche im Shedia ausbildete.

Souvláki

9 Hill

Karte B4 ▪ Apostólou Pávlou 27 ▪ +30 210 346 9077 ▪ www.hillathens.gr ▪ €€

Zu herrlichem Blick auf den Parthenon gibt es moderne griechische Kost.

10 Nikítas

Karte J2 ▪ Agíon Anargýron 19 ▪ +30 210 325 2591 ▪ €

Die seit 1967 existierende Taverne gilt als die älteste in Psirí. Es gibt gute Grillgerichte und eine ansprechende Auswahl an Bier und Wein.

Bars & Clubs

Six D.O.G.S

1 Six D.O.G.S

Karte C4 ■ Avramiótou 68 ■ www.sixdogs.gr

Das der Förderung der bildenden Künste gewidmete Kulturzentrum veranstaltet auch Workshops, Konzerte, Filmvorführungen und Partys.

2 BEqueer

Karte A4 ■ Keleou 10

Ein Club mit tollem Sound, unterhaltsamen Drag-Shows und entspannter Atmosphäre.

3 Noel

Karte K2 ■ Kolokotróni 59b ■ www.noelbar.gr

In der bunt dekorierten Bar in den historischen Kourtáki-Arkaden sind hervorragende Cocktails zu haben.

4 Baba au Rum

Karte C4 ■ Kleitíou 6 ■ www.babaaurum.com

Die Cocktails basieren auf hochwertigen Spirituosen, frisch gepressten Säften und hausgemachten Likören.

5 Romantso

Karte C3 ■ Anaxagóra 3–5 ■ www.romantso.gr

Das Kulturzentrum lädt zu Konzerten, Kaffee und Cocktails ein.

6 A for Athens

Karte J3 ■ Miaoúli 2–4 ■ www.aforathens.com

Von der Dachterrasse genießt man zum Frühstück oder bei einem Cocktail den Blick auf die Akropolis.

7 Beaver Cooperativa

Karte A4 ■ Megalou Vasileiou 46A

Die LGBTQ+ Bar bietet eine umfangreiche Auswahl an veganen und vegetarischen Gerichten.

8 BIOS

Karte B3 ■ Peiraiós 84 ■ www.bios.gr

In dem einstigen Industriegebäude, an dem der Schriftzug einer Fluggesellschaft prangt, finden Konzerte und Theateraufführungen statt. Die Bar auf der Dachterrasse bietet herrlichen Blick auf die Akropolis.

9 Sodade2

Karte A3 ■ Triptolémou 10

Die Schwulenbar in Gázi veranstaltet Clubnächte mit einem hervorragenden Mix aus Musikstilen von House über griechische Popmusik bis zu bekannten Hits. Besucher genießen die gute Stimmung und den freundlichen Service.

Booze Cooperativa

10 Booze Cooperativa

Karte C4 ■ Kolokotróni 57 ■ www.boozecooperativa.com

Der Club zeigt Ausstellungen und Theateraufführungen. Im oberen Stock wird zu Rockmusik getanzt.

Siehe Karte S. 84f

TOP 10 Omónia & Exárcheia

Schwarzfigurige Vase mit Bild eines Trunkopfers

Exárcheia und Omónia zählen zu den ältesten Vierteln Athens. Sie spielten auch in der jüngeren Geschichte eine wichtige Rolle. Die Studentenaufstände, die 1973 in Exárcheia blutig niedergeschlagen wurden, leiteten den Sturz der Militärdiktatur ein. Exárcheia ist heute ein Intellektuellenviertel mit Straßenkunst und tollen Cafés, aber auch eine Hochburg des *rembétiko (siehe S. 43).* An das trubelige Omónia grenzt das Athener Marktviertel.

1 Städtische Galerie

Karte B3 ■ Leonídou & Myllérou ■ +30 210 323 1841 ■ Di–So 10–19 Uhr (So bis15 Uhr)

Neben Werken der bekanntesten modernen griechischen Künstler sind auch Entwürfe des deutsch-griechischen Architekten Ernst Ziller zu sehen. Ziller entwarf im 19. Jahrhundert das Nationaltheater und weitere prächtige Bauten, die heute meist Museen beherbergen.

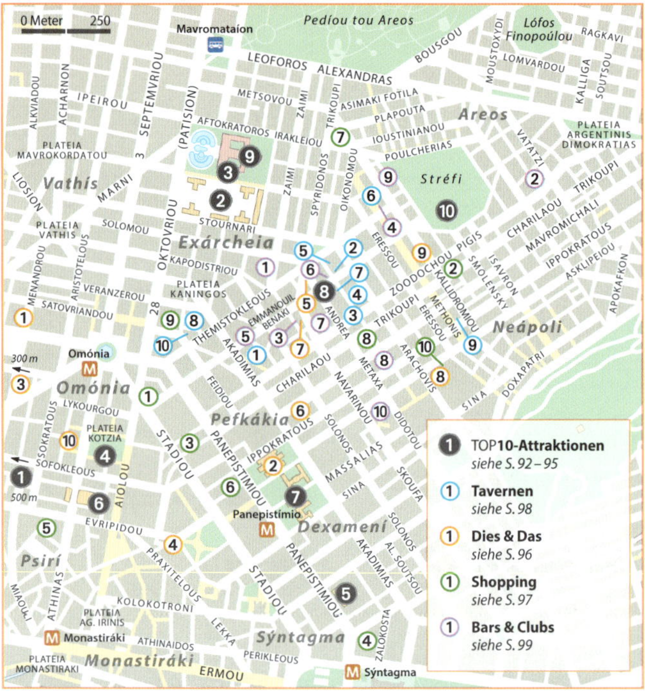

0 Meter 250

1 TOP10-Attraktionen *siehe S. 92–95*

1 Tavernen *siehe S. 98*

1 Dies & Das *siehe S. 96*

1 Shopping *siehe S. 97*

1 Bars & Clubs *siehe S. 99*

Skulptur, Polytechneío

② Polytechneío

Karte C1/D2

Vor der Hochschule, Ausgangsort der Demonstrationen von 1973 *(siehe S. 94)*, erinnert die Marmorskulptur einer zusammengebrochenen jungen Frau an die bei den Aufständen getöteten Studenten. Jedes Jahr am 17. November legen griechische Politiker an diesem Ort Blumen nieder.

③ Epigrafisches Museum

Karte D1 ▪ Tosítsa 1 ▪ +30 210 823 2950 ▪ Mi–Mo 9–16 Uhr ▪ Eintritt ▪ http://odysseus.culture.gr

Skulptierte Stele, Epigrafisches Museum

Das Museum besitzt mit über 14 000 Inschriften einen reichen Schatz an Dokumenten aus der Antike. Zu den bedeutendsten Fundstücken zählen ein Erlass zur Evakuierung Athens, den die Volksversammlung 480 v. Chr. angesichts der drohenden persischen Invasion formulierte, ein heiliges Gesetz zur Anbetung der Götter auf der Akropolis und eine Stele, deren Inschrift den Bau von Erechtheion und Akropolis vor rund 2400 Jahren belegt.

④ Plateía Kotziá

Karte C3

An dem von klassizistischen Gebäuden gesäumten Platz befinden sich das Athener Rathaus und der Hauptsitz der griechischen Nationalbank. In das moderne Gebäude des Kulturzentrums der Bank wurden die Ruinen eines Tors der antiken Stadtmauer integriert. Darüber hinaus sind auf dem Platz antike Grabmäler und Pflastersteine einer alten Straße, die einst aus der Stadt hinausführte, zu sehen.

⑤ Numismatisches Museum

Karte M2 ▪ El Venizelou 12 ▪ +30 210 361 2519 ▪ Apr–Okt: Mo, Mi 8.30–15.30 Uhr, Do–So 8–20 Uhr; Nov–März: Mi–Mo 8.30–15.30 Uhr ▪ Eintritt ▪ http://odysseus.culture.gr

Die umfangreiche Sammlung mit über einer halben Million Exponaten zum Thema Zahlungswesen spannt einen weiten Bogen vom 14. Jahrhundert v. Chr. bis in die Gegenwart. Präsentiert werden Münzen, Medaillen, Briefmarken, Banknoten und ähnliche Objekte. Auch die Architektur ist spektakulär: Der Iliou Melathron (»Palast von Troja«) wurde von Ernst Ziller zu Ehren des berühmten Archäologen Heinrich Schliemann erbaut.

Ausstellungsraum im Numismatischen Museum

Nüsse auf der Varvákios Agora

6 Varvákios Agora

Karte K1–2 ▪ Mo–Sa 7–15 Uhr

Die riesigen Fleisch-, Fisch- und Gewürzmärkte fordern den Geruchssinn heraus, sind den Besuch aber unbedingt wert. Einige Restaurants am Fleischmarkt haben bis abends geöffnet. Um die Gewürzstände an der Athinás ist die Luft erfüllt vom Duft von Vanille, Safran und getrocknetem Bergthymian.

7 Universität & Akademie von Athen

Karte L1–M2 ▪ Panepistímiou

Universität, Akademie und Alte Nationalbibliothek *(siehe S. 96)* bilden die »Athener Trilogie«, das bedeutendste klassizistische Gebäudeensemble der Stadt. Die Basen und Kapitelle der Säulen am Eingang der Universität sind denen der Propyläen nachempfunden. Die Fresken zeigen König Otto mit Personifizierungen der Künste. Der Eingang der Akademie, die den Wissenschaften wie auch den Künsten dient, ist der Ostseite des Erechtheion entlehnt.

17. November 1973

Die Studenten des Polytechnikums, die sich am 17. November 1973 gegen die seit 1967 herrschende Militärdiktatur erhoben, werden in Griechenland als Helden gefeiert. Die Aufstände wurden mit Panzern und Waffengewalt niedergeschlagen, doch letztlich führte der Mut der Studenten 1974 zum Sturz der Junta und zur Befreiung des Landes.

8 Emmanouíl Benáki, Valtetsíou & Kallidromíou

Karte D1–2

In Exárcheia spielen Geselligkeit, intellektueller Austausch und politisches Engagement eine große Rolle. In den Cafés und Tavernen werden unter Freunden lebhafte Debatten geführt. Das Viertel prägen Programmkinos, Verlage, Grafikdesigner, Schallplattenläden, Musikworkshops und Ateliers. An den Hauptstraßen Emmanouíl Benáki, Valtetsíou und Kallidromíou kann man faszinierende Straßenkunst bewundern und zu einem Abendessen oder Drink einkehren, um das

Universität *(links)* und Akademie von Athen

lebhafte Treiben zu beobachten, das in dem Viertel tagtäglich bis in die frühen Morgenstunden andauert.

 Archäologisches Nationalmuseum

Mit der Eröffnung des Archäologischen Nationalmuseums im Jahr 1891 wurden Exponate unter einem Dach vereint, die vorher auf verschiedene Ausstellungsorte in der ganzen Stadt verteilt waren. Die einzigartige Sammlung an bedeutenden Artefakten, zu denen zahlreiche Skulpturen, Töpferwaren und Schmuckstücke gehören, macht das Haus zu einem der besten archäologischen Museen weltweit *(siehe S. 20f & S. 49)*.

Archäologisches Nationalmuseum

10 Stréfi

Karte E1 ■ Anexartisías & Emmanouíl Benáki

Da der Hügel in dem Ruf steht, abends von Drogenabhängigen bevölkert zu sein, wird er von Urlaubern selten besucht, dabei ist der Stréfi tagsüber ein durchaus sicherer Ort. Nach dem kurzen Aufstieg eröffnet sich von einem Aussichtspunkt ein wunderschöner Blick auf Omónia, Exárcheia, den Lykavittós und die Akropolis. Achten Sie aber darauf, dass Sie den Hügel noch vor Einbruch der Dunkelheit verlassen.

Spaziergang

Vormittags

Beginnen Sie den Tag im **Archäologischen Nationalmuseum** und sehen Sie sich den Schatz aus Mykene, die Thera-Fresken und die klassischen Statuen an.

Unweit des Museums liegt das **Polytechneío**, Schauplatz der Aufstände von 1973. Eine Marmorskulptur vor dem Gebäude erinnert an die getöteten Studenten.

Biegen Sie dann links in die Stournári ein, die Sie zur **Plateía Exarcheíon** führt. Beobachten Sie bei einem *kafés frapé* die Studentenschar, bis Sie hungrig werden und bei **Yiántes** *(siehe S. 98)* zu Mittag essen.

Nachmittags

Folgen Sie der Themistokléous den Berg hinab, passieren Sie die von historischen Gebäuden gesäumte, aber schäbige **Plateía Omónia** und gehen Sie auf der **Athinás** bis zum stattlichen **Rathaus** *(siehe S. 96)* und weiter bis zur Sofokléous, der Sie nach links folgen, um einen Blick auf die **Nationalbank** zu werfen – sie steht auf Stelzen über Relikten der in der Antike von Themistokles errichteten Stadtmauer.

Dann geht es zurück zum wahren Herzstück der Stadt, dem zentralen Markt **Varvákios Agora**. Genießen Sie die authentische Atmosphäre. Von den alten Markttavernen ist nur eine verblieben: **Epirus** lockt mit *patsás* (Kuttelsuppe), die bei Kater wahre Wunder wirken soll.

Siehe Karte S. 92

Dies & Das

1 Nationaltheater

Karte B2 ▪ Agíou Konstantínou 22–24 ▪ +30 210 528 8170 ▪ www.n-t.gr

Die Umrisse der Hadriansbibliothek waren Vorbild für die klassizistische Fassade. Die Vorstellungen sind die besten landesweit.

Alte Nationalbibliothek

2 Alte Nationalbibliothek

Karte L1 ▪ Panepistimíou 32 ▪ www.nlg.gr

Die Nationalbibliothek ist inzwischen im Kulturzentrum der Stávros-Niárchos-Stiftung untergebracht. Das von Theophil von Hansen entworfene ursprüngliche Gebäude bezaubert mit klassizistischer Eleganz.

3 Galerie Rebecca Camhi

Karte B2 ▪ Leonídou 9 ▪ +30 210 523 3049 ▪ Mi–Sa 12–18 Uhr ▪ www.rebeccacamhi.com

Die Galerie präsentiert Werke griechischer und internationaler Künstler der Gegenwart.

4 Agii Theodóroi

Karte K2 ▪ Plateía Agíon Theodóron

Die kleine, im 11. Jahrhundert erbaute Kirche zieren Wandgemälde aus dem 19. Jahrhundert.

5 Cheapart

Karte D2 ▪ Andréa Metaxá 25 ▪ www.cheapart.gr

Das gemeinnützige Kulturzentrum stellt Werke zeitgenössischer Künstler aus und fördert junge Talente.

6 Lovérdos-Museum – Ziller-Lovérdos-Villa

Karte D3 ▪ Mavromicháli 6 ▪ +30 213 213 9517 ▪ Mi–Mo 8.30–15.30 Uhr ▪ www.byzantinemuseum.gr

Die klassizistische Villa, früher Wohnsitz des Architekten Ernst Ziller *(siehe S. 102)* und heute Teil des Byzantinischen & Christlichen Museums, birgt u. a. die Lovérdos-Sammlung mit byzantinischer Kunst.

7 Gedenkstätte für Aléxandros Grigorópoulos

Karte D2 ▪ Tzavélla

Eine Plakette erinnert an den Teenager, der 2008 an dieser Stelle von Polizisten erschossen wurde.

8 Rathaus

Karte J1 ▪ Athinás 63

Ausgrabungen vor dem Gebäude legten ein Areal frei, das an die Mauern der antiken Stadt grenzte.

9 Kallidromíou

Karte D1–2

Beim Besuch des Samstagsmarkts an dieser Straße kann man das wahre Flair Exárcheias erleben.

10 Agios Nikólaos Pefkákia

Karte E2 ▪ Asklipioú

Die 1895 fertiggestellte Kirche steht am oberen Ende der steilen Straße Dervenίon.

Agios Nikólaos Pefkákia

Shopping

Delikatessengeschäft Miran

1 Miran

Karte K2 ■ Evripídou 45

Armenische Emigranten gründeten 1922 diesen Laden, der Köstlichkeiten wie *pastourmá* (Dörrfleisch vom Kalb oder vom Kamel) und *soutzoúki* (scharfe Salami) im Sortiment hat.

2 Nikolaos Germanos Shoes

Karte E2 ■ Kallidromiou 24 ■ +30 693 662 1021

Der Schuhdesigner Nikolaos Germanos kreiert in diesem Studio in Exarchia extravagantes Schuhwerk.

3 Stoá toú Vivlíou

Karte C3 ■ Pesmazóglou 5 & Stadíou ■ www.nikolaosgermanos.gr

Unter den Arkaden reihen sich Buchläden, Buchbinder und Antiquariate – ein friedlich ruhiges Areal im geschäftigen Zentrum Athens.

4 Zoumboulákis

Karte M3 ■ Kriezótou 6 ■ +30 210 364 0264 ■ www.zoumboulakis.gr

Die angesehene Kunstgalerie führt Gemälde und signierte Drucke der besten Künstler Griechenlands *(siehe S. 69)*.

5 Politeía

Karte M1 ■ Asklipioú 1–3

Buchhandlungen sind in Griechenland selten geworden, aber Politeía ist ein florierender Laden, der auch fremdsprachige Bücher und CDs im Sortiment hat.

6 Xylouris

Karte L1 ■ Stoá Pesmazóglou, Panepistimíou 39

Der nach dem Sänger Níkos Xyloúris benannte Laden ist auf traditionelle Musik spezialisiert und führt auch seltene CDs.

7 Yesterday's Bread

Karte D1 ■ Ioustinianou 2

In der äußerst beliebten Boutique in Exárcheia kann man schöne Secondhand- und Vintage-Mode erstehen.

8 Organopoieíon

Karte D3 ■ Didótou 38

Die in der Werkstatt auf Bestellung handgefertigten traditionellen griechischen Musikinstrumente sind wahre Kunstwerke.

Griechische Musikinstrumente

9 O Mímis

Karte C2 ■ Gládstonos 2

Der familiengeführte Laden bietet seit 1962 hochwertige Sonnenbrillen an, darunter viele schöne Modelle im Retro-Look.

10 Plastikourgeíou

Karte D2 ■ Panepistimíou 56

Der Laden wirbt für den Verzicht auf Plastik und bietet umweltfreundliche Haushaltsgegenstände und Geschenkartikel in schicken Designs.

Siehe Karte S. 92

Tavernen

1 Tivoli

Karte D2 ■ Emmanouíl Benáki 34 ■ +30 210 383 0919 ■ €

Das *mezedopoleío* mit Musikbühne *(siehe S. 99)* bietet preiswerte Drinks und Spezialitäten der Insel Skópelos.

2 Klimatariá

Karte J1 ■ Plateía Theátrou 2 ■ +30 210 321 6629 ■ €

Die gemütliche Taverne in Omónia lockt mit nostalgischem Flair und *rembétiko* zahlreiche Besucher an *(siehe S. 67)*.

Deko mit Weinfässern im Klimatariá

3 Salero

Karte D2 ■ Valtetsíou 51 ■ +30 210 381 3358 ■ €

Das Lokal serviert leckere *mezédes*, Käseplatten und Desserts. Es hat bis 2 Uhr morgens geöffnet.

4 Yiántes

Karte D2 ■ Valtetsíou 44 ■ +30 210 330 1369 ■ €

Die Tische der schicken Taverne stehen in einem bezaubernden Hof. Für die modernen Variationen klassischer Gerichte werden ausschließlich Bio-Zutaten verwendet.

Preiskategorien

Preis für ein Drei-Gänge-Menü pro Person mit einer halben Flasche Wein, inklusive Steuern und Service.

€ unter 40 € €€ 40–60 € €€€ über 60 €

5 Rozalía

Karte D2 ■ Valtetsíou 59 ■ +30 210 380 2725 ■ €

In dem beliebten Lokal präsentieren Kellner *mezédes* auf riesigen Tabletts. Im Sommer locken die Tische im Innenhof.

6 Ama Láchei

Karte D1 ■ Kallidromíou 69 ■ +30 210 384 5978 ■ €

Die Tische der Taverne stehen in einem zauberhaften begrünten Hof. Zu *mezédes* werden Karaffen mit *rakí* gereicht *(siehe S. 67)*.

7 Oxo Nou

Karte D2 ■ Emmanouíl Benáki 63 ■ +30 210 380 1778 ■ €

Das lebhafte Lokal begeistert mit hervorragender kretischer Küche.

8 I Kríti

Karte C2 ■ Veranzérou 5 ■ €

Zu Wurstplatten und kretischen *mezédes* wird Wein aus Siteía kredenzt.

9 Tanini Agapi Mou

Karte D2 ■ Ecke Ippokratous 91 & Methonis ■ €

Probieren Sie bei »Tannin, meine Liebe« Griechenlands biologische, biodynamische Weine und dazu köstliche Snacks.

10 Stoá Alliós

Karte C2 ■ Gamvéta 14 ■ +30 210 382 5961 ■ €

In der schlichten Taverne werden zu günstigen Preisen köstliches Seafood, frischer Fisch, knackige Salate und klassische Beilagen serviert.

Bars & Clubs

Die Band Biohazard bei einem Konzert im An Club

1 An Club
Karte C2 ■ Solomoú 13–15 ■ www.anclub.gr
Der Club, einer der ältesten und beliebtesten in Athen, hat oft Rock- und Alternative-Bands zu Gast. Ab 1 Uhr werden Raves veranstaltet.

2 Makári
Karte E1 ■ Zoodóchou Pigís 125 & Komninón ■ +30 210 645 8958
Rembétiko-Abende, Theateraufführungen und Dichterlesungen zählen zum Programm der Bar.

3 Beatniks Road Bar
Karte D2 ■ Kolétti 14 ■ +30 215 525 2880
In der mit Andenken an Beatnik-, Jazz- und frühe Rockkultur dekorierten Bar gibt es Blues- und Rockkonzerte, aber auch DJ-Abende.

4 Efímeron
Karte D2 ■ Methónis 58 ■ +30 210 384 1848
Die bezaubernde Taverne in einer ruhigen Seitenstraße bietet eine abwechslungsreiche Speisekarte. An manchen Abenden wird *rembétiko* gespielt.

5 Tivoli Live
Auf der kleinen Bühne des Tivoli *(siehe links)* geben sich große Namen des *rembétiko* die Ehre. Da das Lokal nicht sehr groß ist, empfiehlt sich Reservierung.

6 Alexandrinó
Karte D2 ■ Emmanouíl Benáki 69 ■ +30 21 0381 0117
Das bei Einheimischen beliebte Bistro-Café serviert hervorragende Weine und Cocktails, hat aber auch gute Tees im Angebot.

7 Off The Chain
Karte D2 ■ Zoodóchou Pigís 25 ■ +30 21 3040 0369
In der Bar werden Alternative Rock und Industrial gespielt. An Wochenenden kommt die Party ab 3 Uhr in Fahrt und geht bis in den Morgen.

8 Lulu Athens
Karte D2 ■ Ippokrátous 59 ■ +30 210 363 9355
In der Bar kann man zu exzellenten Daiquiris und anderen klassischen Cocktails leckere Snacks genießen.

9 Enikós
Karte D1 ■ Kallidromíou 70
In der bei Künstlern und Schriftstellern beliebten Bar am Rand von Exárcheia werden bei guten Drinks angeregte Unterhaltungen geführt. Es ist lebhaft, aber nicht laut.

10 Ippopótamus
Karte D3 ■ Delfón ■ +30 210 363 4583
Das bezaubernde Café an einer nach Kolonáki führenden Allee ist bei Einheimischen äußerst beliebt. Es bietet zahlreiche Tische im Freien.

Siehe Karte S. 92

TOP 10 Sýntagma & Kolonáki

Die Plateía Syntágmatos, Zentrum des modernen Athen, wird vom Parlamentsgebäude dominiert, vor dem die Evzonen wachen – Soldaten in traditionellen Uniformen aus kurzen Röcken und Schuhen mit großen Bommeln. An der breiten, baumbestandenen Vasilíssis Sofías liegen einige der schönsten Museen der Stadt. Im eleganten Kolonáki leben Botschafter, Filmstars und Models – in dem Viertel kann man gut shoppen, Kaffee trinken und Leute beobachten. Auf dem Lykavittós befinden sich eine Freilichtbühne sowie nette Cafés und Restaurants, die atemberaubende Ausblicke bieten.

Traditionell uniformierter Evzone

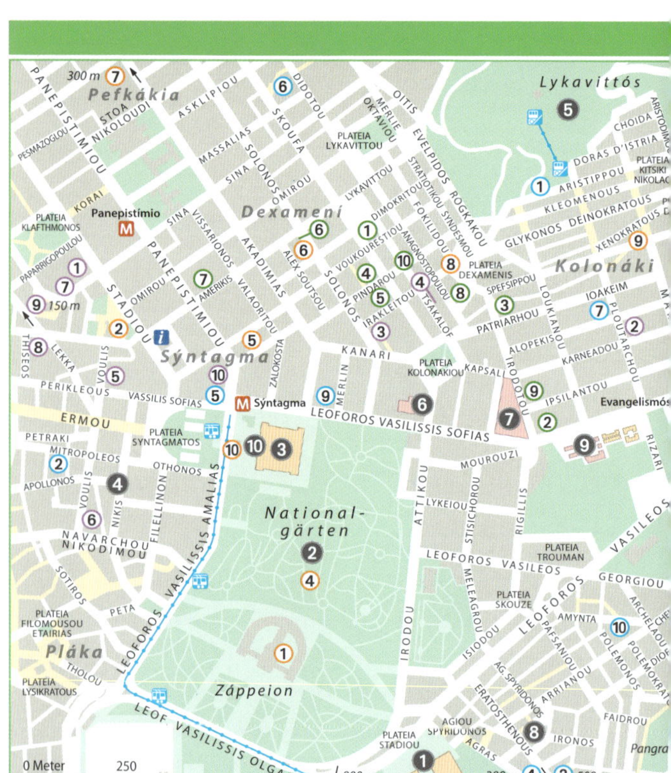

1 Kallimármaro-Stadion

Karte N5 – P6 ■ Vasiléios Konstantínou ■ + 30 210 752 29846 ■ tägl. 8 – 19 Uhr (Nov – Feb: bis 17 Uhr) ■ Eintritt ■ www.panathenaicstadium.gr

Der umgangssprachliche Name Kallimármaro (offiziell: Panathinaïkó Stádio) bedeutet »schöner Marmor«. Das 330 v. Chr. für die Panathenäischen Spiele erbaute Stadion wurde 1895 restauriert und mit Pentéli-Marmor versehen. 1896 war es Schauplatz der ersten Olympischen Spiele der Neuzeit, 2004 diente es als Marathonziel und für die Wettbewerbe im Bogenschießen.

2 Nationalgärten

Karte M4 – N5 ■ Amalías

Die großen schattigen Nationalgärten – eine grüne Oase im Stadtzentrum – wurden 1839 für Königin Amalie angelegt, die hierzu etwa 15 000 heimische und exotische Gewächse anpflanzen ließ – viele davon gibt es noch heute. Der seit 1923 öffentliche Park birgt einen kleinen Zoo, zwei Ententeiche und einen Spielplatz und beheimatet ein paar Schildkröten, die frei umherspazieren *(siehe S. 61)*.

3 Parlamentsgebäude

Karte M3 ■ Plateía Syntágmatos ■ Bibliothek: Mo – Fr 9 – 14 & 17.30 – 20.30 Uhr

Das eindrucksvolle Gebäude wurde 1842 als Palast für König Otto errichtet. Nachdem es rund 70 Jahre lang vernachlässigt worden war, diente es 1923 kurz als Obdach für Flüchtlinge aus Kleinasien. Nach Ausrufung der Ersten Republik Griechenland wurde der Bau renoviert und 1926 als Tagungsstätte des noch heute hier tagenden Parlaments wiedereröffnet. Kostenlose Führungen können zwei Wochen im Voraus vereinbart werden.

Parlamentsgebäude

4 Metro-Station Sýntagma

Karte M3

Die Metro-Station ist sowohl Verkehrsknotenpunkt als auch Museum. Beim Ausbau des Metro-Netzes wurden in dem seit klassischer Zeit bewohnten Areal wertvolle Funde freigelegt, von denen viele im Bahnhof ausgestellt sind. Hauptattraktion ist eine riesige Glaswand, die faszinierenden Einblick in die Ausgrabungen erlaubt *(siehe S. 44)*.

1 TOP**10-Attraktionen** *siehe S. 101 – 103*
1 **Restaurants** *siehe S. 107*
1 **Dies & Das** *siehe S. 104*
1 **Edle Boutiquen** *siehe S. 105*
1 **Bars & Clubs** *siehe S. 106*

Der Lykavittós ragt über Kolonáki empor

5 Lykavittós

Karte F2

Der Hügel ragt hoch über Kolonáki auf, die Kirche auf dem Gipfel ist von Weitem zu sehen. Beim Lykavittós-Festival im Sommer treten in dem Theater nahe der Kirche internationale Musikgrößen auf. Im Publikum zu sitzen, wenn z. B. hinter Bob Dylan die Sonne über Athen untergeht, ist ein besonderes Erlebnis. Auf dem Lykavittós gibt es auch ein schönes Café-Restaurant. Man kann den Hügel zu Fuß erklimmen *(siehe S. 60)* oder die Seilbahn nehmen, die an der Ploutárchou abfährt.

6 Benáki-Museum für griechische Kultur

Zu den Highlights der erstklassigen Sammlung griechischer Kunst von der Prähistorie bis zum 20. Jahrhundert zählen die rekonstruierten Wohnräume nordgriechischer Häuser aus dem 18. Jahrhundert und einige äußerst kostbare byzantinische Schreine. Auch der Museumsladen und das Restaurant im schönen Dachgarten sind einen Besuch wert *(siehe S. 26f)*.

Erweckung des Lazarus auf einer Ikone, Benáki-Museum für griechische Kultur

Der Architekt Ernst Ziller

Als Otto von Bayern 1832 erster Monarch des unabhängigen Griechenland wurde, beauftragte er den deutschen Architekten Ernst Ziller u. a. mit dem Ausbau Athens. Ziller schuf über 500 Bauten im ganzen Land. Zu seinen klassizistischen Werken in Athen zählen das Museum für Kykladische Kunst, das Numismatische Museum und sein Wohnhaus, das heute das Lovérdos-Museum beherbergt.

7 Museum für Kykladische Kunst

Rund 2000 Jahre vor dem Bau des Parthenon schuf eine geheimnisvolle Zivilisation der Kykladen stilprägende Marmorskulpturen. Von den einfachen, meist weiblichen Figuren ließen sich noch Künstler wie Modigliani und Picasso inspirieren. Die Familie Goulandrís, eine der ältesten Reeder-Dynastien Griechenlands, zeigt die weltgrößte Sammlung kykladischer Kunst in einem von Ioánnis Vikélas entworfenen Gebäude (1985). Im neuen Flügel sind Werke von griechischen und internationalen Künstlern ausgestellt, eine von Ernst Ziller erbaute klassizistische Villa wird für Wechselausstellungen genutzt *(siehe S. 22f)*.

8 Basil-&-Elise-Goulandrís-Stiftung

Karte P5 ■ Eratosthénous 13 ■ +30 210 7252 895 ■ Mi–Mo 10–18 Uhr (Fr bis 20 Uhr) ■ Eintritt ■ www.goulandris.gr

Zur Sammlung moderner und zeitgenössischer Kunst zählen Werke von Malern der europäischen Avantgarde. Auch griechische Künstler wie Chrýssa Vardéa-Mavromicháli, Tákis, Níkos Hadjikyriákos-Ghíkas, Yánnis Tsaroúchis und Giórgios Rórris sind vertreten. Das Gebäude entwarf I. M. Pei *(siehe S. 49)*.

9 Byzantinisches & Christliches Museum

Skulpturen, Ikonen und Kirchenschmuck aus dem 3. bis 15. Jahrhundert erzählen von Ruhm und Untergang des Byzantinischen Reichs und vom Einfluss aufs heutige Griechenland. Die Ausstellung erstreckt sich über zwei teils unterirdisch angelegte Ebenen *(siehe S. 32f)*.

Byzantinisches & Christliches Museum

10 Quartier der Evzonen

Karte N3 ■ Wachwechsel zur vollen Stunde

Die Soldaten, die das Parlamentsgebäude bewachen, tragen die traditionelle Uniform der Aufständischen aus dem Unabhängigkeitskrieg: den kurzen weißen Rock mit 400 Falten (für die Jahre unter osmanischer Herrschaft), eine rote Mütze und die *tsaroúchi* genannten roten Schnabelschuhe mit den großen schwarzen Bommeln. Nur die stattlichsten Soldaten der Armee können Evzonen werden. Der Wachwechsel erfolgt in hohem Stechschritt. Besonders eindrucksvoll ist die Zeremonie sonntags um 11 Uhr.

Spaziergang

Vormittags

Kommen Sie zur vollen Stunde zur **Plateía Syntágmatos**, um beim Wachwechsel der Evzonen am **Grabmal des Unbekannten Soldaten** *(siehe S. 104)* dabei zu sein. Über die **Vasilíssis Sofías** geht es dann zum **Museum für Kykladische Kunst**, in dem Sie geheimnisvolle prähistorische Marmorskulpturen erwarten. Besuchen Sie möglichst auch die Ausstellung im Mégaro Stathátou.

Nun haben Sie sich einen *kafés frapé* in einem der Cafés an der **Plateía Kolonakíou** *(siehe S. 104)* verdient. Genießen Sie nach der Entspannung und dem Beobachten des Treibens auf dem Platz noch einen Schaufensterbummel.

Für ein Mittagessen machen Sie sich dann auf den Weg zu **Filíppou** *(siehe S. 67)*, einer netten Taverne mit historischem Flair.

Nachmittags

Nach dem Essen ist Shopping angesagt: In der Gegend warten edle Boutiquen wie Parthenis und Sophia *(siehe S. 105)* sowie bekannte internationale Läden wie Balenciaga, Gucci und Armani – so mancher muss sich hier wohl mit einem Schaufensterbummel begnügen.

Gegen Ende des Tages begeben Sie sich zur **Seilbahnstation** am Fuß des **Lykavittós**. Vom Gipfel aus sehen Sie, wie sich der Himmel über Athen violett färbt. Am schönsten ist das bei einem Drink im Café oder einem guten Essen im **Orízontes** *(siehe S. 107)*.

Siehe Karte S. 100f

Dies & Das

1 Záppeion

Karte M5

Das große klassizistische, von Theophil von Hansen entworfene Gebäude südlich der Nationalgärten wurde 1888 eingeweiht. Es dient als Konferenzzentrum, der bezaubernde Park ist öffentlich zugänglich.

Historisches Nationalmuseum

2 Historisches Nationalmuseum

Karte L2 ■ Stadíou 13 ■ +30 210 323 7617 ■ Sep–Juni: Di–So 9–16 Uhr (Sa & So ab 10 Uhr); Juli & Aug: Di–So 10–16 Uhr ■ Eintritt ■ www.nhmuseum.gr

Das Museum im alten Parlamentsgebäude widmet sich dem Unabhängigkeitskrieg, informiert aber auch über die römische, byzantinische und osmanische Zeit.

3 Gennadeíon

Karte F3 ■ Souidías 61 ■ +30 210 721 0536 ■ Mo–Fr 9–16.45 Uhr, Sa 9–13.45 Uhr ■ www.ascsa.edu.gr

Die mehrsprachige Bibliothek der American School of Classical Studies bietet exzellente Literatur über das alte Griechenland.

4 Präsidentenpalast

Karte N4 ■ zwischen Iródou Attikoú & Meleágrou

Den zwischen 1891 und 1897 erbauten einstigen Palast von König Konstantin I. entwarf der deutsche Architekt Ernst Ziller *(siehe S. 102)*.

5 Ghika Gallery

Karte M2 ■ Kriezotou 3 ■ +30 210 361 5702 ■ Sa, So 10–18 Uhr ■ Eintritt

Die Galerie des berühmten griechischen Malers Nikos Hadjikyriakos-Ghika, der sich dem Kubismus widmete, bietet einen Überblick über griechische Malerei, Bildhauerei und Fotografie des 20. Jahrhunderts.

6 Griechisches Trachtenmuseum

Karte M2 ■ Dimokrítou 7 ■ +30 210 362 9513 ■ wegen Renovierung geschl.

Das Museum zeigt den Variantenreichtum griechischer Trachten über die Jahrhunderte.

7 Plateía Kolonakíou

Karte N3

Rund um den hübschen Platz laden viele Cafés zum Verweilen ein.

8 Plateía Dexamenís

Karte N2/P2

An dem Platz gibt es ein beliebtes Café und Mezze-Restaurant sowie ein Open-Air-Kino.

9 Freitagsmarkt

Karte P2 ■ Xenokrátous

Kolonákis Obst- und Gemüsemarkt ist einer der lebhaftesten Athens.

10 Grabmal des Unbekannten Soldaten

Karte M3 ■ Plateía Syntágmatos

Das Kenotaph gedenkt der Toten des Unabhängigkeitskriegs *(siehe S. 40)*. Das Relief eines sterbenden Soldaten schuf Fokíon Rok 1930 bis 1932.

Grabmal des Unbekannten Soldaten

Edle Boutiquen

Shop im Benáki-Museum

1 Parthenis

Karte N2 ■ Dimokrítou 20 ■ www.orsalia-parthenis.gr

Parthenis bietet legere griechische Mode in Damen-, Herren- und Unisex-Kollektionen *(siehe S. 68)*.

2 Dassios

Karte P3 ■ Vasilíssis Sofías 35 ■ www.dassios.com

Dimitrís Dassios entwirft extravagante, aufwendig verzierte Westen, Jacken, Kaftane und Taschen aus Jeans, Leder und Seide.

3 Oikos

Karte E4 ■ Irodótou 26 ■ www.oikos.gr

Die Möbel, Lampen und Wohnaccessoires griechischen Stils sind ultramodern, überaus edel und entsprechend kostspielig.

4 Sophia

Karte N2 ■ Pindárou 15 ■ +30 210 360 6930

Sophía bedeutet im Griechischen »Weisheit«. Der Laden bietet Dekoartikel mit philosophischem Touch, Bücher, Spiele und mehr.

5 Heel

Karte N2 ■ Irakleítou 11 ■ www.heelshop.gr

Heel vertreibt aus Bio-Baumwolle gefertigte Unisex-Streetwear mit außergewöhnlichen Designs.

6 Shop im Benáki-Museum

www.benakishop.gr

Neben hochwertigen Repliken von im Museum ausgestellten Artefakten werden von Kunsthandwerkern mit traditionellen Techniken gefertigte Objekte angeboten *(siehe S. 26f)*.

7 Kombologadiko

Karte M2 ■ Amerikis 9 ■ www.kombologadiko.gr

Der Shop ist spezialisiert auf traditionelle griechische Rosenkränze aus Materialien wie Bernstein, Holz und Halbedelsteinen.

8 Elena Vótsi

Karte N2 ■ Xánthou 7 ■ www.elenavotsi.gr

Die Schmuckdesignerin ist international bekannt *(siehe S. 68)*.

9 Fairymade

Karte P3 ■ Irodótou 8 ■ www.fairymadeshop.com

Mýrto Kliáfa entwirft Kleidung, Schuhe und Accessoires mit Anklängen an die 1920er bis 1950er Jahre.

10 Mr. Vertigo

Karte N2 ■ Plateía Filikis Eterias 15 ■ www.mrvertigo.wine

Das Weingeschäft führt eine erlesene Auswahl edler Tropfen aus Griechenland, darunter auch einige aus Bio-Anbau.

Siehe Karte S. 100f

Bars & Clubs

Stilvolles Mobiliar und ein großer Wandteppich prägen das Flair der Alexander's Bar

1 Black Duck Multiplarte

Karte D4 ■ Chrístou Ladá 9a

Tagsüber nimmt man an Tischen im Garten Platz, abends läuft in der mit Wandschmuck rund um das Thema Enten dekorierten Bar Rockmusik aus den 1960er und 1970er Jahren.

2 Mai Tai Athens

Karte P3 ■ Ploutarchou 18

In dieser Bar mit modernem Flair genießt man köstliche Cocktails.

3 Alexander's Bar

Karte D4 ■ Vasiléos Georgíou A1, Plateía Syntágmatos

Die elegante Bar im historischen Hotel Grande Bretagne *(siehe S. 144)* bietet exzellente Drinks und abends Musik von einem Live-Pianisten.

4 Minnie the Moocher

Karte N2 ■ Tsakálof 6

Die im Stil der 1930er Jahre eingerichtete Bar befindet sich in der eleganten Fußgängerzone von Kolonáki. Zu großartigen Cocktails kann man oft Jazz und Swing genießen.

5 Seven Jokers

Karte L4 ■ Voulís 7

Das Ambiente der Bar erinnert an ein Pariser Café der 1920er Jahre. Das Angebot an Alkoholika ist riesig – als Grundlage werden große Sandwiches angeboten.

6 Oinoscent

Karte D4 ■ Voulis 45

Genießen Sie eine hervorragende Auswahl griechischer und internationaler Weine. Sehr beliebt sind auch die Weinverkostungen.

7 Rock 'n' Roll

Karte E4 ■ Loukianoú 6

Der Club in Kolonáki ist seit 1987 überaus beliebt. Die nicht mehr ganz so junge Gästeschar genießt die guten Drinks und die gemütliche Atmosphäre.

8 Drunk Sinatra

Karte L3 ■ Thiséos 16

Die Gäste der lebhaften Vintage-Bar in der Fußgängerzone drängen sich nicht selten auch vor dem Lokal.

9 The Clumsies

Karte K2 ■ Praxitélous 30

Das klassizistische Gebäude stammt von 1919, heute werden in den schön dekorierten Räumlichkeiten unter Holzbalkendecken exzellente Cocktails und Snacks serviert. Sonntags gibt es Brunch.

10 Milióni

Karte N3

Die Straße ist gesäumt von funkelnd beleuchteten Bars und Cafés, in denen die jungen Leute von Kolonáki gern die Nächte durchfeiern.

Restaurants

Preiskategorien
Preis für ein Drei-Gänge-Menü pro Person mit einer halben Flasche Wein, inklusive Steuern und Service.

€ unter 40 € €€ 40–60 € €€€ über 60 €

1 Café Merlin

Karte D4 ■ Vasilíssis Sofías 9 ■ +30 210 361 1731 ■ €

Das Café im Kulturzentrum der B. & M. Theocharákis-Stiftung bietet mediterrane Küche und ein üppiges Speisenangebot zum Brunch.

2 Ergon House

Karte C4 ■ Mitropóleos 23 ■ +30 210 010 9090 ■ €€

In dem lichtdurchfluteten Atrium genießt man moderne und klassische griechische Gerichte aus exzellenten Zutaten *(siehe S. 66)*.

3 Spondí

Karte E6 ■ Pýrronos 5 ■ +30 210 756 4021 ■ €€€

Die Gerichte des edlen französischen Restaurants, darunter Milchlamm und Kaiserhummer, zeigen griechische Einflüsse *(siehe S. 67)*.

4 Mouriés

Karte E6 ■ Plateía Varnáva 8 ■ +30 210 701 6100 ■ €

Die guten Auflaufgerichte genießt man im schönen Gastraum oder im Freien, unter den namengebenden Maulbeerbäumen.

5 Winter Garden

Karte M3 ■ Vasiléos Georgíou A1, Plateía Syntágmatos ■ +30 210 333 0000 ■ €€€

Das Restaurant im Hotel Grande Bretagne *(siehe S. 144)* lädt zu Frühstück, Lunch, Tee und Dinner ein.

6 Il Postino

Karte D3 ■ Grivéon 3, Skoufá ■ +30 210 364 1414 ■ €

Italiener führen die authentische Osteria in ruhiger Lage, in der täglich 20 verschiedene Pastagerichte sowie Salate, mehrere Hauptgänge und Desserts zu haben sind.

7 OIKEIO

Karte E4 ■ Ploutárchou 15 ■ +30 210 725 9216 ■ €€

Auf der Karte des netten Bistros mit Objet-trouvé-Dekor stehen griechische Klassiker, darunter sautiertes Kaninchen. Reservieren ist ratsam.

8 Cookoovaya

Karte F4 ■ Chatzigiánni 2a ■ +30 210 723 5005 ■ www.cookoovaya.gr ■ €€€

Gegrillter Zackenbarsch mit Orzo und *avgotáracho* (Fischrogen) zählt zu den innovativen, täglich wechselnden Gerichten *(siehe S. 66)*.

Tische im Freien, Orízontes

9 Orízontes

Karte P1 ■ Aristíppou 1 ■ +30 210 721 0701 ■ €€€

In dem Restaurant auf dem Gipfel des Lykavittós genießt man kreative griechische Gerichte und grandiosen Blick auf die Stadt.

10 Akra

Karte F5 ■ Aminta 12 ■ +30 210 725 1116 ■ €€

Sorgfältig ausgewählte Zutaten werden im Akra zu kreativen Gerichten verarbeitet. Probieren Sie auch die Kreationen eines der besten Konditoren der Stadt.

Siehe Karte S. 100f

TOP 10 Piräus

Der historische Hafen von Athen ist heute der drittgrößte Mittelmeerhafen und eine eigenständige Stadt. Es landen zahlreiche Kreuzfahrtschiffe an, Fähren bringen Besucher zu den Inseln. Zéa prägen Luxusyachten und edle Restaurants. Das klassizistische Kastélla und die Fischerboote im Mikrolímano verströmen traditionelles Flair.

Hellenisches Schifffahrtsmuseum

1 Hellenisches Schifffahrtsmuseum

Akti Themistokléous, Freatída ■ +30 210 451 6264 ■ Di – Sa 9 – 14 Uhr ■ Eintritt ■ www.hmmuseum.gr

In dem Museum steht eine Karte, die die Fahrten des Odysseus auf dem Mittelmeer verzeichnet, symbolisch für die Ursprünge der griechischen Seefahrtsgeschichte. Schiffsmodelle, von Triremen aus dem 5. Jahrhundert v. Chr. *(siehe S. 54)* bis zu modernen Tankern, dokumentieren die Geschichte des Seehandels. Ölgemälde zeigen Szenen von Seeschlachten gegen die Türken. Das Museumsgebäude stammt aus den 1960er Jahren.

Flanieren an der Promenade der Flisvos Marina

2 Zéa (Pasalimáni)

Die von Apartmenthäusern umrahmte Bucht ist mit dem Meer über einen engen Kanal verbunden. Der antike Hafen Zéa, im 5. Jahrhundert v. Chr. für Athens Flotte gebaut, bot Platz für 196 Triremen, heute ankern in der Zéa Marína oft bis zu 400 luxuriöse Yachten. In ca. 20 Minuten schlendert man auf der baumgesäumten Promenade an Cafés und Tavernen vorbei um die Bucht.

3 Flisvos Marina

Tram bis Trocadero oder Parko Flisvou

Der Yachthafen verfügt über eine schöne Promenade, Parkanlagen und Spielplätze. Machen Sie einen Spaziergang am Strand, bevor Sie ein Bad im Meer genießen. Hier gibt es auch jede Menge Cafés und Restaurants sowie im Sommer ein Open-Air-Kino.

4 Archäologisches Museum

Chariláou Trikoúpi 31 ■ +30 210 452 1598 ■ Mi–Mo 8.30–15.30 Uhr ■ Eintritt ■ http://odysseus.culture.gr

Hauptattraktion sind zwei 1959 in Piräus entdeckte Bronzeskulpturen: ein perfekt proportionierter Apollon aus dem 5. Jahrhundert v. Chr. und eine rund 100 Jahre jüngere Athena. Aus derselben Zeit stammen die sehenswerten marmornen Grabstelen mit ergreifenden Reliefs der Verstorbenen. Nahe dem Haus liegen die Ruinen des antiken Zéa-Theaters.

Saronischer Golf

1 **TOP10-Attraktionen** *siehe S. 108–111*

1 **Restaurants** *siehe S. 112*

1 **Cafés & Bars** *siehe S. 113*

Archäologisches Museum

5 Akti Themistokléous

Die drei Kilometer lange, von Freatída ausgehende Uferstraße ist von Apartmenthäusern und Fischrestaurants gesäumt. Der Blick über das Meer reicht bis zu den Inseln Aígina und Salamína. Die nach dem Stadtgründer Themistokles – Feldherr und Staatsmann des 5. Jahrhunderts v. Chr. – benannte Straße folgt dem Verlauf der antiken Hafenmauern. Mehrere Buchten bieten Bademöglichkeiten, die schönste ist die Bucht der Aphrodite.

6 Kastélla

Das malerische, von einem Labyrinth steiler Straßen und Treppen durchzogene Wohnviertel liegt an den nordwestlichen Hängen des Profítis Ilías, der den Mikrolímano überragt. Die pastellfarbenen klassizistischen Häuser wurden zwischen 1834 und 1900 erbaut. Das ländliche Flair des Hügels lädt zu Spaziergängen ein. Ganz oben steht die Kirche Profítis Ilías. Das kleine Veákeio-Theater bietet im Sommer nette Vorstellungen.

7 Nautikós Omilos Elládas (Yacht Club of Greece)

Mikrolímano

Aufgrund des Reichtums an vorgelagerten Inseln zählt Griechenland zu den beliebtesten europäischen Zielen von Seglern. Das Land blickt auf eine 3500 Jahre lange Segeltradition

Nautikós Omilos Elládas

Mikrolímano

zurück. Der Yachtclub auf der Halbinsel im Süden des Mikrolímano wurde im Jahr 1934 gegründet. Zum Clubhaus haben nur Mitglieder Zutritt, es lohnt sich aber, die Marina entlangzuschlendern und im schicken Café Istioploïkós *(siehe S. 113)* einen Drink zu nehmen.

Panzerkreuzer *Geórgios Avérof*

8 Panzerkreuzer *Geórgios Avérof*

Schiffsmuseum Trokadero Marina, Palaío Fáliro ■ +30 210 988 8211 ■ Di–Fr 9–14 Uhr, Sa & So 10–17 Uhr ■ Eintritt

Das 1910 im italienischen Livorno erbaute, 140 Meter lange Schiff wurde für 670 Menschen in Friedenszeiten bzw. 1200 in Kriegszeiten konzipiert. Es führte die griechische Flotte durch die Balkankriege und beide Weltkriege. Besucher können das Schiff besichtigen – von der Kombüse über die Maschinenräume bis zur Kommandobrücke, von den Kajüten der Matrosen über die Offiziersmesse bis zur Luxussuite des Admirals. Dabei gilt es, viele schmale Leitern zu bewältigen.

9 Mikrolímano

Der kleine Hafen in der kreisrunden Bucht ist für die Fischrestaurants bekannt, deren Terrassen das Ufer säumen. Da man in der Antike glaubte, der Hafen stehe unter dem Schutz der griechischen Göttin Artemis, benannte man ihn einst nach deren Ehrentag Munichía. Der Name *tourkolímano* (türkischer Hafen) geht auf die Zeit zurück, in der er von der osmanischen Flotte genutzt wurde. Heute legen an den Kais die hölzernen Fischerboote an, die die Restaurants beliefern.

10 Stavros Niarchos Foundation Cultural Center (SNFCC)

Syggrou 364 Ecke Poseidonos; T7 bis Tzitziphies ▪ www.snfcc.org

Das Kulturzentrum der Stavros-Niarchos-Stiftung mit Nationaloper, Nationalbibliothek und Park bietet ein großes Angebot an kulturellen Veranstaltungen. Der von Renzo Piano entworfene Komplex verfügt über einen Leuchtturm, von dem man eine herrliche Aussicht hat.

Löwe von Piräus

Der Haupthafen von Piräus trug im Mittelalter den Namen Porto Leone – nach einer drei Meter hohen Löwenfigur aus Marmor, die an der Stelle des heutigen Rathauses stand. 1687 nahmen die Venezianer den Löwen mit und brachten ihn in ihre Arsenale – über eine Rückgabe wird verhandelt. Eine Kopie am Ende der Faviérou grüßt ankommende Fähren.

Spaziergang

Vormittags

Von Athen aus nehmen Sie die Metro bis **Pireás** und gehen von dort Richtung Süden zum **Archäologischen Museum**, wo die antiken Funde von Piräus einen Blick lohnen.

Gehen Sie weiter Richtung **Zéa** und trinken Sie bei **Moby** *(siehe S. 113)* Kaffee, bevor Sie ein wenig durch den Hafen spazieren und die schönen Boote bewundern.

Für ein Mittagessen mit Blick aufs Meer bietet sich **Imerovígli** *(siehe S. 112)* an, für Fischgerichte zu guten Preisen gehen Sie die **Akti Themistokléous** weiter und zu **Margaró** *(siehe S. 112)*.

Nachmittags

Nehmen Sie nach dem Essen die Metro bis Fáliro. Von dort führt Sie die lebhafte Hauptstraße zum **Stadion des Friedens und der Freundschaft**, das so manchem noch als Veranstaltungsort der Olympischen Spiele 2004 in Erinnerung ist.

Etwas südlich des Stadions liegt der Fischerhafen **Mikrolímano** – weniger schick, aber viel malerischer als Zéa. Hier finden sich eine Reihe Fischrestaurants direkt am Wasser. Eine gute Wahl ist z. B. **Dourábeis** *(siehe S. 112)*.

Nach dem Essen gönnen Sie sich einen Schlummertrunk bei **Don Kichótis** *(siehe S. 113)* im reizenden Kastélla – oder Sie folgen der Schar, die zum **Istioploïkós** *(siehe S. 113)* zieht, einer lebhaften Café-Bar mit lauter Musik und Tischen im Freien.

Siehe Karte S. 108f

Restaurants

Preiskategorien
Preis für ein Drei-Gänge-Menü pro Person mit einer halben Flasche Wein, inkl. Steuern und Service.

€ unter 40 € €€ 40–60 € €€€ über 60 €

1 Varoulko Seaside
Akti Koumoundoúrou 52, Mikrolímano ■ +30 210 522 8400 ■ www.varoulko.gr ■ €€€

Sternekoch Leftéris Lazárou serviert Köstliches wie Tintenfisch mit Pesto oder Rotbarbe in Zitronensauce – als Menü und à la carte *(siehe S. 66)*.

2 Dourábeis
Akti Dilavéri 29, Mikrolímano ■ +30 210 412 2092 ■ €€€

Das schöne Lokal überzeugt seit 1933 mit exzellentem Fisch und Seafood – einfach nur gegrillt und mit Zitrone und Olivenöl verfeinert.

3 Jimmy's Fish
Akti Koumoundoúrou 46, Mikrolímano ■ +30 210 412 4417 ■ €€€

Genießen Sie Vorspeisen mit fangfrischem Seafood oder Hummerspaghetti und dazu den herrlichen Blick auf den Hafen.

4 Imerovígli
Akti Themistokléous 56 ■ +30 210 452 3382 ■ €

Das Lokal serviert exzellente Fisch- und einige Fleischgerichte. Dazu passen Wein, *tsípouro*, Oúzo, Bier und Livemusik.

5 Ammos
Akti Koumoundoúrou 44, Mikrolímano ■ +30 210 422 4633 ■ €

Das zwanglose Uferlokal lockt mit klassischen *mezédes* und traditionellen Fleisch- und Fischgerichten.

6 Kapilio o Zachos
Komotinís 37 ■ +30 210 481 3325 ■ €

Einheimische und Urlauber schätzen die guten Fisch- und Fleischgerichte in der familiengeführten Taverne.

7 Yperokeanio
Marias Chatzikirakou 48 ■ +30 210 418 0030 ■ €

Das von maritimem Dekor geprägte Yperokeanio (»Ozeandampfer«) serviert Klassiker der mediterranen Küche, darunter marinierte Sardellen, gedämpfte Muscheln und knusprige Calamari.

8 Margaró
Chatzikyriakoú 126 ■ +30 210 451 4226 ■ So abends & zwei Wochen im Aug geschl. ■ keine Kreditkarten ■ €

Auf der Speisekarte des Restaurants stehen Salate und Seafood aus dem Fang des Tages.

9 Papaioánnou
Akti Koumoundoúrou 42, Mikrolímano ■ +30 210 422 5059 ■ So abends geschl. ■ €€

Küchenchef Giórgos Papaioánnou ist bekannt für Kreationen aus frischem Seafood direkt vom Speerfischer. Zu den Spezialitäten gehören Seeigel und Langusten-Tatar.

10 Rakadiko Stoá Koúvelou
Karaolí kai Dimitríou 5 ■ +30 210 417 8470 ■ €

Das Lokal mit eigenwilligem Dekor bietet sich vor oder nach einer Fährfahrt an. Die Speisekarte beinhaltet einige ungewöhnliche Gerichte aus Büffelfleisch.

Rakadiko Stoá Koúvelou

Cafés & Bars

Pizza im Moby

1 Istioploïkós

Akti Mikrolímanou ■ +30 210 413 4084 ■ Anfang Nov – Mitte März geschl.

In der Bar auf der Dachterrasse des Yachtclubs *(siehe S. 110)* gilt »sehen und gesehen werden«.

2 Pisína

Akti Themistokléous 25 ■ +30 210 451 1324

Die Atmosphäre in dem stylishen Bar-Restaurant mit Swimmingpool ist leger und entspannt.

3 Rockfellas Excelsior

Marína Zéas ■ +30 210 418 4440

Die Wände zieren Poster von bekannten Musikern, Gäste nehmen auf Barhockern oder Sofas Platz, um frisch gezapftes Bier oder Cocktails zu genießen. Die sonntäglichen Sommerpartys sind sehr beliebt.

4 Don Kichótis

Alexándrou Papanastasíou 68, Kastélla ■ +30 210 413 7016

Von der Dachterrasse der bezaubernden Café-Bar am Hügel eröffnet sich eine fantastische Aussicht aufs Meer.

5 Paleo

Polidéfkous 39 ■ +30 210 412 5204

Die moderne Weinbar in einem wunderschönen aus Stein erbauten Haus im Viertel Papástratos bietet mediterrane Küche.

6 Bizz

Akti Koumoundoúrou 8, Mikrolímano ■ +30 210 411 5344

Auf der bis zum Meer reichenden Holzterrasse der Café-Lounge, die Blick auf die im Hafen ankernden Luxusyachten bietet, stehen Sofas, Hocker und Kaffeetische.

Erfrischender Cocktail

7 Moby

Marína Zéas ■ +30 211 012 3778

Einheimische genießen in der Bar Kaffee und Cocktails bei herrlicher Aussicht. Am Wochenende legen DJs auf. Neben Snacks, Pizzas und Salaten bietet das Café Sonntagsbrunch bis 15 Uhr.

8 Belle Epoque

Aristotélous 10 ■ +30 210 42 7300

Kunstwerke an den Wänden der Bar zeigen bekannte Märchenfiguren. Abends ist gelegentlich Livemusik zu hören.

9 Adonis

Alexándrou Papanastasíou 57 ■ +30 210 937 4308

Das im malerischen Viertel Kastélla gelegene Adonis bietet vormittags Snacks, frisch gepresste Säfte und Kaffee, mittags und abends gibt es exzellente Gerichte.

10 Bibere House of Beer

Aggelou Metaxa 5, Pasalimani ■ +30 210 411 0004

Griechenland hat eine spannende Craftbeer-Kultur mit vielen unabhängigen Brauereien wie Bibere House of Beer. Es gibt eine große Auswahl an lokalen und internationalen Bieren sowie gutes Essen. Sehr gemütlich sitzt man auf der Terrasse am Park.

Siehe Karte S. 108f

TOP 10 Der Norden mit Delphi

Nördlich von Athen öffnet sich die vielgestaltige Landschaft Zentralgriechenlands mit dem von Kiefern bedeckten Berg Párnitha. In der gebirgigen, von Küstenstädten gesäumten Region Stereá Elláda liegen byzantinische Klöster und die Ruinen antiker Stätten. Der Sage nach prophezeite in Delphi das Orakel das Schicksal von Ödipus. Delphis Umgebung bietet zahlreiche Möglichkeiten für sportliche Aktivitäten.

Die malerische Küstenstadt Galaxídi

1 TOP10-Attraktionen siehe S. 115–117

1 Restaurants im Norden siehe S. 119

1 Attraktionen in Delphi siehe S. 118

2 Parnassós
7 Antikes Delphi
4 Aráchova
3 Kloster Osios Loúkas
6 Antikes Theben
10 Galaxídi
Itéa
Dávlia
Orchomenós
Livádia
Dístomo
Aspra Spítia
Kifisós Potamós
Stereá Elláda
Ylíki
Thíva
Vágia
Thespiés
Thísvi
Paralía
Alykí
Erithrés
Vília
Pórto Germenó
Alepochóri
Mégara
Golf von Korinth
Saronischer Golf
0 Kilometer 15

Antikes Delphi
Parnassós
Ethniki Odos Livadias Amfissas
Papachiá
400 m
0 Meter 200

Antikes Eleusis

1 Antikes Eleusis

Karte S2 ■ Bus 876 ab Metro-Station Egáleo ■ +30 210 554 6019 ■ Sommer: Zeiten variieren; Winter: tägl. 8.30–15.30 Uhr ■ Eintritt ■ http://odysseus.culture.gr

Die Stätte war etwa 1400 Jahre lang einer der heiligsten Orte Griechenlands. In der Antike nahmen Tausende Pilger an den zu Ehren von Demeter, der Göttin der Fruchtbarkeit, und deren Tochter Persephone abgehaltenen Initiations- und Weiheriten, den sogenannten Mysterien von Eleusis, teil. Zu besichtigen sind einige Ruinen und ein Museum, das die Funde erläutert. Das moderne Elefsína ist eine eher reizlose Industriestadt – allerdings wurde sie 2023 zu einer von drei Europäischen Kulturhauptstädten ernannt.

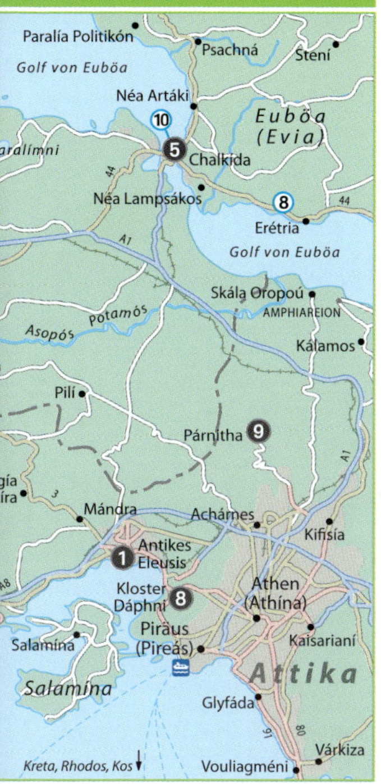

2 Parnassós

Karte R1 ■ www.onparnassos.gr

Der Berg bietet tolle Ausblicke, sehr gute Wintersportmöglichkeiten und herrliche Wanderwege, die im Sommer durch blühende Wiesen führen. Höchster Punkt ist mit 2457 Metern der Liákoura. Geführte Touren von Aráchova über Delphi zum Parnassós sprechen geübte und ambitionierte Wanderer an. Wer sich allein auf den Weg machen möchte, benötigt unbedingt eine wirklich gute Karte mit großem Maßstab.

3 Kloster Osios Loúkas

Karte R1 ■ +30 226 702 2797 ■ Sommer: tägl. 10–17 Uhr; Winter: tägl. 8–15 Uhr ■ Eintritt

Das rund 1000 Jahre alte Kloster liegt überaus idyllisch in einem vom Elikónas überragten Tal und zählt ganz zu Recht zu den schönsten in ganz Griechenland. Die achteckige, im Jahr 1040 erbaute Hauptkirche zieren außergewöhnliche Mosaiken und einige kostbare Ikonen. In der Krypta finden sich herrliche byzantinische Fresken.

Deckenfresko, Kloster Osios Loúkas

Aráchova

4 Aráchova

Karte R1 ▪ tägl. Busse ab Terminal B

Das Bergdorf ist ein guter Startpunkt für Ausflüge nach Delphi und zum Parnassós. Im Winter sind die Hotels teuer, da dann viele wohlhabende Athener kommen. Die Hauptstraße säumen Läden, die Wein, Käse und andere Spezialitäten aus der Region verkaufen. Die schmalen Gassen laden zur Erkundung ein.

5 Euböa (Evia)

Karte T1 ▪ tägl. mehrere Züge ab Athen ▪ Infos zum ÖPNV: www.ktelevias.gr

Die zweitgrößte griechische Insel liegt so nah am Festland, dass eine Brücke hinführt. Vom Bahnhof Laríssis fahren täglich mehrere Züge nach Chalkída, dem Hauptort der Insel. Die Bergkette, die sich von Nord nach Süd zieht, ist ideales Ziel für Wochenendtouren. An Werktagen hat man die Strände und Thermalbäder im Norden fast für sich allein.

6 Antikes Theben

Karte S2 ▪ stündl. Busse ab Terminal B & mehrere Züge ▪ +30 226 202 7913 ▪ tägl. bis Sonnenuntergang ▪ Archäologisches Museum: Mi–Mo 8.30–15.30 Uhr; Eintritt ▪ http://odysseus.culture.gr

Theben war einst eine der größten mykenischen Siedlungen. Es gilt als Heimat von Ödipus. Von der antiken Stätte ist nur wenig verblieben und das moderne Thíva ist kaum attraktiv. Das Archäologische Museum mit den mykenischen Funden lohnt jedoch den Besuch. Besonders interessant sind die Tanagra-Figuren.

7 Antikes Delphi

Karte Q1 ▪ tägl. Busse ab Terminal B ▪ +30 226 508 2313 ▪ tägl. 8–20 Uhr ▪ Eintritt ▪ http://odysseus.culture.gr

Der Sage nach trafen zwei Adler, die Zeus von den Enden der Welt ausgesandt hatte, um deren Zentrum zu ermitteln, in Delphi aufeinander und ließen den Stein Omphalos fallen. Mit der Stätte wurden daher große mythische Kräfte verbunden – hohe Berge, tiefe Spalten und Sturzbäche lassen in der Tat auf massive geologische Kräfte schließen. In der Antike lauschte man hier den Prophezeiungen des Orakels. Der zentrale Tempel ehrte Apollon, den Herrscher über das Orakel *(siehe S. 118)*.

Tempel des Apollon, Delphi

Das Orakel von Delphi

Das Orakel am Heiligtum des Apollon vermittelte seine göttlichen Prophezeiungen über Pythia, eine Priesterin in tiefer ritueller Trance, für die vermutlich das Kauen von Lorbeerblättern und Mohn sowie die an der Stätte aus Erdspalten aufsteigenden Dämpfe gesorgt haben. Die unartikulierten Schreie des Mediums wurden von den anwesenden Priestern in Verse übersetzt.

→ Siehe Karte S. 114f

Byzantinische Kunst, Kloster Dáphni

8 Kloster Dáphni

Karte T2 ■ Bus 866 ab Metro-Station Agía Marína ■ +30 210 581 1558 ■ Mi–So 8.30–15.30 Uhr

Die überkuppelte Klosterkirche aus dem 11. Jahrhundert, die prächtige Mosaiken zieren, zählt zu den bedeutendsten kunsthistorischen Zeugnissen aus byzantinischer Zeit in ganz Griechenland.

9 Párnitha

Karte T2

Die von Fichten bestandenen Berghänge durchziehen Pfade, auf denen im Frühling, wenn überall die Wildblumen blühen, viele Wanderer und Bergsteiger unterwegs sind. Zwei Hütten und ein Casinohotel, das von Thrakomakedónes mit der Seilbahn zu erreichen ist, bieten Unterkunft.

10 Galaxídi

Karte Q1 ■ tägl. Busse ab Terminal B

Der elegante Badeort am Golf von Korinth liegt idyllisch zwischen grünen Bergen und türkisblauem Meer und ist ein guter Ausgangspunkt für einen Besuch Delphis. An Sommerwochenenden sind Cafés und Tavernen von Athenern bevölkert, sonst ist es ruhig. Für Reiz sorgen hübsche Villen aus dem 19. Jahrhundert und kleine Museen.

Zwei-Tages-Tour

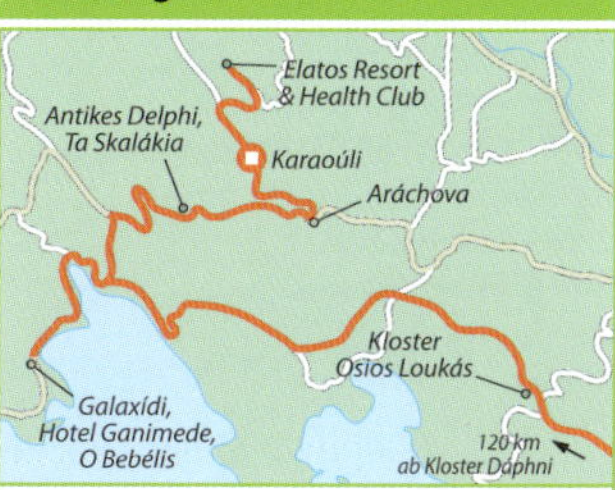

Tag 1

Starten Sie für die dreistündige Fahrt von Athen nach Delphi nicht zu spät, damit auch Zeit bleibt für Zwischenstopps an den Klöstern **Dáphni** und **Osios Loúkas**.

Steuern Sie im Sommer den Küstenort **Galaxídi** an, wo das **Hotel Ganimede** *(siehe S. 149)* Unterkunft bietet, und verbringen Sie den Nachmittag am Strand. Im Winter empfehlen sich das Bergdorf **Aráchova** und **Elatos Resort & Health Club** *(siehe S. 148)*. Bewegungsmöglichkeiten bieten das Parnassós-Skizentrum oder einer der vielen Wanderwege.

Tag 2

Am nächsten Tag geht es frühmorgens zur Stätte des **Antiken Delphi**. Spazieren Sie um den Tempel des Apollon, stellen Sie sich das Ritual der weissagenden Priesterin vor, besuchen Sie das Museum und vergessen Sie nicht den Tempel der Athena Pronaia *(siehe S. 118)*.

Wenn Sie es eilig haben, nach Athen zurückzukommen, empfiehlt sich ein Imbiss in der Taverne **Ta Skalákia** *(siehe S. 119)* in Delphi. Falls Sie Muße haben, genießen Sie bei **O Bebélis** *(siehe S. 119)* in Galaxídi feine Blätterteigpasteten oder bei **Karaoúli** *(siehe S. 119)* in Aráchova leckere Wurst und gegrillten Käse.

Tholos, antikes Delphi

Attraktionen in Delphi

1 Heilige Straße

Die Straße folgt Apollons erster Route nach Delphi und endet an dem ihm zu Ehren erbauten Tempel. Der Blick – den hoch aufragenden Parnassós hinauf oder hinab in die Schlucht – flößt Ehrfurcht ein.

2 Tempel des Apollon

Der Tempel barg den Stein Omphalos (»Nabel«) – Symbol für das Zentrum der Welt – und das Orakel. Nahezu alle antiken Dichter berichten davon, wie Abgesandte von Herrschern aus aller Welt Opfergaben niederlegten, um die Prophezeiungen zu hören.

3 Schatzhaus von Sífnos

Das von Abgesandten aus Sífnos errichtete marmorne Bauwerk war das prächtigste von mehreren Schatzhäusern, die als Opfergaben für das Orakel erbaut wurden. Die zum Schatzhaus gehörenden Statuen sind im Museum der Stätte zu bewundern.

4 Theater

Das antike Theater aus dem 4. Jahrhundert v. Chr. zählt zu den besterhaltenen im Land. Es bietet großartigen Blick auf die Stätte und die erhabene Landschaft rundum.

5 Agora

Auf dem Marktplatz konnten Besucher in der Antike Kultobjekte und Opfergaben für das Orakel erwerben.

6 Archäologisches Museum

Das exzellente Museum beherbergt die schönsten der Opfergaben, die aus der ganzen Welt zum Orakel gebracht wurden, und Artefakte der antiken Bauten.

Exponat im Archäologischen Museum

Schatzhaus der Athener

7 Schatzhaus der Athener

Die Athener schmückten ihren Opferbau mit Friesen, die die Helden Theseus und Herakles zeigten. Herakles nahm sich seiner zwölf Aufgaben auf Geheiß des Orakels an.

8 Tempel der Athena Pronaia

Vom Tempel der Göttin des Krieges Athena glaubte man, er würde den Tempel des Apollon vor Angreifern schützen. Viele Bauwerke Delphis wurden zerstört – dieser runde Tempelbau (Tholos) steht als eindrucksvoller Rest bildhaft für die antike Stätte.

9 Tempel der Gaia

Der um eine Erdspalte angelegte Steinkreis diente der Verehrung der matriarchalischen Erdgöttin Gaia, die in Delphi ursprünglich verehrt wurde. Gaia wurde von Apollon abgelöst – die Tradition des Orakels und der Priesterinnen blieb erhalten.

10 Kastalische Quelle

An der nahezu versiegten Quelle reinigten sich die Pilger vor dem Betreten der heiligen Stätte. Das um die Quelle erbaute Brunnenhaus ist noch zu sehen.

Restaurants im Norden

Preiskategorien
Preis für ein Drei-Gänge-Menü pro Person mit einer halben Flasche Wein, inkl. Steuern und Service.

€ unter 40 € €€ 40–60 € €€€ über 60 €

1 Ta Skalákia

Karte Q1 ■ Apóllonos 21, Delfí ■ +30 6944 207 532 ■ €

Das nette Lokal an einer Treppe zwischen den beiden Hauptstraßen bietet Grillfleisch aus der Region und raffiniertere Gerichte.

2 Gargándouas

Karte Q1 ■ Dimou Fragkou 12, Delfí ■ +30 2265 083 074 ■ €

Wer gern Fleisch isst, wird das bei Einheimischen beliebte Lokal lieben.

3 Tavérna Kaplánis

Karte R1 ■ Plateía Tropaíon, Aráchova ■ +30 226 703 1891 ■ €

Unter vergoldeten Kronleuchtern genießt man Fleischgerichte und exzellenten Hauswein. Wenn es die Saison erlaubt, sollte man die gebratenen Zucchiniblüten probieren.

4 Ab oVo

Karte Q1 ■ Akti Oiánthis 87, Galaxídi ■ +30 2265 041 087 ■ €

Fisch, Seafood und Pizza – die mediterrane Küche des am Hafen gelegenen Lokals ist hervorragend.

5 Karaoúli

Karte R1 ■ Straße Arachovas–Eptalofou, Distomo Arachova Antikira ■ +30 226 703 1001 ■ Sep–Juni: Fr–So ■ €

In der einfachen Taverne sollte man würzige Aráchova-Wurst und gefüllte Paprikaschoten kosten.

6 O Bebélis

Karte Q1 ■ Nikólaos Mámas 20, Galaxídi ■ +30 2265 041 677 ■ €

Auf der Karte der familiengeführten Taverne steht u. a. Schwein mit Paprika und gefüllte Zwiebeln. Ein offener Kamin sorgt für Behaglichkeit.

7 O Bábis

Karte R1 ■ Kalyvía Livadíou, Aráchova ■ +30 226 703 2155 ■ Okt–Apr: tägl. mittags, Sa & So auch abends ■ €

Vor dem offenen Kamin genießt man am besten *stifádo (siehe S. 64)*.

8 Lykos Winery

Karte T1 ■ Malakónda, Euböa ■ +30 222 906 8222 ■ www.lykoswines.gr ■ €€

Zu klassischen Fleisch- und Fischgerichten sowie leckeren Salaten wird exzellenter Wein ausgeschenkt. Auch Weinproben finden hier statt.

Tavérna O Nóntas

9 Tavérna O Nóntas

Karte R1 ■ 2 km vor Livádia ■ +30 226 102 5422 ■ €

Die Taverne mit großem Gastraum und Tischen im Freien serviert üppige Grillgerichte – Lammkoteletts vom Holzkohlegrill, hausgemachte Burger und zartes Steak – und köstliche bunte Salate. Die Portionen sind groß, die Preise fair.

10 Apánemo

Karte T1 ■ Ethnikís Symfilíosis 78, Chalkída, Euböa ■ +30 222 102 2614 ■ €

Das am Ufer gelegene *mezedopoleío* nördlich der Fußgängerbrücke in Chalkída ist weithin bekannt. Es serviert klassische Seafood-Gerichte, aber auch regionale Spezialitäten wie *petrosolínes* (Messermuscheln).

Siehe Karte S. 114f

TOP 10 Auf dem Peloponnes

Statue in einem Museum, Antikes Korinth

Neben Athen ist der Peloponnes der geschichtsträchtigste und mythenreichste Teil Griechenlands. Die landschaftliche Kulisse hat sich über die Jahrtausende kaum verändert – man sieht die Ebenen, wo nach Homer gewaltige Armeen aufmarschierten, oder Neméa, wo Herakles den Löwen getötet haben soll. Das »Goldene Mykene« aus Homers *Ilias* galt ebenfalls als Legende, bis der deutsche Archäologe Heinrich Schliemann im 19. Jahrhundert Relikte der Paläste entdeckte. Nun zählt es zu den bedeutendsten antiken Stätten des Landes.

Vorhergehende Doppelseite Eine Yacht passiert den Kanal von Korinth

Fähre im Kanal von Korinth

① Kanal von Korinth

Karte R3

Die Landenge zwischen Peloponnes und Festland zwang Seeleute jahrtausendelang zur gut 300 Kilometer langen Fahrt um die Halbinsel. Bereits Nero und Caligula versuchten sich an einem Kanal, doch erst die Erfindung des Dynamits ermöglichte dies. Nach elf Jahren Sprengungen durch französische Ingenieure wurde die sechs Kilometer lange Strecke 1893 eröffnet. Schiffe benötigen für die Durchfahrt rund eine Stunde.

② Mykene

Karte R3 ■ +30 275 107 6585 ■ Sommer: tägl. 8 – 20 Uhr; Winter: tägl. 8.30 – 15.30 Uhr ■ Eintritt ■ http://odysseus.culture.gr

In Mykene verbinden sich Mythologie und Geschichte auf einzigartige Weise. Homer beschrieb Agamemnon, den mächtigsten König während des Trojanischen Kriegs, als Herrscher über das »schöne und goldreiche« Mykene. Der Trojanische Krieg und die mächtige Zivilisation in Mykene sind historisch belegt: 1874 entdeckte Heinrich Schliemann den Palast von Mykene. Vieles, auch der Reichtum an Gold, entspricht Homers Beschreibungen.

③ Weingut Gaía

Karte R3 ■ Koútsi ■ +30 274 602 2057 ■ Führung & Weinprobe nach Anmeldung (3 Tage im Voraus) ■ www.gaiawines.gr

Verbesserte Anbautechniken, die einheimische Rebsorten auf dem sonnenverwöhnten Boden gedeihen lassen, verhalfen griechischen Weinen zu internationalem Renommee. Das Weingut Gaía produziert samtige Weine aus roten Agiorgítiko-Trauben und auch Weißweine.

④ Akrokorinth

Karte R3 ■ +30 274 103 1266 ■ Sommer: tägl. 8 – 20 Uhr; Winter: bis 15 Uhr; Zwischensaison: variierende Öffnungszeiten ■ Eintritt ■ http://odysseus.culture.gr

Der bei Korinth aufragende Felsen war die mächtigste natürliche Festung im antiken Griechenland. In archaischer Zeit stand auf dem Gipfel ein der Aphrodite geweihter Tempel, die heutigen Bauten stammen aus dem Mittelalter. Der Ausblick lohnt den anstrengenden Aufstieg.

Akrokorinth

Gasse in Naúplion (Náfplio)

5 Naúplion (Náfplio)

Karte R3

Die kleine Stadt am Meer zählt zu den schönsten Griechenlands. Sie war lange von Osmanen und Venezianern umkämpft – zwei venezianische Festungen und mehrere osmanische Moscheen zeugen davon. Naúplion war die erste Hauptstadt des unabhängigen Griechenland.

6 Antikes Korinth

Karte R3 ■ +30 274 103 1207 ■ Sommer: tägl. 8–20 Uhr; Winter: tägl. 8.30–15.30 Uhr ■ Eintritt ■ http://odysseus.culture.gr

Aufgrund seiner Lage zwischen griechischem Festland und Peloponnes war Korinth in mykenischer Zeit ein blühendes Handelszentrum. Den materiellen Wohlstand begleitete ein ausschweifender Lebensstil, der Polygamie und orgiastische Kulte einschloss – die *Korintherbriefe* des heiligen Paulus berichten davon. Ein Erdbeben (1928) und ein Brand (1933) verursachten schwerste Schäden. Heute liegt der Reiz Korinths in den Ruinen seiner antiken Pracht, vor allem des Tempels des Apollon (6. Jh. v. Chr.) und des hervorragenden Museums.

7 Argos

Karte R3 ■ Antikes Argos: Sommer: tägl. 8.30–15.30 Uhr ■ http://odysseus.culture.gr

Argos gilt als der griechische Ort, der am längsten durchgehend besiedelt ist. Da die moderne Stadt auf der antiken erbaut wurde, sind kaum Relikte verblieben. Das Theater (4. Jh. v. Chr.) oberhalb der antiken Stadt war eines der größten im antiken Griechenland und bot fast 20 000 Zuschauern Platz. Mit dem Auto gelangt man zur Burg Lárisa.

Die Aufgaben des Herakles

Herakles war ein unehelicher Sohn des Zeus und der Sterblichen Alkmene. Aus Zorn über die Untreue ihres Mannes ließ Hera Herakles dem Wahnsinn verfallen und dieser tötete Frau und Kinder. Zur Buße stellte ihm das Orakel von Delphi zwölf Aufgaben, von denen sechs an Orten auf dem Peloponnes zu erfüllen waren. Nachdem er alle gemeistert hatte, war ihm seine Schuld vergeben, und er wurde fortan als Held verehrt.

Tempel des Apollon, Antikes Korinth

8 Epídauros

Karte S3 ■ +30 275 302 2009 ■ Sommer: tägl. 8 Uhr bis Sonnenuntergang; Winter: tägl. 8–17 Uhr ■ Eintritt ■ http://odysseus.culture.gr

Die hervorragende Akustik des Theaters aus dem 4. Jahrhundert v. Chr. ist bei den Festspielen *(siehe S. 72)* zu erleben. Zu Epídauros gehört auch das Asklepieíon – eine antike Heilstätte.

Theater von Epídauros

9 Antikes Neméa

Karte R3 ■ +30 274 602 2739 ■ Sommer: tägl. ab 8 Uhr bis Sonnenuntergang; Winter & Zwischensaison: variierende Öffnungszeiten ■ Eintritt ■ http://odysseus.culture.gr

In Neméa erfüllte Herakles die erste seiner zwölf Aufgaben: Er tötete den als unverwundbar geltenden Nemeischen Löwen, indem er ihn erstickte, zog ihm mithilfe der Klauen das Fell ab und trug es als Mantel. Um den Ursprung der Nemeischen Spiele ranken sich viele weitere Mythen. Highlights sind das Stadion und der Zeus-Tempel mit den neun Säulen.

10 Antikes Tiryns

Karte R3 ■ +30 275 202 2657 ■ tägl. 8.30–15.30 Uhr ■ Eintritt ■ http://odysseus.culture.gr

Tiryns war in mykenischer Zeit eine bedeutende Stadt. Die Befestigungen aus Kalkstein waren so massiv, dass man in der späteren Antike glaubte, Zyklopen hätten sie erbaut. Tiryns ist kleiner als Mykene, aber besser erhalten. Das gilt vor allem für den Palast und die große Halle.

Zwei-Tages-Tour

Der Ausflug empfiehlt sich für ein Sommerwochenende. Reservieren Sie Karten für eine Aufführung in Epídauros *(siehe S. 43)* und buchen Sie eine Übernachtung in Naúplion – z. B. im Nafplia Palace (www.nafpliapalace.gr) oder im Byron Hotel *(siehe S. 149)*.

Tag 1

Der Bus nach **Naúplion** fährt in Athen an Terminal A ab. Am Ziel angekommen, erkunden Sie die Altstadt, dann geht es – mit etwas Proviant – zur **venezianischen Festung**, die herrlichen Blick auf die Stadt und den Argolischen Golf bietet. Wer die 999 Stufen scheut, nimmt ein Taxi. An dem Strand unterhalb der Festung können Sie dann entspannen – ein ruhiger Platz findet sich an den hinteren Felsen.

Essen Sie bei Aíolos *(siehe S. 127)* zu Abend, bevor Sie mit dem Bus um 19.30 Uhr nach **Epídauros** fahren. Auch wer kein Griechisch versteht, wird vom Schauspiel und von der Kulisse begeistert sein. Die Programmhefte geben eine Zusammenfassung der Handlung auf Englisch. Mit dem Bus geht es anschließend zurück ins Hotel.

Tag 2

Nach dem Auschecken am Morgen lassen Sie Ihr Gepäck im Hotel und nehmen den Bus nach **Mykene**, über das Sie vielleicht in der Theateraufführung am Vorabend etwas gelernt haben. Besichtigen Sie die sagenumwobene Stätte in aller Ruhe, bevor es mit dem Bus zurück nach Naúplion und schließlich wieder nach Athen geht.

Siehe Karte S. 122

Dies & Das

1 Isthmía

Karte R3 ■ Archäologisches Museum: +30 274 103 7244; Mi–Mo 8.30–15.30 Uhr; Eintritt; http://odysseus.culture.gr

Der Großteil der antiken Bauten ist zerstört, verblieben sind interessante Mosaiken. Faszinierend sind die Tafeln aus dem 4. Jahrhundert v. Chr., in die Hafenszenen, Vögel und Meereslebewesen geschnitzt sind.

2 Loutráki

Karte R2 ■ Thermalbad: Georgíou Lékka 24; +30 274 406 2186; www.loutrakispa.gr

Der Ort ist für seine Quellen und das Thermalbad berühmt und verfügt zudem über einen schönen Strand.

3 Heraíon von Perachóra

Karte R2 ■ Sommer: variierende Zeiten; Winter: tägl. 8.30–15.30 Uhr

Auch wenn vom Tempel der Hera nur wenig verblieben ist, lohnt die zauberhafte Bucht mit dem Leuchtturm von Melagávi und der kleinen Kapelle den Besuch. Schnorchler können in dem kristallklaren Wasser versunkene Ruinen entdecken.

Heraíon von Perachóra

4 Kechriés

Karte R3

An dem Ort soll Theseus Sinis besiegt haben – den Giganten, der Fichten zu Katapulten verbog, um seine Opfer zu zerreißen. Heute ist die kleine Stadt ein netter Zwischenstopp auf dem Weg nach Epídauros.

5 Loutrá Oraías Elénis

Karte R3

Der Küstenort mit mehreren Tavernen eignet sich für eine Rast auf dem Weg nach Epídauros. Laut der griechischen Mythologie badete Helena in der kleinen Thermalquelle.

6 Heraíon von Argos

Karte R3 ■ nördl. von Naúplion ■ tägl. 8.30–15.30 Uhr

Die der Hera geweihte Stätte aus dem 8. bis 4. Jahrhundert v. Chr. liegt auf einer terrassierten Anhöhe mit Blick auf die Ebenen von Argos.

7 Weingut Skoúras

Karte R3 ■ Malandréni ■ +30 275 102 3688 ■ Führung & Weinprobe nach Anmeldung ■ www.skouras.gr

Skoúras produziert Rot-, Weiß- und sogar – in Griechenland selten – Roséweine. Spezialität ist der rote Agiorgitiko.

8 Lérna

Karte R4 ■ tägl. 8.30–15.30 Uhr ■ Eintritt

Die Stätte, eine der ältesten in Griechenland, geht bis auf das 4. Jahrtausend v. Chr. zurück.

9 Agía Moní

Karte R3 ■ nahe Naúplion

Das hübsche byzantinische Kloster (12. Jh.) hat einen schönen Garten.

10 Asíni

Karte R4

Den Ort mit Resten von bronzezeitlichen Siedlungen und antiken Mauern beschrieb der Literaturnobelpreisträger Seféris als »von allen, selbst von Homer, vergessen«.

Restaurants

1 To Omorfo Tavernáki

Karte R3 ■ Vasilíssis Olgas 1, Naúplion ■ +30 275 202 5944 ■ €

Die romantische Taverne bietet traditionelle griechische Küche. Zum Epídauros-Festival ist sie immer voll, dann sollte man reservieren.

2 Stávlos Thrakotavérna

Karte R3 ■ Profítis Ilías 12, Naúplion ■ +30 275 230 6702 ■ €

Fleischliebhaber schätzen die Taverne außerhalb der Altstadt für die hervorragenden Lammgerichte, darunter *kokorétsi*.

Kokorétsi **mit Pommes frites**

3 Ormos

Karte R4 ■ Aktis 8, Toló ■ +30 2752 099 619 ■ €

Die in der malerischen Bucht von Toló direkt am Strand gelegene Taverne bietet köstliches Seafood, leckere Salate und netten Service.

4 Aíolos

Karte R3 ■ Vasilíssis Olgas 30, Naúplion ■ +30 275 202 6828 ■ €

Die bezaubernde familiengeführte Taverne im Zentrum von Naúplion serviert Spezialitäten von *gigántes* (dicke Bohnen) über *gemistá (siehe S. 65)* bis zu Grillfleisch.

5 To Péfko

Karte R3 ■ Loutrá Oraías Elénis ■ +30 274 103 3801 ■ €

An Tischen im Freien genießt man köstliche Gerichte aus Tinten- und Ährenfisch oder vegetarische Kost – und guten Roséwein.

Preiskategorien

Preis für ein Drei-Gänge-Menü pro Person mit einer halben Flasche Wein, inklusive Steuern und Service.

€ unter 40 € €€ 40–60 € €€€ über 60 €

6 Psalídas

Karte R3 ■ Lefkákia, 7 km östl. von Naúplion ■ +30 2752 061 814 ■ €

Die Taverne in dem beschaulichen Dorf serviert an Tischen im Garten leckere Hausmannskost wie herzhafte Eintöpfe und saisonale *gemistá* zu exzellentem Rotwein. An Wochenenden empfiehlt sich Reservierung.

7 Maria's Restaurant

Karte R4 ■ Bouboulínas 48, Toló ■ +30 2752 059 198 ■ €

Das oberhalb der Bucht von Toló gelegene Lokal lockt mit elegantem Flair, herrlicher Aussicht und raffinierter mediterraner Küche. Besonders empfehlenswert sind die Spaghetti mit Venusmuscheln.

8 Kalogerikón

Karte S3 ■ Nik. Pitídi, Panagía ■ +30 275 304 2090 ■ €

Das Restaurant in einem reizvollen steinernen Haus verfügt über einen hübschen Garten mit Orangenhain. Zu gutem Wein gibt es saisonale Fleischgerichte und *moussakás*.

9 Rigáni

Karte R2 ■ Papanikoláou 5, Loutráki ■ +30 274 406 6744 ■ €

Die exzellenten klassischen Tavernengerichte haben eine moderne Note. Der von Weinbergen umringte, schattige Garten ist bezaubernd.

10 Mouriá

Karte S3 ■ Gikas Holidays Club, Epídauros, Argolída ■ +30 275 304 1218 ■ €

Das Angebot an traditionellen Gerichten reicht von fangfrischem Fisch und Fleisch vom Grill über bunte Salate bis zu köstlichen hausgemachten Desserts.

Siehe Karte S. 122

TOP 10 Attische Küste

An den von Kiefernwäldern bedeckten Hängen Attikas wurden in der Antike mehrere Tempel errichtet. An der Südspitze der Halbinsel, die der griechischen Mythologie zufolge Theseus auf der Jagd nach Ungeheuern durchstreifte, funkelte einst der imposante Tempel des Poseidon wie ein Leuchtfeuer über das Ägäische Meer. Die Küste dominieren zwar vielerorts Hotels und Zweckbauten, dennoch ist sie angesichts der malerischen Tempelanlagen, der schönen Sandstrände und der luxuriösen Clubanlagen ein durchaus attraktives Reiseziel.

Tempel der Artemis, Vravróna

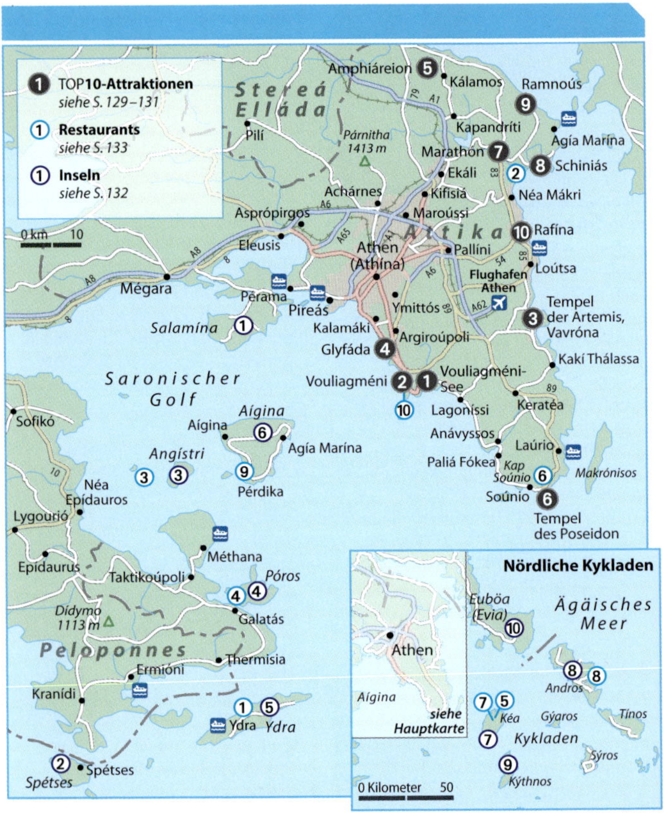

1 TOP**10-Attraktionen** *siehe S. 129–131*

1 **Restaurants** *siehe S. 133*

1 **Inseln** *siehe S. 132*

Nördliche Kykladen

Der von einer Thermalquelle gespeiste Vouliagméni-See

① Vouliagméni-See

Karte T3 ■ Bus E22 ab Metro-Station Ellinikó ■ Baderesort: +30 210 896 2239; Sommer: tägl. 7.30–20 Uhr; Winter: tägl. 7.30–17 Uhr; Eintritt; www.lakevouliagmeni.gr

Der See lockt das ganze Jahr über Badegäste an. Eine Thermalquelle hält die Temperatur stets zwischen 22 und 25 °C. Der genaue Ursprung des klaren Wassers (halb Salz-, halb Süßwasser) ist nicht bekannt, über seine Heilkräfte besteht bei Anhängern jedoch kein Zweifel. Der von einem hohen Felsen und Bäumen umringte See ist ein herrlicher Platz zum Schwimmen – vor allem an einem kalten Wintermorgen.

② Vouliagméni

Karte T3 ■ Bus 117/122 von Athen

Den noblen Ferienort südlich von Athen prägen Luxushotels, Yachtclubs und gebührenpflichtige Strände. Hauptreiz sind die glamourösen Strandclubs, in denen im Sommer das Nachtleben tobt.

③ Tempel der Artemis, Vravróna

Karte T3 ■ Markópoulo Mesogéas ■ +30 229 902 7020 ■ Mi–Mo 8.30–15.30 Uhr ■ Eintritt ■ http://odysseus.culture.gr

Der Tempel der Artemis – Göttin der Jagd und der Geburt – war einst der heiligste in ganz Attika. Höhepunkt der Riten war das Arkteia-Fest, bei dem Mädchen in Bärenkostümen tanzten, um das Lieblingstier der Göttin zu ehren. Nachdem König Agamemnon seine Tochter Iphigenie der Artemis geopfert hatte, wurde diese von der Göttin errettet und in dem Tempel zur Hohepriesterin gemacht. Das Grab der Iphigenie ist die älteste Kultstätte an diesem Ort. Die malerische Anlage umfasst außerdem Kolonnaden, eine heilige Quelle und ein hervorragendes Museum, das Kultobjekte präsentiert.

Shopping in Glyfáda

④ Glyfáda

Karte T3 ■ Bus 124 ab Metro-Station Ellinikó, Tram ab Sýntagma

Glyfáda ist das erste einer Reihe von vornehmen Strandresorts, die sich bis zum Kap Soúnio erstrecken. Dieser Küstenabschnitt ist als »griechische Riviera« bekannt. Er lockt mit Strandclubs, Cafés und Boutiquen.

Amphiáreion

5 Amphiáreion

Karte T2 ■ +30 22950 62144 ■ Mi–Mo 8.30 –15.30 Uhr ■ Eintritt ■ http://odysseus.culture.gr

Die Stätte (5. Jh. v. Chr.), Orakel und Ort der Heilung, war Amphiaraos geweiht. Der Seher führte Argos in die Schlacht gegen Theben, obwohl er seinen Tod dabei vorhergesehen hatte. Zeus ließ ihn auf dem Feld von der Erde verschlucken und als Halbgott zurückkehren. Zu sehen sind ein Theater und eine Stoa.

6 Tempel des Poseidon

Karte T3 ■ Kap Soúnio ■ Bus von Alexandras und Patission ■ +30 229 203 9363 ■ tägl. 9.30 Uhr bis Sonnenuntergang ■ Eintritt ■ http://odysseus.culture.gr

Der Tempel am Kap Soúnio (5. Jh. v. Chr.) ist einer von wenigen, die dem Meeresgott Poseidon geweiht waren. Zwischen den Marmorsäulen zu beobachten, wie die Sonne in der Ägäis versinkt, ist wunderschön. Man kann nachvollziehen, warum Literaten wie Lord Byron von diesem Ort zu gefühlvollen Balladen inspiriert wurden *(siehe S. 45)*.

Theseus, Held von Attika

Der Name Theseus ist eng mit Attika verbunden. Viele historische Stätten in der Region scheinen die in den griechischen Mythen geschilderten Ereignisse zu belegen. Als König von Athen einte Theseus die Staaten der Region. Sein Ruf als Held basiert jedoch auf den Sagen, in denen er Ungeheuer wie den Minotaurus tötete und Göttinnen und Königinnen als Liebhaber beglückte.

7 Marathón

Karte T2 ■ Bus von Alexandras und Patission ■ Archäologisches Museum: +30 229 405 5155; Mi–Mo 8.30–15.30 Uhr; Eintritt; http://odysseus.culture.gr

490 v. Chr. fand in der Ebene von Marathón eine der bedeutendsten Schlachten der Geschichte statt. Eine Armee von 10 000 Griechen besiegte 25 000 Perser und verteidigte so die eben gegründete Demokratie. Pheidippidis lief nach Athen, um den Sieg zu verkünden – der erste Marathonlauf *(siehe S. 73)*. Der Grabhügel mit den Gebeinen der 192 gefallenen Griechen (gegenüber 6000 Persern) ist erhalten. Das Museum zeigt Fundstücke aus Marathón.

Tempel des Poseidon

8 Schiniás

Karte T2 ■ Bus von Alexandras und Patission

Viele halten Schiniás für die schönste Strandregion in Attika. Die weiße Sandküste ist von Kiefernwäldern flankiert. Für die Olympischen Spiele 2004 wurde im Marschland ein See für die Ruderer angelegt. Die illegalen Strandtavernen wurden inzwischen abgerissen, Möglichkeiten für einen Imbiss bieten sich am nahen Strand von Marathón.

9 Ramnoús

Karte T2 ■ +30 229 406 3477 ■ Mi–Mo 8.30–15.30 Uhr ■ Eintritt ■ http://odysseus.culture.gr

Die Ruinen des der Rachegöttin Nemesis geweihten Tempels zählen zu den besterhaltenen antiken Stätten im Land. Auch Themis, die Göttin der Gerechtigkeit und der Ordnung, wurde hier verehrt. Die antike Festung diente der Verteidigung des einst bedeutsamen Hafens.

Ramnoús

10 Rafína

Karte T2 ■ Bus ab Mavromataíon

Von dem nach Piräus zweitgrößten Hafen Attikas legen die Fähren zu den Inseln Andros und Euböa ab. Rafína ist sauberer als Piräus, aber ebenso lebhaft. Den Hafen, in dem man laufend Fähren ankommen und abfahren sieht, säumen Tavernen und Straßenverkäufer. Durch die schweren Waldbrände im Sommer 2018 hat das Umland von Rafína schweren Schaden genommen. Dadurch verloren die hiesigen Strände an Reiz, gewinnen aber allmählich wieder an Attraktivität.

Tagestour

Vormittags

Schon in aller Früh geht es mit dem Auto nach **Marathón**, wo Sie das Schlachtfeld, auf dem die Griechen ihren größten Sieg errangen, besichtigen und am Grabhügel der Gefallenen gedenken können. Dann steuern Sie die Ruinen von **Ramnoús** an – die einst der Göttin der Rache geweihte Stätte ist heute ein idyllischer Ort.

Auf der Fahrt nach Süden essen Sie in Loútsa bei **To Koráli** (Vravrónos 62; +30 229 404 5044); achten Sie wegen des nächsten Ziels auf die Zeit: **Vravróna**, die Stätte mit dem **Tempel der Artemis**, schließt um 15.30 Uhr.

Nachmittags

Weiter geht es zum **Tempel des Poseidon** am Kap Soúnio. Falls die Sonne noch hoch steht, gehen Sie erst ein wenig an den Strand. Der links vom Tempel ist schön ruhig, erfordert aber etwas Kletterei. Leichter zugänglich – und voller – ist der Hotelstrand gegenüber. Eine gute Stunde vor Sonnenuntergang sollten Sie sich zum Tempel aufmachen, um es dort nicht zu verpassen, wie sich der Himmel purpurn färbt und die Marmorsäulen in rosa und goldenes Licht taucht.

Auf dem Rückweg nach Athen können Sie nahe **Soúnio** in der Taverne **Syrtáki** *(siehe S. 133)* oder, näher an der Stadt, im eleganten, mit einem Michelin-Stern ausgezeichneten **Pelagos** einkehren, wo Sie Ihren Tag mit Blick auf das Ägäische Meer ausklingen lassen.

Siehe Karte S. 128

Inseln

1 Salamína
Karte S3

Auf der geschichtsträchtigen Insel wurde der Dramatiker Euripides geboren und 480 v. Chr. Xerxes von den Griechen geschlagen. Einen Besuch lohnen das Kloster Faneroméni mit seinen Fresken und die schönen Strände im Süden.

2 Spétses
Karte S4

Die Insel bietet Kiefernwäldchen, hübsche Strände und eine zauberhafte Hafenstadt. Autos sind nur auf der äußeren Ringstraße erlaubt.

3 Angístri
Karte S3

Die winzige Insel nahe Aígina ist ein Traum: ein paar Strände mit klarstem Wasser und nur eine Handvoll kleiner Hotels und Tavernen.

4 Póros
Karte S4

Die vulkanische Insel umfasst das nördliche Kalavría mit Pinien, Stränden und dem Kloster Zoodóchou Pigís und das kleine Sfairía im Süden mit dem netten Hauptort.

5 Ydra
Karte S4

Im reizenden Hauptort liegen rund um den lebhaften Hafen schöne alte Häuser an mit Marmor gepflasterten Gassen. Ydra ist beliebtes Ziel von Promis, konnte bisher aber seinen bodenständigen Charme bewahren.

Hafen von Ydra

6 Aígina
Karte S3

Von Athen braucht man nur rund 45 Minuten zu der für Pistazien bekannten Insel mit reizendem Hauptort, dem Tempel der Aphaia und dem Geisterdorf Paleóchora, das mehrere Kapellen mit Fresken birgt.

Tempel der Aphaia, Aígina

7 Kéa
Karte U3

Die nur eine Stunde von Laúrio entfernte Insel zählt wenige Besucher. Im friedvollen Inselinneren wachsen viele Eichen. Sehenswert ist der aus archaischer Zeit stammende steinerne Löwe von Kéa.

8 Andros
Karte V3

Die bei Griechenlands High Society beliebte Insel gibt sich exklusiv. Sie lockt mit goldenen Stränden und vielen Wanderwegen. Im Sommer präsentiert das Goulandris-Museum *(siehe S. 22)* moderne Kunst.

9 Kýthnos
Karte U4

Auf der vergleichsweise kargen Insel locken wunderbare Strände und die Thermalquellen von Loútra.

10 Euböa (Evia)
Karte S1–U2

Von Athen aus ist nur der Süden der großen Insel zu sehen. Zu ihren Attraktionen zählen das klassizistische Kárystos, Strände und die Wanderwege am Berg Ochi *(siehe S. 116)*.

Restaurants

Preiskategorien
Preis für ein Drei-Gänge-Menü pro Person mit einer halben Flasche Wein, inkl. Steuern und Service.

€ unter 40 € €€ 40 – 60 € €€€ über 60 €

1 Christina, Ydra

Karte S4 ■ +30 229 805 3516 ■ €

Die familiengeführte Taverne verfügt über einen hübschen Garten mit Terrasse, auf der die Tagesgerichte und der Hauswein besonders gut schmecken.

2 O Psarás, Marathón

Karte T2 ■ Leofóros Poseidónos 3 ■ +30 229 405 5237 ■ €

Unter den großen Sonnenschirmen auf der Holzterrasse der Strandtaverne lassen sich Gäste besonders gute *mezédes*, Oktopus, gegrillten Fisch und Salate schmecken.

3 Parnassós, Angístri

Karte S3 ■ Metóchi ■ +30 229 709 1339 ■ €

Neben den gängigen *mezédes* und Grillgerichten bietet das Lokal am Hügel über dem Hafen seinen eigenen Käse, tolle Auflaufgerichte und exzellenten Hauswein.

Griechischer Salat mit Feta

4 Plátanos, Póros

Karte S4 ■ Plateía Agíou Georgíou ■ +30 229 802 6661 ■ €

Die Taverne serviert unter der namengebenden Platane Fisch und Fleisch vom Grill und eine große Auswahl vegetarischer Gerichte.

5 Pátralis, Spétses

Karte S4 ■ Kounopítsa ■ +30 229 807 5380 ■ €

Das am Ufer gelegene Lokal bietet eine große Auswahl an Fischgerichten nach Art der Insel, gute *astakomakaronáda* (Nudeln mit Hummer) und großartigen Blick aufs Meer.

6 Syrtáki, Soúnio

Karte T3 ■ 2 km nördl. vom Tempel des Poseidon ■ +30 229 2039 125 ■ €€

Von den drei schattigen Sitzbereichen der beliebten Taverne eröffnet sich ein toller Blick aufs Meer. Das Seafood ist exzellent.

7 O Paparounas, Kéa

Karte U3 ■ Ioulída ■ +30 228 802 2583 ■ €

Das Restaurant ist für sein ausgezeichnetes Seafood bekannt. Aber auch die anderen Gerichte wie Feta in Pistazienkruste sind großartig.

8 Endochóra, Andros

Karte V3 ■ G. Empeiríkou, Andros ■ +30 228 202 3207 ■ €€

Das Restaurant im verkehrsberuhigten alten Ortskern bietet in weiß getünchtem, schäbig-schickem Interieur zeitgemäße mediterrane Küche wie Käseplatten mit kandierten Trauben, gegrillten Lachs mit Wildreis und Gurkensalat mit Mohn und Chilisauce.

9 To Déka, Aígina

Karte S3 ■ Pérdika ■ +30 229 706 1231 ■ €

Die seit 1943 existierende Taverne ist die älteste und beste am Hafen von Pérdika. Sie bietet hervorragendes Seafood zu günstigen Preisen.

10 Pelagos, Vouliagméni

Karte T3 ■ Hotel Four Seasons Astir Palace, Apóllonos 40 ■ +30 210 890 1192 ■ €€€

Das mit einem Michelin-Stern ausgezeichnete Pelagos ist bekannt für seine Terrasse mit Meerblick und seine Degustationsmenüs. Hier wird mediterrane Küche mit Fokus auf französischen Einflüssen zelebriert.

Siehe Karte S. 128 ←

Reise-Infos

Evzonen beim Wachwechsel

Anreise & In Athen unterwegs

Anreise mit dem Flugzeug

Der internationale Flughafen **Elefthérios Venizélos** liegt 27 Kilometer südöstlich des Zentrums von Athen. Die Metro-Linie 3 (blaue Linie) fährt alle 30 Minuten vom Flughafen in die Viertel Monastiráki und Sýntagma. Die Busse X95 (nach Sýntagma), X96 (zum Hafen von Piräus), X93 (zum KTEL-Busbahnhof Kifissós) und X97 (zur Metro-Station Ellinikó; Anschluss an die rote Linie 2) verkehren täglich rund um die Uhr. Fahrpläne und weitere Informationen (auch auf Englisch) bietet die Website **Athens Transport**. Mit dem Taxi kommt man (bei wenig Verkehr) in etwa 40 Minuten – zum Festpreis – ins Stadtzentrum.

Lufthansa, **Austrian**, **Swiss**, **Aegean Airlines** und **Olympic Air** fliegen von vielen europäischen Städten aus direkt nach Athen. Aegean Airlines verbindet Athen zudem mit einigen größeren griechischen Inseln. Die meisten Inlandsflüge bietet Olympic Air.

Anreise mit dem Zug

Von Mitteleuropa aus gelangt man mit dem Zug ganzjährig über Sofia (Bulgarien) nach Thessaloníki im Norden von Griechenland. Im Sommer gibt es zudem eine Verbindung über Skopje und Belgrad (Serbien) nach Thessaloníki. Von dort aus fahren Schnellzüge in rund 4,5 Stunden zum Athener Hauptbahnhof Laríssis (offiziell: Sidirodromikós Stathmós Athinón).

Eine Strecke von Athen nach Pátra befindet sich im Bau. Derzeit gibt es eine Zugverbindung nach Kiato. Passagiere Richtung Pátra müssen in einen Bus umsteigen, um ihr Ziel zu erreichen.

Betreiber des Zugverkehrs auf dem Schienennetz der Griechischen Eisenbahn (Organismós Sidirodrómon Elládos; OSE) ist **Hellenic Train**. Die Website des Unternehmens informiert über Fahrpläne und -preise.

Anreise mit der Fähre

Der **Hafen von Piräus** ist der größte Passagierhafen in Europa. Fähren nach Piräus starten in italienischen Hafenstädten wie Triest, Venedig, Brindisi, Ancona und Bari sowie in Limassol auf Zypern. Die Fahrten dauern über 24 Stunden. Vom Hafen von Piräus gelangt man mit der Metro-Linie 3 oder den Bussen 040 und X80 ins Zentrum von Athen.

Ein weiterer griechischer Anlaufhafen ist Pátra auf dem Peloponnes. Von dort verkehren Züge (auch Autoreisezüge) der griechischen Eisenbahngesellschaft Hellenic Train nach Athen. Die Fahrtzeit von Pátra beträgt ca. vier Stunden.

Die größten Anbieter von Fährverbindungen zwischen Italien und Griechenland sind **Anek Lines** und **Minoan Lines**.

Fähren

Der Hafen von Piräus bietet Fähren zu den Kykladen, zu den Saronischen und den Nordägäischen Inseln, zum Dodekanes und nach Kreta.

Vom Hafen von Rafína an der attischen Küste östlich von Athen steuern Fähren Evia (Euböa) und einige Inseln der Kykladen an. Laúrio im Südosten Athens ist ebenfalls Ausgangspunkt von Fähren zu den Kykladen und zu Nordägäischen Inseln.

Die Websites von **Greek Ferries**, **GTP** und **Ferryhopper** bieten Fahrpläne und Buchungsservice.

Anreise mit dem Bus

Flixbus bietet von einigen deutschen Städten Busreisen nach Athen.

Fernbusse

Innerhalb Griechenlands gibt es ein hervorragendes Fernbusnetz, an das nicht nur Städte, sondern auch ländliche Gebiete angeschlossen sind. Die Fernbuslinien werden von **KTEL** (Kiná Tamía Ispráxeon Leoforíon), einem Verbund von vielen regionalen Genossenschaften, betrieben. Die Busse fahren in Athen die KTEL-Bahnhöfe Kifissós (Terminal A) oder Liosíon (Terminal B) an; beide liegen nordöstlich des Stadtzentrums. Busse zur Attischen Küste und nach Thessaloniki fahren u. a. vom KTEL-Bahnhof Attikis nahe dem Archäologischen Nationalmuseum ab. Ticketkauf und

Sitzplatzreservierung kann man für Hauptrouten online tätigen. Dies empfiehlt sich ebenso wie frühzeitiges Erscheinen am Busbahnhof, da die Busse oft vor der angegebenen Zeit abfahren.

Anreise mit dem Auto

Die Reise mit dem Auto führt über Österreich bzw. Italien zunächst durch Slowenien, Kroatien und Serbien nach Nordmazedonien. Von dort gelangt man auf der E75 nach Thessaloníki. Die Strecke führt dann an der Küste entlang erst nach Lárissa und schließlich nach Athen. Die reine Fahrtzeit beträgt 20 bis 25 Stunden. An der Grenze zwischen Kroatien und Serbien muss mit langen Staus und erheblichen Wartezeiten gerechnet werden. Die meisten Autobahnen in Griechenland sind mautpflichtig.

Mietwagen

Das Mindestalter für die Anmietung eines Autos beträgt 21 Jahre, bei einigen Anbietern 25 Jahre. Man benötigt den nationalen Führerschein und eine Kreditkarte. Empfehlenswert ist der Abschluss einer Vollkaskoversicherung ohne Selbstbeteiligung.

Wer Griechenland im Sommer besucht, sollte vorab über die Websites von Mietwagenfirmen oder Drittanbietern wie **Auto Europe** reservieren. In Athen sind alle international operierenden Mietwagenfirmen wie **Hertz**, **Avis**, **Budget** und **Sixt** vertreten.

Autofahren

Autofahren in Athen ist ein nervenaufreibendes Unterfangen – vor allem für Besucher, die nicht mit dem in Griechenland üblichen Fahrverhalten vertraut sind. Im Zentrum gibt es viele Fußgängerzonen und Einbahnstraßen, Parkplätze sind rar. Es gilt Parkverbot an Vorfahrtsstraßen, an gelben Linien am Fahrbahnrand und in durch Schilder markierten Bereichen. Die gebührenpflichtigen Parkplätze und Parkhäuser füllen sich schnell.

Zur Smogbekämpfung und Reduzierung der Verkehrslast existiert in Athen der Innenstadtring »Daktýlios«, der unter der Woche an Tagen mit gerader bzw. ungerader Zahl nur von Autos mit gerader bzw. ungerader Endziffer im Kennzeichen befahren werden darf. Ausländische Fahrzeuge betrifft dies zwar nicht, von Fahrten ins Zentrum ist dennoch abzuraten.

Für den Besuch von Sehenswürdigkeiten außerhalb der Stadt kann ein Auto hilfreich sein.

Verkehrsregeln

Die Promillegrenze beträgt 0,5 (für Fahranfänger 0,0). Überschreitungen werden hart bestraft. Missachtung der Gurtpflicht kostet 350 Euro. Kinder unter drei Jahren müssen in einem Kindersitz transportiert werden, ab zehn Jahren dürfen sie auf den Beifahrersitz. Bei Bußgeldzahlungen innerhalb von zehn Tagen erhält man 50 Prozent Rabatt. Bei Unfällen nimmt die Polizei bei allen Beteiligten Alkoholtests vor. Wenn nicht anders beschildert, haben nicht die Fahrer im Kreisverkehr, sondern die von rechts einfahrenden Fahrzeuge Vorfahrt.

Flugreisen

Elefthérios Venizélos
W aia.gr

Athens Transport
W athenstransport.com

Aegean Airlines
W aegeanair.com

Austrian
W austrian.com

Lufthansa
W lufthansa.com

Olympic Air
W olympicair.com

Swiss
W swiss.com

Züge

Hellenic Train
W hellenictrain.gr

Fähren

Hafen von Piräus
W olp.gr

Anek Lines
W anek.gr

Minoan Lines
W minoan.gr

Greek Ferries
W greekferries.gr

GTP
W gtp.gr

Ferryhopper
W ferryhopper.com

Busse

Flixbus
W flixbus.com

KTEL
Kifissós: Leofóros Kifisoú 100; Liosíon: Liosíon 260
W ktelbus.com

Mietwagen

Auto Europe
W autoeurope.de

Avis
W avis.de

Budget
W budget.de

Hertz
W hertz.de

Sixt
W sixt.de

Öffentliche Verkehrsmittel

Bei der Erkundung Athens ist die Nutzung der öffentlichen Verkehrsmittel wesentlich vorteilhafter, als Autofahrten durch das Zentrum zu unternehmen.

Der öffentliche Personennahverkehr in Athen ist erschwinglich. Er erstreckt sich über den größten Teil der Stadt und die Vororte. Mit den Metro-Linien kommt man am schnellsten voran, zusätzlich verkehren Trambahnen und Busse.

Metro & Tram

Die Verkehrsgesellschaft **STASY** (Statherés Sygkoinoníes) betreibt in Athen drei Metro- und drei Tramlinien. Die grüne Metro-Linie M1 verbindet Piräus und Kifissiá. Die rote Linie M2 verkehrt zwischen Anthoúpoli und Ellinikó. Die blaue Linie M3 fährt von Agía Marína zur Station Doukíssis Plakentías und zum Flughafen. Sýntagma, Monastiráki und Omónia sind die wichtigsten Knotenpunkte.

Die drei Tramlinien verbinden das Stadtzentrum mit der attischen Küste. Linie T4 fährt von der Plateía Syntágmatos nach Néo Fáliro zum Stadion des Friedens und der Freundschaft, die Linie T5 von Sýntagma nach Voúla. Die Linie T3 verbindet Néo Fáliro mit Voúla.

Tickets für Metro und Tram müssen vor Fahrtantritt an Automaten entwertet werden, die in den Stationen bzw. an den Haltestellen zur Verfügung stehen.

Busse

In Athen gibt es ein ausgedehntes Busnetz. Im Zentrum verkehren gelbviolette Oberleitungsbusse *(tróleï)*. Sie bedienen 25 Strecken und halten an vielen Sehenswürdigkeiten. Die Busse sind preiswert, kommen allerdings im dichten Athener Verkehr oft nur langsam voran. Darüber hinaus gibt es in Athen rund 300 Linienbusse. Die Fahrzeuge sind modern und klimatisiert.

In die Vororte und nach Piräus fahren blau-weiße Busse. Busse außerhalb des Stadtzentrums sind effizient und zuverlässig.

Fahrkarten sind nach dem Einstieg im Bus zu entwerten. Betreiber des Busnetzes ist die Gesellschaft **OASA** (Organismós Astikón Syngoinonión Athinón). Liniennetzpläne, Fahrpreise und Abfahrtszeiten sind auf der Website von OASA angegeben, allerdings nur auf Griechisch.

Fahrkarten

Für die Nutzung der Bus-, Tram- und Metro-Linien (mit Ausnahme der Verbindungen zum Flughafen) benötigt man aufladbare elektronische Karten – das »ATH.ENA TICKET« in Papierform oder die Plastikkarte »ATH.ENA CARD«. Letztere gibt es für Besucher in einer anonymisierten und für Vielfahrer in einer personalisierten Version.

Die Tickets sind an Automaten in Metro-Stationen, an Bus- und Tramhaltestellen, in Verkaufsstellen von STASY und OASA, auf der OASA-Website und an einigen Kiosken *(períptera)* erhältlich. Tickets für Einzelfahrten (1,20 €) sind ab Fahrtantritt 90 Minuten gültig. Die Smartcards können auch mit Tagestickets (4,10 €) oder Tickets für fünf Tage (8,20 €) geladen werden.

Eine Fahrt zum Flughafen kostet mit dem Bus 6 Euro, mit der Metro 9 Euro. Für 20 Euro gibt es ein Sightseeing-Ticket, das neben dem Flughafentransfer die dreitägige Nutzung aller öffentlichen Verkehrsmittel beinhaltet. Kinder, Studenten und Senioren erhalten Ermäßigungen.

Stadtrundfahrten

Athens Hop-On Hop-Off und einige andere Unternehmen bieten Rundfahrten durch die Stadt in offenen Doppeldeckerbussen an, bei denen man beliebig ein- und aussteigen kann. Die Busse halten an vielen Sehenswürdigkeiten, darunter Akropolis, Akropolis-Museum, Benáki-Museum für griechische Kultur, Olympieíon und Archäologisches Nationalmuseum. Die Tickets sind 24, 48 oder 72 Stunden lang gültig. Es werden Audioguides angeboten.

Eine weitere Rundfahrt führt auch nach Piräus und an die »griechische Riviera«.

Taxi

In Athen sind bei Tag und Nacht gelbe Taxis unterwegs. Während des Schichtwechsels zwischen 14 und 15 Uhr sind Fahrgelegenheiten allerdings schwer zu bekommen. Um vom Straßenrand ein Taxi zu ordern, ruft man jedem Fahrer, der die Geschwindigkeit reduziert und den Blickkontakt sucht, das gewünschte Ziel zu. Man kann jedoch auch an den Taxiständen zusteigen, die sich an nahezu allen Plätzen der Stadt finden.

Athener Taxis sind preiswert. Für Fahrten innerhalb des Stadtzentrums fallen in der Regel nicht mehr als 5 Euro an, Fahrten vom Zentrum Athens nach Piräus kosten rund 15 Euro.

Von Mitternacht bis 5 Uhr gelten höhere Tarife, auch Langstrecken sind teurer. Für Gepäckstücke über zehn Kilogramm sowie Fahrten von Fährterminals und Endbahnhöfen fallen zusätzliche Gebühren an. Um Ostern und Weihnachten werden höhere Tarife angesetzt.

Taxis kann man auch telefonisch oder online bei Unternehmen wie **Hellas** und **Ikaros** bestellen.

Zu Fuß

Das Stadtzentrum von Athen lässt sich wunderbar zu Fuß erkunden. Von der Plateía Syntágmatos sind alle Hauptsehenswürdigkeiten gut zu erreichen. In Athen gibt es viele Fußgängerzonen – wer seine Route klug plant, kann den lästigen Autoverkehr gänzlich umgehen. Der von vielen Stadtteilen aus sichtbare Akropolis-Felsen und der Lykavittós sind während eines Spaziergangs durch Athen gute Orientierungspunkte.

Stadtführungen zu Fuß

In Athen bieten zahlreiche Veranstalter geführte Stadtrundgänge an. Oft widmen sich die Touren spezifischen Aspekten der Stadtgeschichte und der griechischen Kultur.

Bei den unterhaltsamen und informativen Führungen von **Alternative Athens** erhalten Besucher Einblick in den Athener Lebensstil. Die Themen reichen von Straßenkunst bis zu Mythologie.

Athens Insiders und **Tours By Locals** bieten von Bewohnern der Stadt geleitete Spaziergänge an, die durch einzelne Stadtviertel führen oder bestimmten Themen gewidmet sind. Wie die Führungen von **Discover Greek Culture** eignen sie sich hervorragend für Besucher, die an Kulinarik, Geschichte und Kultur interessiert sind.

Fahrrad

Lange Zeit schien der Gedanke, mit dem Fahrrad durch den Athener Autoverkehr zu kurven, völlig absurd, doch seit der Staatsschuldenkrise greifen die Athener vermehrt aufs Rad zurück. Da es in der gesamten Stadt keine Fahrradwege gibt (Radfahrer dürfen allerdings Busfahrspuren nutzen) und sich die Autofahrer wenig rücksichtsvoll verhalten, ist beim Radfahren Vorsicht angeraten.

Angesichts der zunehmenden Beliebtheit des Radfahrens in Athen werden inzwischen auch geführte Rundfahrten angeboten. Die Touren von **Athens by Bike** führen zu den Hauptsehenswürdigkeiten der Stadt. **Trekking Hellas** bietet verschiedene Führungen mit E-Bikes durch Athen. Außerdem hat der Veranstalter Tagesausflüge zum Mountainbiken im Párnitha am nördlichen Stadtrand von Athen im Programm.

Metro & Tram

STASY
W stasy.gr

Busse

OASA
W oasa.gr

Stadtrundfahrten

Athens Hop-On Hop-Off
W city-sightseeing.com

Taxis

Hellas
W radiotaxihellas.gr

Ikaros
W radiotaxiikaros.gr

Stadtführungen zu Fuß

Alternative Athens
W alternativeathens.com

Athens Insiders
W athensinsiders.com

Discover Greek Culture
W discovergreekculture.com

Tours By Locals
W toursbylocals.com

Fahrradrundfahrten

Athens by Bike
W athensbybike.gr

Trekking Hellas
W trekking.gr

Praktische Hinweise

Einreise

Griechenland gehört zum Schengenraum, für Bürger aus der EU und der Schweiz gibt es keine Formalitäten bei der Ein- und Ausreise. Es ist jedoch Pflicht, einen gültigen Personalausweis oder Reisepass mitzuführen. Kinder jeden Alters benötigen eigene Ausweisdokumente. Als Urlauber darf man sich bis zu 90 Tage in Griechenland aufhalten.

Zoll

EU-Bürger dürfen bis zu 110 Liter Bier, 90 Liter Wein, 60 Liter Schaumwein, 20 Liter Likörwein und zehn Liter Spirituosen zollfrei ein- und ausführen. Die Mitnahme von einem Kilogramm Tabak, 200 Zigarren, 400 Zigarillos und 800 Zigaretten ist ebenfalls gestattet. Die Ein- und Ausfuhr von Bargeld muss ab einer Höhe von 10 000 Euro angemeldet werden.

Für Hunde und Katzen ist ein EU-Heimtierausweis mitzuführen, der nachweist, dass das Tier gegen Tollwut geimpft ist.

Die Einfuhr von Waffen (auch Verteidigungssprays) und Rauschmitteln ist verboten und wird hart bestraft. Auch der unerlaubte Besitz und die versuchte Ausfuhr von archäologischen Gegenständen werden mit hohen Strafen belegt. Für den Erwerb und die Ausfuhr von Antiquitäten benötigt man eine Genehmigung des griechischen Kultusministeriums.

Reise- & Sicherheitshinweise

Aufgrund unvorhersehbarer Entwicklungen kann es zu Änderungen und Einschränkungen kommen. Aktuelle Informationen zur Einreise sowie Sicherheitshinweise finden Sie beim deutschen **Auswärtigen Amt**, beim österreichischen **Bundesministerium für europäische und internationale Angelegenheiten** oder beim **Eidgenössischen Departement für auswärtige Angelegenheiten** der Schweiz. Die Außenministerien stellen außerdem kostenlose Apps zur Verfügung, über die Reisende sofort von Veränderungen der Sicherheitslage erfahren.

Ausweispflicht

Besucher sind dazu verpflichtet, stets ihren Reisepass oder Personalausweis mitzuführen.

Botschaften

Bei Problemen wie dem Verlust von Personalausweis oder Reisepass erhalten Reisende von den Botschaften ihrer Heimatländer Unterstützung.

Versicherung

Bei Vorlage der Europäischen Krankenversicherungskarte (EHIC) haben EU-Bürger auch in Griechenland Anspruch auf Behandlung in staatlichen medizinischen Einrichtungen, wenn diese dringend erforderlich ist. Es empfiehlt sich jedoch, eine Auslandsreisekrankenversicherung abzuschließen, die den Rücktransport ins Heimatland sowie die Behandlung bei Privatärzten oder in Privatkliniken abdeckt, die meist besser ausgestattet sind als die staatlichen Einrichtungen.

Gesundheit

In Griechenland drohen kaum gesundheitliche Gefahren. Das Leitungswasser in Athen kann bedenkenlos getrunken werden.

In einer Apotheke *(pharmakeío)*, erkennbar am Schild mit grünem Kreuz auf weißem Grund, erhält man bei kleineren Beschwerden Beratung. Die Apotheken in Athen betreiben einen Notdienst – Schilder in den Fenstern zeigen die nächstgelegene diensthabende Apotheke an.

Das griechische Gesundheitssystem leidet noch immer unter den Auswirkungen der Staatsschuldenkrise.

Persönliche Sicherheit

Die Kriminalitätsrate in Athen ist niedrig – Athen zählt zu den sichersten Metropolen Europas. Da Autodiebstähle aber zunehmen, sollte man Wertgegenstände nicht von außen sichtbar im Wagen deponieren. Zeigen Sie Diebstähle oder Übergriffe sofort bei der nächstgelegenen Polizeistation oder bei der **Touristenpolizei** an. Lassen Sie sich im Falle eines Diebstahls von der Polizei ein Protokoll für Ihre Versicherung aushändigen.

In Athen sind viele Taschendiebe unterwegs. Sie sind vor allem in voll besetzten Bussen – zum Beispiel der Linie X95, die vom Flughafen nach Sýntagma fährt – sowie an der Plateía Omónia und an der Metro-Station Omónia aktiv. Wer mit Gepäck vom Hafen von Piräus ins Zentrum von Athen reist, sollte an der Metro-Station Néo Fáliro aussteigen, den kurzen Fußweg zum Stadion des Friedens und der Freundschaft in Kauf nehmen und mit der Straßenbahn weiterfahren.

Trotz der im Land aufgrund des Einflusses der griechisch-orthodoxen Kirche vorherrschenden konservativen Grundhaltung stehen die Griechen im Allgemeinen jedem Menschen aufgeschlossen gegenüber, unabhängig von dessen ethnischer Zugehörigkeit und sexueller Orientierung. Homosexualität wurde in Griechenland 1951 legalisiert. 2015 wurde die eingetragene Lebenspartnerschaft für gleichgeschlechtliche Paare eingeführt. Mit zunehmender Toleranz wird Griechenland bei der LGBTQ+ Community als Reiseziel beliebter. Zentrum der Athener LGBTQ+ Szene ist das Trendviertel Gázi mit vielen Bars und Clubs.

In ländlichen Gebieten werden öffentliche Zuneigungsbekundungen gleichgeschlechtlicher Paare zuweilen nicht gern gesehen. Wer sich bedroht fühlt, sollte sich an die nächstgelegene Polizeistation wenden.

Notfälle

Polizei *(astynomía)*, Feuerwehr *(pyrosvestikí)* und Ambulanz *(asthenofóro)* kann man über die Europäische Notrufnummer 112 auf Englisch anfordern. Die Polizei ist zudem unter der Nummer 100, die Feuerwehr unter 199 zu erreichen. Einen Krankenwagen kann man auch über die Nummer 166 rufen. Bei medizinischen Notfällen bietet auch **SOS Doctors** Hilfe. Die private Organisation bietet eine 24-Stunden-Hotline, Behandlungskosten werden bei Urlaubern jedoch nicht von der heimischen Krankenversicherung übernommen.

Rauchen, Alkohol & Drogen

Rauchen ist in öffentlichen Bereichen, einschließlich Restaurants, Cafés und Bars, verboten. Im Freien (z. B. auf Café-Terrassen) ist Rauchen in der Regel erlaubt. Wegen der vor allem im Sommer akuten Brandgefahr sollten Raucher Zigarettenkippen beim Aufenthalt in Wäldern sorgfältig entsorgen.

In Griechenland wird die Erregung öffentlichen Ärgernisses – vor allem nach starkem Alkoholkonsum – mit hohen Bußgeldern oder sogar Gefängnisstrafen belegt.

Der Besitz von Drogen kann ebenfalls eine Haftstrafe nach sich ziehen.

Außenministerien

Auswärtiges Amt (Deutschland)
W auswaertiges-amt.de

Bundesministerium für europäische und internationale Angelegenheiten (Österreich)
W bmeia.gv.at

Eidgenössisches Departement für auswärtige Angelegenheiten (Schweiz)
W eda.admin.ch

Botschaften

Deutschland
Karte P3 ▪ Karaóli & Dimitríou 3, Kolonáki, 10675 Athína (Athen)
T +30 210 728 5111
W griechenland.diplo.de

Österreich
Karte N3 ▪ Vasilíssis Sofías 4, Kolonáki, 10674 Athína (Athen)
T +30 210 725 7270
W bmeia.gv.at/oeb-athen

Schweiz
Karte F3 ▪ Iasíou 2, Kolonáki, 11521 Athína (Athen)
T +30 210 723 0364
W eda.admin.ch

Versicherung

EHIC
W ec.europa.eu

Notfälle

Europäische Notrufnr.
T 112
W sperr-notruf.de

Polizei
T 100 oder 112

Feuerwehr
T 199 oder 112

Krankenwagen
T 166 oder 112

SOS Doctors
T 1016

Touristenpolizei
T 1571

Reisende mit besonderen Bedürfnissen

Obwohl in jüngster Zeit große Fortschritte gemacht wurden, ist Griechenland auf Reisende mit körperlichen Einschränkungen nicht besonders gut eingestellt. Einige Hauptsehenswürdigkeiten, darunter etwa die Akropolis und das Akropolis-Museum, sind für Rollstuhlfahrer zugänglich. Im Allgemeinen fehlen jedoch behindertengerechte Einrichtungen. Hotels sind zwar gesetzlich dazu verpflichtet, mindestens ein rollstuhlgerechtes Zimmer mit eigenem Bad zur Verfügung zu stellen, allerdings kommen nicht alle Unterkünfte dieser Vorschrift nach.

Die Aufzüge in den Athener Metro-Stationen können mit Rollstühlen genutzt werden. Die blauweißen Busse verfügen an den mittleren Türen über Rampen. An großen Fußgängerübergängen ist der Bordstein abgesenkt, Blindenampeln sind jedoch rar. Für behinderte Reisende ist der Eintritt in staatlichen archäologischen Museen frei.

Geld & Kreditkarten

In Griechenland gilt der Euro. An Geldautomaten in Athen kann man mit den gängigen Kredit- und Debitkarten Euro abheben. Reisende aus Nicht-Euro-Ländern können in Wechselbüros und in den meisten Banken Geld umtauschen.

Die gängigen Kreditkarten werden in Athen in den meisten Läden und Restaurants akzeptiert, kontaktloses Bezahlen ist selten möglich. Es empfiehlt sich, stets ein wenig Bargeld mit sich zu führen. Den Verlust Ihrer Geld- oder Kreditkarte sollten Sie sofort melden.

In Restaurants ist ein Trinkgeld von zehn Prozent des Rechnungsbetrags üblich. In Taxis rundet man den Fahrpreis auf den nächsten Euro auf.

Zeit

In Griechenland gilt die Osteuropäische Zeit (OEZ), es ist also eine Stunde später als in Ländern mit Mitteleuropäischer Zeit (MEZ). Vom letzten Sonntag im März bis zum letzten Sonntag im Oktober gilt auch in Griechenland die Sommerzeit.

Strom

Die Stromspannung beträgt in Griechenland – wie im restlichen Europa auch – 230 Volt, 50 Hertz. Flache, zweipolige Stecker passen immer.

Telefon & Handy

Die Landesvorwahl für Griechenland ist 0030. Griechische Telefonnummern sind zehnstellig. Festnetznummern beginnen mit 2, Handynummern mit 6. Bei Telefonaten innerhalb Griechenlands muss die Ortsvorwahl stets mitgewählt werden. Die Ortsvorwahlen für Athen sind 210, 211, 212 und 213.

Die Landeskennzahlen für Gespräche von Athen ins Ausland lauten 0049 für Deutschland, 0043 für Österreich und 0041 für die Schweiz. Danach ist die Vorwahl ohne die 0 zu wählen.

2017 wurden die Roaming-Gebühren für die zeitweilige Nutzung von Handys innerhalb der EU abgeschafft. Urlauber telefonieren nun in Griechenland ohne zusätzliche Gebühren auf Basis ihres Mobilfunkvertrags.

Internet

In den meisten Hotels, Restaurants und Cafés in Athen können Gäste den hauseigenen WLAN-Zugang gratis nutzen. An der Plateía Syntágmatos ermöglicht ein WLAN-Hotspot kostenlose Nutzung des Internets.

Post

Die griechische Post heißt **ELTA**, die Hauptfiliale an der Plateía Syntágmatos hat von Montag bis Freitag von 7.30 bis 20.30 Uhr, samstags von 7.30 bis 14.45 Uhr und an Sonntagen von 9 bis 13.30 Uhr geöffnet. Die kleineren Postämter in der Stadt sind meist nur werktags von 8 bis 14 Uhr geöffnet. Die Athener Briefkästen sind gelb.

Wetter

Das mediterrane Klima in Athen sorgt für kühle Winter und sonnig heiße, fast regenfreie Sommer. In den Monaten Juli und August kann es bis zu 40 °C heiß werden. In den kältesten Monaten Januar und Februar können die Temperaturen gelegentlich auf 0 °C sinken. Schnee ist selten, aber in Athen nicht unbekannt. Die Wetterverhältnisse in Griechenland lassen sich nicht immer genau vorhersagen, da sich das Klima hier – wie auf der ganzen Welt – merklich verändert. Hitzeperioden mit bis zu 40 °C kommen inzwischen häufiger vor.

Öffnungszeiten

Die üblichen Geschäftszeiten in Athen sind montags bis freitags von 9 bis 17 Uhr. Einige Einrichtungen haben im August geschlossen. Banken sind montags bis donnerstags von 8 bis 14.30 Uhr sowie freitags von 8 bis 14 Uhr geöffnet.

Die Öffnungszeiten der Läden variieren stark. Kleine Läden in Familienbesitz haben meist montags und mittwochs von 9 bis 14.30 Uhr, dienstags, donnerstags und freitags von 9 bis 14 Uhr und wieder von 17.30 bis 20.30 Uhr sowie samstags von 9 bis 15 Uhr geöffnet. Supermärkte sind hingegen montags bis freitags von 8 bis 21 Uhr sowie samstags von 8 bis 22 Uhr geöffnet. Diese Zeiten gelten auch für die großen Athener Kaufhäuser wie Attica und Notos. Einige Läden haben den August über geschlossen.

Die meisten Museen sind von April bis Oktober täglich und von November bis März mittwochs bis montags geöffnet. Archäologische Stätten haben meist täglich geöffnet, manche sind dienstags geschlossen. Die Öffnungszeiten der einzelnen Attraktionen können sich allerdings auch kurzfristig ändern.

Information

Die **GNTO** (Greek National Tourism Organization) unterhält in Deutschland und Österreich Büros. Dort sind Informationsmaterial, Karten und Prospekte erhältlich. Das Athener GNTO-Büro gegenüber dem Akropolis-Museum hat montags bis freitags von 9 bis 19 Uhr, samstags von 10 bis 16 Uhr geöffnet.

This is Athens ist das offizielle Tourismus-Portal der Stadt. Die This is Athens Info-Points an Flughafen, Akropolis-Museum und Plateía Syntágmatos erteilen Auskünfte.

Etikette

Beim Besuch von griechisch-orthodoxen Kirchen und Klöstern ist Knie und Schultern bedeckende Kleidung zu tragen. In den Gotteshäusern ist Fotografieren häufig verboten – erkundigen Sie sich vorab.

Sprache

Jüngere Griechen sprechen oft Englisch, vereinzelt beherrscht man in Griechenland Deutsch. Straßen sind in griechischer wie auch in lateinischer Schrift beschildert. Der Sprachführer auf den Seiten 158 bis 160 listet nützliche griechische Wörter und Sätze auf.

Mehrwertsteuer

Der griechische Mehrwertsteuersatz liegt bei 24 Prozent. Er ist in der Regel in den Preisen enthalten. Besucher aus Nicht-EU-Ländern können sich die Mehrwertsteuer für Einkäufe über 120 Euro bei der Ausreise rückerstatten lassen.

Unterkünfte

In Sýntagma gibt es mehrere Fünf-Sterne-Hotels. Die Boutiquehotels des mittleren Preissegments und die einfachen, aber gemütlichen Frühstückspensionen in Pláka, Koukáki und Makrigiánni bieten als Vorteil die Nähe zur Akropolis und anderen Sehenswürdigkeiten. Auch in Monastiráki und Psirí gibt es schicke Boutiquehotels und beliebte Hostels.

Wer Athen in der Hochsaison besuchen möchte, sollte die Unterkunft unbedingt frühzeitig buchen, da sich dann viele Urlauber vor der Weiterfahrt auf eine der griechischen Inseln für ein paar Tage in der Stadt aufhalten.

Kreditkartenverlust

Allgemeiner Notruf
+49 116 116
sperr-notruf.de

Post

ELTA
elta.gr

Information

GNTO
visitgreece.gr
Holzgraben 31, 60313 Frankfurt am Main
+49 69 2578 270
Fichtegasse 2, 1010 Wien
+43 1 512 5317
gnto.gov.gr
Tsocha 7, 11521 Athen
+30 210 870 7000

Hotels

Preiskategorien

Preis für ein Doppelzimmer pro Nacht mit Frühstück (falls inkl.), Steuern und Service.

€ unter 80 € | €€ 80–200 € | €€€ über 200 €

Luxushotels

Athenaeum InterContinental Athens

Karte T2 ■ Syngroú 89–93, Néos Kósmos ■ +30 210 920 6000 ■ www.ihg.com ■ €€

Geschäftsreisende schätzen die guten Businesseinrichtungen. Extras wie Fitnesscenter, Sauna, Pool und der kostenlose Shuttleservice ins Stadtzentrum machen das Hotel auch für Urlauber interessant.

Radisson Blu Park Hotel

Karte D1 ■ Leofóros Alexándras 10, Exárcheia ■ +30 210 889 4500 ■ www.rbathenspark.com ■ €€

Das Hotel mit Fitnesscenter und Pool auf der Dachterrasse bietet Blick auf den Park Pedíou tou Areos. Die 152 Zimmer und Suiten zeigen gedämpfte Farben und haben Marmorbäder.

St. George Lycabettus

Karte F3 ■ Kleoménous 2, Kolonáki ■ +30 210 741 6000 ■ www.sgl.gr ■ €€

Die Aussicht von Restaurant, Bar und Pool – alles auf dem Dach – ist herrlich. Das Hotel am Hang des Lykavittós verfügt über 154 Zimmer und 15 Suiten. Ein Minibus bringt Gäste zur Plateía Syntágmatos.

Athens Plaza

Karte M3 ■ Vasiléos Georgíou A2, Plateía Syntágmatos ■ +30 210 335 2400 ■ www.njvathensplaza.gr ■ €€€

Zur Designerausstattung des Hotels zählen Marmorbäder, Massageduschen, Toilettenartikel von Bulgari und eine äußerst elegante Lobby. Die Zimmer im achten und im neunten Stock bieten Blick auf die Akropolis.

Divani Apollon Palace & Thalasso

Karte T3 ■ Agíou Nikoláou 10 , Vouliagméni ■ +30 210 891 1100 ■ www.divaniapollonhotel.com ■ €€€

Die geräumigen Zimmer des Hotels am Meer sind mit Eichenholzmöbeln und Marmorbädern ausgestattet. Zur Anlage gehören mehrere Pools und ein eigener Gästestrand. Viele Besucher kommen wegen des Spas und der Thalasso-Therapie.

Divani Caravel Hotel

Karte G5 ■ Vasiléos Alexándrou 2, Pangráti ■ +30 210 720 7000 ■ www.divanicaravelhotel.com ■ €€€

Die Lobby zieren Antiquitäten und Marmor. Die Zimmer – einige mit Blick auf die Akropolis – bieten Geschäftsreisenden alle Annehmlichkeiten. Das Hotel bietet Bars und Restaurants, Fitnessraum und Spa, Dachterrasse mit Pool und Shuttle zur Plateía Syntágmatos.

The Electra Metropolis

Karte M3 ■ Mitropoleos 15 ■ +30 214 100 6200 ■ www.electrahotels.gr ■ €€€

Luxus pur im Retro-Style. Während Sie auf der Dachterrasse speisen, genießen Sie den Blick auf die Akropolis. Zur Ausstattung gehören auch Pool und Fitnesscenter.

Electra Palace

Karte L4 ■ Navárchou Nikodímou 18–20, Pláka ■ +30 210 337 0000 ■ www.electrahotels.gr ■ €€€

Das schicke Hotel befindet sich in einem klassizistischen Gebäude. Nach dem Sightseeing bietet der Pool auf der Dachterrasse mit Blick auf die Akropolis Entspannung.

Hotel Grande Bretagne

Karte M3 ■ Vasiléos Georgíou A1, Plateía Syntágmatos ■ +30 210 333 0000 ■ www.grandebretagne.gr ■ €€€

Marmor und Kronleuchter sorgen in der Lobby für Eleganz. Der Luxus setzt sich in den 320 Zimmern und Suiten, im Restaurant und am Pool auf dem Dach fort.

King George Hotel

Karte M3 ■ Vasiléos Georgíou A3, Plateía Syntágmatos ■ +30 210 322 2210 ■ www.kinggeorgeathens.com ■ €€€

Die 102 Zimmer und Suiten des Hauses haben Marmorbäder und sind mit Antiquitäten bestückt.

Boutiquehotels

Coco-Mat Athens

Karte P2 ▪ Patriárchou Ioakeím 36, Kolonáki ▪ +30 210 723 0000 ▪ www.cocomatathens.com ▪ €€

Der griechische Matratzenhersteller Coco-Mat betreibt einige Hotels – natürlich alle mit seinen herrlichen Naturbetten ausgestattet. Die 39 in Erdtönen gehaltenen Zimmer dieses Hauses haben zudem Holzfußböden und Marmorbäder.

Emporikon Athens Hotel

Karte K3 ▪ Aiólou 27a, Monastiráki ▪ +30 6930 161 566 ▪ www.emporikonathenshotel.com ▪ €€

Das in einem klassizistischen Gebäude aus dem 19. Jahrhundert ansässige Hotel befindet sich im historischen Zentrum der Stadt unweit der lebhaften Plateía Agías Irínis.

InnAthens

Karte L4 ▪ Georgíou Sourí 3, Sýntagma ▪ +30 210 325 8555 ▪ www.innathens.com ▪ €€

Von dem klassizistischen Gebäude mit hübschem Innenhof sind es zu Fuß nur fünf Minuten zur Plateía Syntágmatos. Die Einrichtung der 22 Zimmer und Suiten ist modern. Für das exzellente Frühstück werden Erzeugnisse aus der Region verwendet.

O&B

Karte B3 ▪ Leokoríou 7, Psirí ▪ +30 210 331 2940 ▪ www.oandbhotel.com ▪ €€

Die 22 Zimmer und Suiten zeigen minimalistisches, in Cremeweiß und Beige gehaltenes Design, der Service des Hauses ist exzellent. Im kleinen Bar-Restaurant gibt es tolles Frühstück und ein paar einfache Gerichte. Von dem Hotel zwischen Psirí und Thíssio sind es zur Akropolis nur etwa 20 Minuten zu Fuß.

Pallas Athena

Karte C3 ▪ Athinás 65, Monastiráki ▪ +30 210 325 0900 ▪ www.grecotelpallasathena.com ▪ €€

Lustige Wandgemälde zieren die Familienzimmer des luxuriösen Hotels, in den Suiten sind es zeitgenössische Skulpturen und Gemälde. Das hervorragende Restaurant bietet preiswerte Menüs und das Frühstück ist großartig.

Periscope Hotel

Karte P2 ▪ Cháritos 22, Kolonáki ▪ +30 210 729 7200 ▪ www.marriott.com ▪ €€

Je höher man in diesem minimalistisch gestalteten Haus in ruhiger Lage wohnt, desto besser werden die Zimmer. Das namengebende Periskop am Dach scannt die Stadt und liefert die Bilder ins Lobby-Bistro.

Semiramis

Karte T2 ▪ Chariláou Trikoúpi 48, Kifisiá ▪ +30 210 628 4400 ▪ www.yeshotels.gr/semiramis ▪ €€

In dem von Pop-Designer Karim Rashid ausgestatteten Hotel mit 51 Zimmern dominieren Orange, Pink und Limettengrün. Es gibt einen beheizten Außenpool und ein Fitnesscenter. In der Lobby sind Wechselausstellungen von zeitgenössischen Künstlern zu sehen.

AthensWas

Karte K5 ▪ Dionysíou Areopagítou 5, Makrigiánni ▪ +30 210 924 9954 ▪ www.athenswas.gr ▪ €€€

Das Haus mit 21 Zimmern liegt in einer autofreien Zone nahe dem Akropolis-Museum. Fürs schicke Retro-Flair sorgen Einrichtungsgegenstände von bekannten Designern des 20. Jahrhunderts wie Le Corbusier und Eileen Gray. Die Zimmer haben große Bäder. Das À-la-carte-Frühstück und der Ausblick vom Dachrestaurant sind fantastisch.

The Margi

Karte T3 ▪ Litoús 11, Vouliagméni ▪ +30 210 892 9000 ▪ www.themargi.gr ▪ €€€

Das Hotel bietet nur fünf Gehminuten vom Strand entfernt 89 in warmen Farben gehaltene Zimmer und Suiten mit Marmorbädern und Antiquitäten. Am Pool kann man auf Sofas entspannen, im Restaurant genießt man griechische Küche.

New Hotel

Karte L4 ▪ Filellínon 16, Sýntagma ▪ +30 210 327 3000 ▪ www.yeshotels.gr/newhotel ▪ €€€

Von dem Hotel in zentraler Lage ist es nur ein kurzer Spaziergang zur Plateía Syntágmatos. Die Fußböden der 79 Zimmer sind aus Bambusholz, die Möbel aus recycelten Materialien stammen vom brasilianischen Designerduo Campana. Frühstück und Sonntagsbrunch werden im Hotelrestaurant serviert, mittags und abends speist man in der Café-Bar auf dem Dach.

Mittelklassehotels

Hotel Nefeli

Karte L4 ■ Ipereídou 16 & Ag. Chatzimichάli, Pláka ■ +30 210 322 8044 ■ www.hotel-nefeli.com ■ €

Das nette kleine Hotel in einer ruhigen Fußgängerzone bietet 18 gepflegte Zimmer, viele mit Balkon, freundlichen Service und sehr gutes Frühstück.

A for Athens

Karte J3 ■ Miaoúli 2–4, Monastiráki ■ +30 210 324 4244 ■ www.aforathens.com ■ €€

Von vielen der 35 Zimmer des stilbewusst gestalteten Hotels gegenüber der Akropolis genießt man herrlichen Blick auf die antike Stätte – sogar beim Duschen. Es gibt auch eine schöne Dachterrasse.

Acropolis Select

Karte C6 ■ Falírou 37–39, Koukáki ■ +30 210 921 1610 ■ www.acropoliselect.gr ■ €€

In dem Hotel übernachtet man zu relativ günstigen Preisen in gemütlichen Zimmern mit Satellitenfernsehen. Man erfreut sich an einer schicken Lobby, einem einladenden Dachrestaurant, dem Akropolis-Blick und guten Businesseinrichtungen. Viele Sehenswürdigkeiten der Stadt liegen in Gehweite.

Athens Center Square

Karte J2 ■ Aristogeítonos 15, Monastiráki ■ +30 210 322 2706 ■ www.athenscentersquarehotel.gr ■ €€

Gegenüber dem Zentralmarkt Varvákios Agora warten in diesem freundlichen Haus 54 einladende, in unterschiedlichen Farben gestaltete Zimmer mit Holzfußböden. Die Dachterrasse bietet Blick auf Akropolis und Lykavittós. Das reichhaltige Frühstücksbüfett ist inklusive.

Central Hotel

Karte L3 ■ Apóllonos 21, Pláka ■ +30 210 323 4350 ■ www.centralhotel.gr ■ €€

Für die zentrale Lage, die Qualität und die schicke, modern minimalistische Einrichtung ist das Hotel erstaunlich preisgünstig. Auf der Dachterrasse kann man im Whirlpool den Blick auf die Akropolis und die Berge genießen.

Hermes

Karte L3 ■ Apóllonos 19, Sýntagma ■ +30 210 323 5514 ■ www.hermeshotel.gr ■ €€

Die 45 modernen Zimmer des Hotels zeigen freundliches Design und haben Holzfußböden. Einige sind mit Zwischentüren verbunden und eignen sich prima für Familien. Auf kleine Kinder wartet ein kleines Spielzimmer. Wer früh losmuss und nicht aufs reichhaltige Frühstücksbüfett warten kann, wird individuell versorgt – alles inklusive.

Herodion

Karte C6 ■ Rovértou Gálli 4, Makrigiánni ■ +30 210 923 6832 ■ www.herodion.gr ■ €€

Das moderne Hotel in einem ruhigen Viertel unterhalb der Akropolis bietet recht kleine Zimmer, macht das aber durch schöne Gemeinschaftsbereiche wett: Es gibt einen Frühstücksbereich mit begrüntem Wintergarten und einen Dachgarten mit Whirlpools und Blick auf die Akropolis, wo man auf Wunsch auch Yogastunden und Massagen bekommt.

Plaka Hotel

Karte K3 ■ Kapnikaréas 7, Monastiráki ■ +30 210 322 2706 ■ www.plakahotel.gr ■ €€

Die Lage des Hotels nahe den Sehenswürdigkeiten von Pláka und der Shoppingmeile Ermoú ist toll. Die schicken Zimmer – es gibt drei Kategorien – sind einfach, aber gemütlich. Von der Dachterrasse genießt man Aussicht auf die Akropolis.

Philippos

Karte K6 ■ Mitséon 3, Makrigiánni ■ +30 210 922 3611 ■ www.philippos hotel.gr ■ €€

Das Schwesterhotel des Herodion liegt in einem beschaulichen Wohnviertel nahe dem Akropolis-Museum. Es ist ruhig und gemütlich. Die 50 Zimmer und Suiten sind hell und luftig, viele haben Balkon, einige auch Akropolis-Blick. Es gibt ein Bistro auf der Dachterrasse und eines im Atrium. Auch ordentliches Frühstück wird serviert.

Ava

Karte L5 ■ Lysikrátous 9–11, Pláka ■ +30 210 325 9000 ■ www.avahotel.gr ■ €€€

Das für hohen Servicestandard bekannte Hotel bietet schöne Suiten für Paare und für Familien – alle mit Küchenzeile. Von den weiter oben gelegenen kann man die Akropolis erspähen.

Preiswerte Hotels & Hostels

Art Gallery Hotel

Karte C6 ■ Erechthíou 5, Koukáki ■ +30 210 923 8376 ■ www.artgallery hotel.gr ■ €

In Gehweite zur Akropolis sind mit Kunstwerken geschmückte Zimmer mit Parkettboden, aber ohne eigenes Bad zu haben. In der Nebensaison gibt es günstige Monatstarife, Frühstück kostet extra.

Athens Backpackers

Karte L5 ■ Mákri 12, Makrigiánni ■ +30 210 922 4044 ■ www.backpackers.gr ■ €

Das Hostel mit Zimmern und Räumen für zwei bis sechs Personen wird für die gesellige Atmosphäre geschätzt. In der Nähe bietet das Schwesterhaus Athens Studios *(siehe unten)* Apartments.

Athens Choice

Karte C2 ■ Veranzérou 45, Omónia ■ +30 210 523 8738 ■ www.athenschoice.com ■ €

Modern minimalistischer Stil kennzeichnet das Hostel, das Doppel- und Vierbettzimmer, Fernsehraum, Bar und Waschmaschinen bietet; Frühstück ist inklusive. Zur Metro-Station Omónia sind es nur fünf Minuten und das Archäologische Nationalmuseum ist auch nah.

City Circus

Karte J2 ■ Sarrí 16, Psirí ■ +30 213 023 7244 ■ www.citycircus.gr ■ €

Das klassizistische Gebäude hat schmiedeeiserne Balkone, die Decken sind mit Fresken verziert. Gästen stehen gepflegte Doppelzimmer und Schlafsäle mit bis zu acht Betten zur Wahl. Es gibt ein Restaurant und eine Dachterrasse mit Blick auf die Akropolis. Zur Metro-Station Monastiráki sind es zu Fuß nur fünf Minuten.

Hotel Exarchion

Karte D2 ■ Themistokléous 55, Exárcheia ■ +30 210 380 0731 ■ www.exarchion.com ■ €

Das Haus bietet nette Zimmer mit Balkon und recht ordentliches Frühstück. Das hauseigene Straßencafé lädt zum Leutebeobachten ein, von der Dachterrasse blickt man auf den Lykavittós.

Marble House

Karte B6 ■ Anastasíou Zínni 35, Koukáki ■ +30 210 922 8294 ■ www.marblehouse.gr ■ €

Die ruhig und etwas versteckt liegende, bei Studenten und Künstlern beliebte Pension bietet sehr netten Service, freundliche Atmosphäre und gepflegte Zimmer, die aber nicht alle ein eigenes Bad haben. Auch Stadtführungen werden organisiert. Frühzeitige Buchung empfiehlt sich.

Orion & Dryades

Karte D2 ■ Dryádon 4 & Kallidromíou, Exárcheia ■ +30 210 330 2387 ■ www.orion-dryades.com ■ €

Die Zwillingshotels unter gemeinsamer Leitung blicken vom friedlichen Stréfi auf den Trubel von Exárcheia hinab. Der Aufstieg zu der beliebten Unterkunft ist steil, mit Gepäck empfiehlt sich ein Taxi. Frühstück wird im Orion serviert, wo sich auch die Rezeption befindet.

Phaedra

Karte L5 ■ Cherefóntos 16, Pláka ■ +30 210 323 8461 ■ www.hotelphaedra.com ■ €

Von den Balkonen des kleinen familiengeführten, für seinen aufmerksamen Service bekannten Hauses blickt man auf eine Kirche oder auf die Akropolis. Manche der hübsch eingerichteten Zimmer haben ein eigenes Bad auf dem Flur. Die Aussicht von der Dachterrasse ist einfach fantastisch.

Tempi Hotel

Karte J2 ■ Aiólou 29, Monastiráki ■ +30 210 321 3175 ■ www.tempihotel.gr ■ €

Unweit der Plateía Agías Irínis und in Gehweite vieler Hauptsehenswürdigkeiten bietet das familiengeführte Haus 24 gepflegte Zimmer (14 davon mit eigenem Bad), Gemeinschaftsküche und Dachterrasse. Ein großes Plus ist die kostenlose Gepäckaufbewahrung.

Athens Studios

Karte K6 ■ Veíkou 3a, Makrigiánni ■ +30 210 923 5811 ■ www.athens studios.gr ■ €€

Das von den Betreibern von Athens Backpackers geführte Haus nahe dem Akropolis-Museum ist ideal für Paare und Familien. Zur Wahl stehen Studios und Apartments für zwei, vier oder sechs Personen mit eigenen Bädern und voll ausgestatteten Küchen. Es stehen aber auch Betten in Gemeinschaftszimmern für bis zu sechs Personen zur Verfügung. Das Frühstück ist im Preis enthalten.

Preiskategorien siehe S. 144

Komforthotels außerhalb Athens

Kastalia Boutique Hotel

Karte Q1 ■ Vasíleos Pávlou & Frideríkis 13, Delfí ■ +30 226 508 2205 ■ www.kastaliahotel.gr ■ €

Nur fünf Gehminuten von der archäologischen Stätte in Delphi entfernt, birgt ein klassizistisches Gebäude 28 behagliche Zimmer und Suiten sowie eine schöne Lounge mit offenem Kamin. Frühstück wird auf der Terrasse serviert – zum Blick auf Schlucht und Meer.

Bratsera Hotel

Karte S4 ■ Hafen von Ydra ■ +30 229 805 3971 ■ März – Okt ■ www.bratserahotel.com ■ €€

Das Hotel in einer ehemaligen Schwammfabrik ist rundum bezaubernd. Besonders schön sind die Junior-Suiten mit Terrasse, es gibt aber auch größere Wohneinheiten für Familien. Der einzigartige Pool war einst Teil der Fertigung und diente zum Spülen der Schwämme.

Orloff Boutique Hotel

Karte S4 ■ Rafaliá 9, Ydra ■ +30 229 805 2564 ■ www.orloff.gr ■ €€

Im ersten Boutiquehotel von Ydra sind die Zimmer ganz individuell gestaltet. Sie bieten Blick auf den Ort oder auf den Hof, wo gefrühstückt wird. Die Premium-Suite ist ideal für vierköpfige Familien.

Amphitryon Hotel

Karte R3 ■ Spiliádou, Naúplion ■ +30 275 207 0700 ■ www.amphitryon.gr ■ €€€

Das elegante Hotel in der Altstadt von Naúplion bietet schönen Blick aufs Meer und auf die kleine, mit einer Festung versehene Insel Boúrtzi. Die 45 Zimmer sind im modernen Stil gestaltet und mit Holzfußböden und Marmorbädern ausgestattet. Das Hotelrestaurant Circle verwöhnt Gäste mit guter mediterraner Küche. Das Haus gehört zur Hotelallianz »Leading Small Luxury Hotels of the World«.

Elatos Resort & Health Club

Karte R1 ■ Itamos, nahe Aráchova ■ +30 223 406 1162 ■ www.elatosresort.gr ■ €€€

Das Resort befindet sich in einem Kiefernwald am Rand des Nationalparks um den Berg Parnassós. Es umfasst 40 Chalets, die mit zwei oder drei Schlafzimmern, kompletter Küche, Veranda und offenem Kamin ausgestattet sind. Zur Anlage gehören außerdem ein Wellnesscenter, eine Bar und ein Restaurant.

Cape Sounio

Karte T3 ■ Straße Athen – Soúnio ■ +30 229 206 9700 ■ www.capesounio.com ■ €€€

Das wunderschön gelegene Hotel bietet luxuriöse Bungalows und Villen, jeglichen Komfort und traumhaften Blick aufs Meer und auf den Tempel des Poseidon.

Grand Resort Lagonissi

Karte T3 ■ Lagoníssi, an der Straße Athen – Soúnio ■ +30 229 107 6000 ■ www.lagonissiresort.gr ■ €€€

Das riesige Resort liegt auf einer Halbinsel zwischen Vouliagméni und Soúnio. Zu der Anlage gehören ganze 16 Strände und mehrere Restaurants. Manche der Suiten liegen direkt am Meer, einige der luxuriösen Bungalows verfügen über einen eigenen Pool. Auf Gäste wartet außerdem ein vielfältiges Angebot an Freizeitaktivitäten.

Orloff Resort

Karte S5 ■ Spétses ■ +30 229 807 5444 ■ www.orloffresort.com ■ €€€

In einer Villa aus dem 19. Jahrhundert bietet ein elegantes Boutiquehotel 19 Zimmer und Apartments, die klassische griechische Architektur mit modern minimalistischem Design verbinden, und einen Pool.

Poseidon Resort

Karte R2 ■ Loutráki Korinthías, Loutráki ■ +30 274 406 7938 ■ www.wyndhamhotels.com ■ €€€

Die Unterkünfte auf der Anlage mit weitläufigen Gärten, kleinem Strand, Spa, Fitnesseinrichtungen und Konferenzräumen reichen von der Junior-Suite bis zum Presidential-Bungalow.

Thermae Sylla Spa & Wellness Hotel

Karte S1 ■ Edipsós, Euböa ■ +30 222 606 0100 ■ www.thermaesylla.gr ■ €€€

Das exzellente Spa bietet Schönheitsbehandlungen und Entspannungstherapien, bei denen auch das mineralhaltige Quellwasser der Insel zum Einsatz kommt. Das Gebäude ist historisch, doch die Gästezimmer und Behandlungsräume sind modern.

Mittelklasse- & preiswerte Hotels außerhalb Athens

Aeginitiko Archontiko

Karte S3 ▪ Thomaïdou & Agíou Nikoláou, Aígina ▪ +30 229 702 4968 ▪ €

Im Hauptort der Insel wartet ein Herrenhaus (19. Jh.) mit bemalten Decken, Salon mit Buntglasfenstern, hübschem Garten und einem Dutzend kleiner gepflegter Zimmer auf Gäste.

Alkyóni

Karte S3 ▪ Skála, Angístri ▪ +30 229 709 1377 ▪ www.alkyoni-agistri.com ▪ €

Das Hotel erfreut sich einer ruhigen Lage am Rand einer Klippe. Das Erdgeschoss birgt Doppelzimmer mit Steinböden, oben finden sich größere Zimmer für Familien. Das hauseigene Restaurant mit Tischen auf der Terrasse gilt als das beste am Ort.

Art Hotel Archontiko

Karte Q1 ▪ nahe dem Hafen von Galaxídi ▪ +30 226 504 2292 ▪ www.archontikoarthotel.gr ▪ €

Jedes der acht Zimmer hat ein Motto: Im »Brautzimmer« steht z. B. ein riesiges Himmelbett, das Zimmer »Auf See« ist wie eine Kajüte eingerichtet. Pärchen entscheiden sich vielleicht für das Zimmer mit dem Namen »Empfängnis«, dessen Decke mit einem Spiegel versehen ist. Zum Haus gehört ein hübscher Garten.

Byron Hotel

Karte R3 ▪ Plátonos & Kapodistriou, Naúplion ▪ +30 275 202 2351 ▪ www.byronhotel.gr ▪ €

Naúplions erstes Boutiquehotel zählt zu den besten Häusern am Ort. Die Zimmer verteilen sich auf zwei Gebäude, die meisten blicken auf ein osmanisches Badehaus, viele haben Balkon. Das Frühstück ist exzellent.

Hotel Ganimede

Karte Q1 ▪ Nikoláou Gourgourí 20, Galaxídi ▪ +30 226 504 1328 ▪ https://ganimede.gr ▪ €

In dem Herrenhaus aus dem 19. Jahrhundert gibt es sechs einfache, aber elegante Doppelzimmer, zwei Familiensuiten und Studios. Die Wirtsfamilie serviert zum Frühstück selbst gemachte Marmeladen und frisches Brot aus der eigenen Backstube. Frühes Buchen ist ratsam, vor allem für Wochenenden.

Hotel Orfeas

Karte Q1 ▪ Syngroú 35, Delfí ▪ +30 226 508 2077 ▪ €

In einer ruhigen Seitenstraße und doch in Gehweite der interessantesten Ziele bietet das kleine familiengeführte Haus ordentliche Zimmer – die obersten mit hübschem Ausblick – und ein Frühstück, das den Zwei-Sterne-Status weit übertrifft.

John & George Hotel

Karte R4 ▪ Vas. Cháli 8, Toló ▪ +30 275 107 6225 ▪ www.j-g.gr ▪ €

Das familiengeführte Hotel lockt mit gemütlichen, modern eingerichteten Zimmern, einem tollen Pool, grandiosem Ausblick und exzellentem Frühstück. Das reizende Fischerdorf Toló bietet einen langen Strand und gute Tavernen am Meer. In der Nähe von Naúplion, Epídauros und Mykene gelegen, ist es exzellente Basis für die Erkundung des Peloponnes.

Likoria

Karte R1 ▪ Venizélou, Livádia, Aráchova ▪ +30 226 703 2132 ▪ www.likoria.gr ▪ €

Das komfortable Hotel lockt zu allen Jahreszeiten Gäste an – auch, weil es ausreichend Parkplätze bietet. Wintersportler schätzen nicht zuletzt die Sauna. Einige Zimmer haben einen offenen Kamin, einige bieten schönen Ausblick.

Pension Marianna

Karte R3 ▪ Ilía Potamiánou 9, Naúplion ▪ +30 275 202 4256 ▪ www.hotelmarianna.gr ▪ €

Das Hotel in der autofreien Altstadt von Naúplion hat romantisches Flair. Die 20 in warmen Gelb- und Rottönen gehaltenen Zimmer säumen einen hübschen Hof. Auf der Dachterrasse, die von der Festung überragt wird, wird hausgemachtes Frühstück serviert – bei großartiger Aussicht auf Stadt und Meer.

Klymeni Traditional Homes

Karte R3 ▪ Eparchiakí Odós Nafplíou – Frouríou Palamidíou ▪ +30 275 209 6194 ▪ www.klymeni.gr ▪ €€

Die rustikalen, aus Stein gebauten Bungalows und Apartments gruppieren sich um einen großen Garten mit Grillplatz, Whirlpool und Kinderspielplatz. Die Anlage liegt idyllisch ländlich – und doch nur 1,5 Kilometer außerhalb der Stadt.

Preiskategorien siehe S. 144

Textregister

Fett gedruckte Seitenzahlen beziehen sich auf Haupteinträge.

N

O

P

Bildnachweis & Impressum

Autoren

Coral Davenport und Jane Foster

DK London

Mitwirkende

Amber Charmei

Lektorat

Georgina Dee, Shikha Kulkarni, Beverly Smart, Hollie Teague, Dipika Dasgupta, Lucy Richards, Anuroop Sanwalia, Tavleen Kaur, Simona Velikova

Gestaltung und Bildredaktion

Maxine Pedliham, Priyanka Thakur, Laura O'Brien, Stuti Tiwari, Nishwan Rasool, Manpreet Kaur, Rohit Rojal

Kartografie

Suresh Kumar, Subhashree Bharati

Herstellung

Jason Little, Samantha Cross

DK möchte den folgenden Personen für ihren Beitrag zur vorherigen Ausgabe danken: Hilary Bird, Blue Island Publishing London, Coral Davenport, Marc Dubin, Jane Foster, Cordelia Madden, Clare Peel, Marisa Tejada

Fotografie

Courtesy of ARF/TAP (Archaeological Receipts Fund), Nigel Hicks, Courtesy of Kori 69b, Rob Reichenfeld, Rough Guides/Chris Christoforo, Rough Guides/Michelle Grant

Bildnachweis

l = links, r = rechts, o = oben, u = unten, m = Mitte

DK dankt folgenden Personen, Institutionen und Bildarchiven für die freundliche Erlaubnis, ihre Fotos zu reproduzieren:

123RF.com Milan Gonda 77ur, gzach 34ur, Maxim Krivoshein 123ol, Stefanos Kyriazis 77o.

4Corners Mel Manser 13mru, Gianluca Santoni 47ol, 87ml.

Akropolis-Museum Giorgos Vitsaropoulos 82u.

Alamy Stock Photo age fotostock/Gonzalo Azumendi 96ur/Alvaro Leiva 17mo, Alpineguide 2ol, 8/9, A. Amsel 79ol, Art Directors & TRIP/Helene Rogers 129mr, The Art Archive/Gianni Dagli Orti 53ml, charistoone-travel 31mlu, Richard Cummins 108mlo, Ian Dagnall 17mru, dpa picture alliance 55ur, Fine Arts/INTERFOTO 102ul, Kirk Fisher 109or, funkyfood London/Paul Williams 3ol, 4o, 74/75, Glyn Genin 103ml, Milan Gonda 24/25m, Greek Photonews 12ml, Peter Grumann 63u, Terry Harris 61ml, 70ol, 72ml, 84ur, 104mlo, Chris Hector Christiaen 98ml, Hellier 4mlu, hemis.fr/Paule Seux 4mr, Heritage Image Partnership Ltd/Fine Art Images 26ml/Sites & Photos 25ol, Peter Horree 23mru, Imageplotter 18mru, IML Image Group 31ur/Velissarios Voutsas 33ur, INTERFOTO 49om, 57mlo, Jon Arnold Images Ltd/Peter Adams 107mr, Art Kowalsky 4mlo, Lanmas 40u, Simon Leigh 97ol, Hercules Milas 4u, 34/35, 34mlo, 48u, 110mr, 110/111o, 116mru, 129o, nagelestock.com 7or, Numismatisches Museum 93ur, Steve Outram 72or, Nikos Pavlakis 70u, 94u, Prisma Archivo 19mr, Prisma Bildagentur AG/Schultz Reinhard 41mlo, robertharding 44mlu, Natasa Savic 97mr, Sklifas Steven 11mlo, 30ur, 30/31, 37or, Aristidis Vafeiadakis 49ur; Elias Verdi 43mlu, Ken Welsh 4mru, Jan Wlodarczyk 2or, 38–39, 102o, World History Archive 52o, ZUMA Press Inc. 51ur.

Aleria 66ur.

An Club 99o.

AWL Images Hemis 3or, 120/121, 134/135, Jane Sweeney 1, 28/29, 60u.

Benáki-Museum Athen 11or, 26mru, 27mlo, 27mru, Antonis Katrakazis 105o.

Booze Cooperative 91ur.

Bridgeman Images Epigrafisches Museum, Archäologisches Nationalmuseum, Athen, De Agostini Picture Library/Archivio J. Lange 93m.

Corbis Richard Cummins 71or, 109ur, Demotix/Kostas Pikoulas 73ul, EPA/ Yannis Kolesidis 55mr, EPA/Orestis Panagiotou 77ml, 93ol, Macduff Everton 95ml, Keystone/Georgios Kefalas 14ul, 15u, Leemage 10m, Francis G. Mayer 52ul, Daniella Nowitz 33ol, Thierry Orban 42o, Ted Spiegel 50mru.

Dreamstime.com Absente 118um, Abxyz 40m, Anastasios71 6ml, Artistique7 17mr, Jennifer Barrow 10mlo, Pavla Bartonova 30mlu, Sergio Bertino 20mru, Daniel Boiteau 36ur, Boris Breytman 122ol, Trinuch Chareon 133m, Corluc 54ol, Digitaldave 115ur, Dimaberkut 100or, 104ur, Edwardgerges 15ol, 96ol, 132ul, Elgreko74 45ol, 63mlo, Alexandre Fagundes De Fagundes 49ml, 76ol, Foodio 65ml, Gelia 116ol, Dimitrios Giannopoulos 130ol, Gmoulart 118o, Milan Gonda 84mlo, 86u, 110ul, Antonio Gravante 43or, Stoyan Haytov 117ur, Theodoros Ikramidis 24ur, Imagin.gr Photography 12or,

124ol, Gabriela Insuratelu 128ol, 131ol, Ivandzyuba 113or, Christina L. Johnson 62ul, Kmiragaya 50mo, Dimitris Kolyris 11mru, 18mo, Martin Konečný 90mu, Bo Li 12um, Littlewormy 10mo, Lornet 60ol, Galina Mikhalishina 61or, Predrag Milosavljevic 64ul, Milosk50 78u, Minadezhda 64m, Niradj 64or, Odua 83mru, Pantelis V. 114m, Lefteris Papaulakis 10mru, 11ul, 16/17, 20/21, 53ur, 46u, 88ol, 115ol, 126ul, Emmanouil Pavlis 19u, 35ol, Photogolfer 117ol, Photostella 71ml, 85ol, Rhombur 36/37, Rosshelen 16ul, Sborisov 12/13, 101mlu, Jozef Sedmak 47mru, Nikolai Sorokin 45u, 113mu, 124u, George Tsartsianidis 65ol, Valery109 24mlo, Vitaliybilyak 132mro, Bruce Whittingham 68or, 130u, Wirestock 68mlu, Angel Yordanov 123u.

Epíkouros 119or.

Getty Images AFP PHOTO/Louisa Gouliamaki 21mu, Allan Baxter 4ml, 58/59, DEA/A. Garozzo 79mlu, DEA/G. Nimatallah 18ml, DEA/G. Dagli Orti 21mru, Lonely Planet Images 78mlo, Slow Images 86mlo, George Tsafos 88mru, Universal Images Group 11mr.

Getty Images/iStock efesenko 125mlo.

Hellenic Festival S.A. 72ur.

Hytra Kaplanidis Yirgos 67ml.

Martinós 89or.

Melissinós Art 89um.

Nicholas P. Goulandrís Foundation – Museum für Kykladische Kunst
10ul, 22mlo, 22m, 22ur, 22/23, 23mo, 56ol.

Photo Scala, Florence 32mr, DeAgostini Picture Library/Veneranda Biblioteca Ambrosiana 55ml.

Rakadiko Stoá Koúvelou 112ur.

Rififi 67ur.

Robert Harding Picture Library Massimo Pizzotti 20ul, Silwen Randebrock 26or.

Shutterstock.com: De Agostini/G. Dagli Orti 92ol, Patrick Frilet 106o, Sharok Hatami 41br, Vangelis_Vassalakis 127ml.

Six D.O.G.S 91ol.

Skoumoky 81o.

Spondí 67ol.

Strofi Athenian Restaurant 83mlo.

SuperStock LatitudeStock/Capture Ltd 73or.

WeArePress 66mlo.

Umschlag

Vorderseite & Buchrücken: **Getty Images / iStock:** Vasilis Protopapas.
Rückseite: **AWL Images:** Ken Scicluna ml, **Dreamstime.com:** Petr Goskov ol, Bo Li or, Napa735 ur.

Extrakarte

Getty Images / iStock: Vasilis Protopapas.

Titel der englischen Originalausgabe
DK Eyewitness TOP10 Athens

7. aktualisierte Neuauflage 2024/2025

Verlagsleitung Monika Schlitzer
Programmleitung Heike Faßbender
Redaktionsleitung Stefanie Franz
Herstellungskoordination Antonia Wiesmeier

Covergestaltung Roman Bold & Black, Köln
Übersetzung Gerhard Bruschke, München
Redaktion Gerhard Bruschke, München
Schlussredaktion Birgit Annecke-Patsch, Unterschleißheim

Satz & Produktion DK Verlag
Druck Leo Paper Products Ltd., China

ISBN 978-3-7342-0830-0
5902-340451-23905-02
www.dk-verlag.de

Sprachführer

Es gibt kein allgemein gültiges System, die griechische Sprache in lateinischer Schrift darzustellen. Das in diesem Sprachführer angewandte System hat sich jedoch bewährt. Der Akzent über einem Vokal zeigt an, welche Silbe betont wird.

Notfälle

Hilfe!	**Voítheia!**
Halt!	**Stamatíste!**
Rufen Sie einen Arzt!	**Fonáxte éna giatró!**
Rufen Sie einen Krankenwagen / die Polizei / die Feuerwehr!	**Kaléste to asthenofóro / tin astynomía / tin pyrosvestikí!**
Wo ist das / die nächste Telefon / Krankenhaus / Apotheke?	**Poú eínai to plisiéstero tiléfono / nosokomeío / farmakeío?**

Grundwortschatz

Ja.	**Nai.**
Nein.	**Ochi.**
Bitte.	**Parakaló.**
Danke.	**Efcharistó.**
Gern geschehen!	**Parakaló!**
In Ordnung.	**Entáxei.**
Entschuldigung.	**Me synchoreíte.**
Hallo / Guten Tag!	**Geiá sas!**
Auf Wiedersehen.	**Antío.**
Guten Morgen!	**Kaliméra!**
Guten Tag!	**Kaliméra!**
Guten Abend!	**Kalispéra!**
Gute Nacht!	**Kaliníchta!**
Vormittag	**proí**
Nachmittag	**apógevma**
Abend	**vrádi**
heute Vormittag	**símera to proí**
gestern	**chthés**
heute	**símera**
morgen	**avrio**
hier	**edó**
da	**ekeí**
Was?	**Tí?**
Warum?	**Giatí?**
Wo?	**Poú?**
Wie?	**Pós?**

Nützliche Wörter

groß	**megálo**
klein	**mikró**
heiß	**zestó**
kalt	**krýo**
gut (Adj.)	**kaló**
schlecht	**kakó**
genug	**arketá**
gut (Adv.)	**kalá**
geöffnet	**anoichtá**
geschlossen	**kleistá**
links	**aristerá**
rechts	**dexiá**
geradeaus	**eftheía**
zwischen	**anámesa / metaxy**
nah	**kontá**
weit	**makriá**
früh	**norís**
spät	**argá**
Eingang	**i eísodos**
Ausgang	**i éxodos**
Toilette	**oi toualétes**
frei (kostenlos)	**doreán**
hinein / heraus	**mésa / exo**

Nützliche Sätze

Wie geht es Ihnen?	**Tí káneite / Pós eíste?**
Wie geht es Dir?	**Tí káneis?**
Sehr gut, danke.	**Polý kalá, efcharistó.**
Schön, Sie zu treffen.	**Chaíro polý.**
Wie ist Ihr Name?	**Pós légeste?**
Wo ist / sind …?	**Poú eínai …?**
Wie weit ist es bis …?	**Póso apéchei …?**
Wie komme ich nach …?	**Pós mporó na páo …?**
Sprechen Sie Deutsch?	**Miláte Jermaniká?**
Ich verstehe.	**Katalavaíno.**
Ich verstehe nicht.	**Den katalavaíno.**
Könnten Sie etwas langsamer sprechen?	**Miláte lígo pio argá parakaló?**
Tut mir leid.	**Me synchoreíte.**

Shopping

Wie viel kostet das?	**Póso kánei?**
Ich hätte gern …	**Tha íthela …**
Haben Sie …?	**Echete …?**
Ich sehe mich nur um.	**Aplós koitáo.**
Nehmen Sie Kreditkarten?	**Décheste pistotikéskártes?**
Wann öffnen Sie / schließen Sie?	**Póte anoígete / kleínete?**
dieser	**aftó edó**
jener	**ekeíno**
teuer	**akrivó**
preiswert	**fthinó**
Größe	**to mégethos**
weiß	**lefkó**
schwarz	**mávro**
rot	**kókkino**
gelb	**kítrino**
grün	**prásino**
blau	**mple**
braun	**kafé**
orange	**portokalí**

diestadtspionin

GANZ NEU IN **WIEN**

Neue Restaurants, neue Stadtviertel, neue Shops, neue Museen, neue Geheimtipps

angelegt

Istros

Torterrie

We are Flowergirls

Die Josefine

Ich sag ja öfter: Wien ist immer für eine Überraschung gut. Nach der Recherche für dieses Buch muss ich meinen Spruch ändern. Wien ist nämlich für tonnenweise Überraschungen gut. Und das hat dazu geführt, dass ich in den letzten Wochen ganz schön in Stress gekommen bin.

Der Grund? Nach über zwei Jahren Corona, Lockdowns, Ukraine-Krieg und Energiekrise hatte ich die Nase voll von schlechten Nachrichten. Ich wollte Menschen in Wien finden, die sich davon nicht beeindrucken lassen und kreativ mit Krisen umgehen. Das Ergebnis hat mich umgehauen: In unserer Lieblingsstadt gibt es so viele Neu-Gründungen – von Restaurants über Hotels bis zu Shops, von Rooftop-Bars bis zu Museen – dass die Zeit zum Schreiben des Buches fast zu kurz wurde. Und glaubt mir, das was ich hier vorstelle, ist nur ein Bruchteil aller Neu-Eröffnungen. Ich präsentiere nur handverlesene, ausgesuchte und natürlich wie immer vorab anonym getestete Tipps. „Ganz neu in Wien" zeigt, was in den letzten zwei Jahren in einer Mischung aus Lebenslust, Sturheit, Optimismus und Mut entstand. Kein Wunder, dass Wien regelmäßig zur lebenswertesten Stadt der Welt gewählt wird!

Viel Spaß beim Entdecken wünscht Euch
Eure StadtSpionin
Sabine Maier

Ferment Kiosk
Motto Brot

INHALT

RESTAU
RANTS

10

&FLORA

Für GenießerInnen von sehr nah und ganz fern

Im Hotel Gilbert, Breite Gasse 9, 1070 Wien / Mo: 07.30–17.00; Di–Fr: 07.30–24.00; Sa: 08.30–24.00; So: 08.30–17.00 / www.undflora.at

Das neue Hotel Gilbert hinter dem MuseumsQuartier ist mit seiner komplett begrünten Fassade leicht zu erkennen. Drinnen geht es dschungelartig weiter, was der im Zentrum des Hotels gelegenen Cafe Brasserie gleich ein leger-spielerisches Ambiente verleiht. Auf mehreren Ebenen lässt es sich hier großartig frühstücken, abhängen und dinieren. Am Abend liefert Küchenchefin Parvin mit ihrem Frauen-Team gemüselastige Küche, zum Frühstück wird Ungewöhnliches serviert – wie Karotten Tatar, Dashi Ei und Breakfast Cocktails. Man kann aber auch nur auf einen Kaffee vorbeischauen. Ein fescher Hotspot für alle Lebenslagen.

11

575SAGMEISTER

Altes Gasthaus, neu belebt

Schimmelgasse 11, 1030 Wien / Mo–Fr: 16.00–24.00; Sa–So: 11.00–24.00 / www.575sagmeister.at

Nach jahrelangem Leerstand wird am Paulusplatz nun großartig gekocht. Natürlich mit regionalen Zutaten (das 575 im Namen bezeichnet den Kilometer-Umkreis, aus dem die Produkte stammen) und mit Bezug auf die Wiener Küche. Aber halt mit Twist! Das grandiose Gulasch kommt mit Bitterschokolade-Bier-Safterl und der Zucchinisalat wird in Zitronen-Dressing serviert. Auch die Optik macht Spaß: Die alten Holzbänke blieben, wurden jedoch mit einem wilden Mix aus Stoffen neu bezogen. Riesige Pfauen schmücken die Rückwand des Lokals, die Krickerl an der Wand wurden knallrot lackiert. Sogar eine Kegelbahn gibt's. Lässig!

12

FAIN

Schon mal Blattrippen-Grüntee gekostet?

Gumpendorfer Straße 27, 1060 Wien / Mi–So: 12.00–22.00 / www.fain.wien

Nun, die asiatische Küche ist ja nicht wirklich berühmt für ihre umwerfenden Nachspeisen. Matcha-Eis und fertig. Umso interessanter mutet die Idee an, europäische Patisserie mit asiatischen Zutaten zu kreieren – und genau das tun die Macher des Hot-Pot Lokals „Mama Liu & Sons" in ihrer neuen Konditorei. Yugu-Kokos-Schnitte, Dangos, Mango Tiramisu, Matcha Cheese Cake und Haselnuss-Sesam Pralinée mit Sticky Rice wollen alle gekostet werden und schmecken apart. Man sitzt in modern lässiger Umgebung, auch Cocktails werden hier serviert und ein modernes Teehaus ist es obendrein. Das hatte Wien noch nie!

Porzellangasse 1, 1090 Wien
Do–Sa: 12.00–19.00; So: 12.00–17.00
www.ausgabe.wien

AUSGABE

KIOSK MIT KULTUR UND GUSTO

So geht Wien: Junge Köchin und junger Koch schnappen sich einen ausgedienten Zeitungs-Kiosk neben dem Servitenviertel und machen draus ein Standl für Kost und Kultur. Statt langweiliger Würschtel werden hier perfekte Ganslburger und Gomasio-Karotten auf die Hand serviert, vor dem Kiosk liegt ein Perserteppich und als Nachspeise gibt's Hagebutten-Schaumrollen. Klingt jetzt eleganter als es ist, denn trotz allem geht's um einen schnellen, unkomplizierten Imbiss. Nur dass halt auch mal kleine Lesungen oder Konzerte rund ums Standl stattfinden und Keramik befreundeter Künstler verkauft wird.

14

BRASSERIE ZÖGERNITZ

Biedermeier-Juwel mit neuer Bestimmung

Döblinger Hauptstraße 76, 1190 Wien / *Di–Sa: 15.00–23.00* /
www.brasserie-zoegernitz.com

Ein Haus mit Geschichte: Das alte Casino Zögernitz wurde 1837 eröffnet und avancierte mit seinem „reich dekorierten Saal" zum beliebten Treffpunkt der besten Wiener Gesellschaft. In den letzten Jahren wurde es still um das Biedermeier-Juwel, bis Marco Simonis dort eine Brasserie eröffnete. Mit Blümchen-Tapete, Marmor, knallbunten Möbeln und Neon-Mustern am Plafond – eine wilde, aber dennoch elegante Mischung. Gekocht wird mit französischem Touch, ob Moules frites (kleine Miesmuscheln) mit Pommes oder Saibling mit Trüffel. Schmeckt auch sehr elegant. Der Clou: der wunderschöne Garten.

15

CAFE BELLARIA

Aus alt mach neu

Bellariastraße 6, 1010 Wien / Mo–Mi: 08.00–24.00; Do: 08.00–01.00; Fr: 08.00–02.00; Sa: 09.00–02.00; So: 09.00–24.00 / www.cafebellaria.at

Das Bellaria, 1870 eröffnet, ist das älteste noch immer in Betrieb befindliche Kaffeehaus Wiens. Sieht man der alten Dame aber gar nicht an – sie wurde nämlich gerade aufwendig renoviert und ins 21. Jahrhundert gebeamt. Der Boden etwa wurde aus Beton gegossen, die alte Kuppel und der Stuck aber wunderbar saniert. Geöffnet ist täglich von früh bis spät, die Frühstückskarte – von Eggs Royal bis Passionsfrucht Porridge – ist riesig, das Steak frites zu Mittag schmeckt ausgezeichnet und am Abend werden tolle Drinks serviert. Sieht chic aus und eignet sich für jede Lebenslage: So geht Kaffeehaus heute!

KENT IM DOMENIG HAUS

Star-Architektur trifft auf türkische Küche

Favoritenstraße 118, 1100 Wien / *Mo–So: 07.00–24.00* /
www.kentrestaurant.at/favoriten/

Wer das Domenig Haus in der Favoritenstraße einmal erblickt hat, wird sich immer daran erinnern. Mit seiner fließenden Fassade aus gewölbten Edelstahlplatten zählt es zu den wichtigsten Bauten jüngerer Architektur in Österreich. Seit Jahren stand es leer, doch nun ist wieder Leben eingekehrt – und wie! Die türkische Restaurant-Kette Kent hat auf vier Ebenen ihr neuestes Lokal eröffnet. Türkische Musik, bestens gelaunte Kellner, viel Trubel und die klassische Kent-Küche passen witzigerweise perfekt in das moderne Ding mit seiner Beton-Optik und den riesigen Rohren. Muss man gesehen haben!

18

AUGORA

Fermentiertes in Szene gesetzt

Stumpergasse 1, 1060 Wien / Di–Do: 10.30–19.00; Fr: 10.30–22.00; Sa: 13.00–22.00 / www.augora.at

Fermentieren ist ja einer der wichtigsten Koch-Trends unserer Zeit, und Alexandra Liberda ist eine Könnerin auf dem Gebiet. Die Quereinsteigerin hat eine feine Greisslerei eröffnet, in der es von Kimchi über Salzzitronen bis Walnuss-Miso Spannendes zu kaufen gibt. Täglich werden außerdem wechselnde Gerichte mit fermentierten Komponenten gekocht, sowohl für Take-Away als auch für den elegant-chicen Restaurantteil. Unter der Woche wird Mittagesssen serviert (Kräuterseitlinge mit Bergamotten-Polenta und Zitronentempura schmecken köstlich!), Freitag und Samstag wird die aufwendige Abendkarte rausgeholt.

WEIN & CO SCHOTTENTOR

Wein-Shop, Bar und Bistro

Universitätsring 12, 1010 Wien / Mo–Mi: 09.30–24.00; Do–Sa: 09.30–01.00; So: 11.00–22.00 / www.weinco.at

Der Hingucker ist ganz klar das Lichtdesign: 80 Burgunder-Flaschen wurden zu extravaganten Lampen umgestaltet und beleuchten den Galeriehimmel. Auch sonst ist die Shop-Bar nach dem monatelangen Totalumbau sehr sehenswert geworden. Wie immer bei Wein & Co herrscht hier das Konzept „Shop=Weinkarte“. Aus der größten begehbaren Weinkarte der Stadt wählt man im Shop einen aus 1.500 Weinen und lässt ihn – bei Bedarf in Minutenschnelle perfekt temperiert – gegen eine geringe Servicepauschale an der Bar einschenken. Auf zwei Ebenen kann man auch sitzen und Kleinigkeiten aus der Bistro-Karte bestellen.

CAFE FREUD

Hochmodern und praktisch

Berggasse 17, 1090 Wien / Mo–Fr: 10.00–20.00 / www.cafefreud.at

Neben dem Freud Museum im ehemaligen Wohnhaus von Sigmund Freud hat ein neues Kaffeehaus eröffnet. Sehr modern, sehr puristisch eingerichtet, sehr netter Service – und der Namensgeber schaut als Mural streng auf alle Besucher runter. Die Speisekarte ist klein und besteht aus (hervorragendem) Toast und Kuchen. Dafür ist die Getränkekarte umso ausgesuchter: Der Kaffee stammt von Süßmund, der hervorragende Tee vom Demmer, die Weine von heimischen Winzern. Steckdosen neben jedem Tisch und kostenloses WLAN machen das Cafe auch für längere Aufenthalte wirklich praktisch. Ja, hier sitzt man gut.

21

LIEBLING IM VOLKSTHEATER

Charmant, bunt, smart

Arthur-Schnitzler-Platz 1, Seite Burggasse, 1070 Wien / *Mo–Sa: 09.00–24.00* / *www.instagram.com/cafeliebling_im_volkstheater*

Genau das ist Wien! Selbst im lärmigsten Metropolen-Treiben tun sich kreative Inseln der Ruhe auf. Zum lang Frühstücken, zum Rumhängen oder gut Essen. Wie beim Liebling im Volkstheater: Der kuschelige Garten auf der Burggassen-Seite des Volkstheaters, die bunten Stühle innen und die retro-pastelligen Nelkensträußchen auf jedem Tisch trotzen dem wildem Stadtleben rundherum, dazu schnabuliert man absolut köstliches Pilzrisotto und Apfelkuchen – so geht das feine Leben. Vor dem Umbau des Volkstheaters lag hier die Tageskassa, nun residiert ebenda das Kaffeehaus und öffnet das Theater auch tagsüber. We love it!

MAIZ

Tortillas und Tacos

Schönbrunner Straße 32, 1050 Wien / Mo–Di: 12.00–18.00; Mi–Fr: 12.00–22.00 / www.maiztortilla.at

Wo gibt's denn so was? Schmeckt original wie in Mexiko, wird aber komplett in Margareten fabriziert. Monika Sims, die lange in Los Angeles lebte und daher weiß, wie echte Tacos zu sein haben, bäckt nicht nur perfekte Fladen. Sie stellt den Maisteig hochkompliziert auch selbst her – aus Mais von heimischen Bio-Bauern in einer Technik namens Nixtamalization, die schon die Azteken anwendeten. Dadurch wird der Mais leichter verdaulich und die Tacos himmlisch weich. Gefüllt wird mit täglich wechselnden Variationen, wobei immer eine vegetarische Kreation dabei ist. Und alle schmecken hervorragend.

JOHN DÖNER

Biozertifiziert und kreativ

Marc-Aurel-Straße 7, 1010 Wien / Di–Sa: 11.30–19.00 / www.john-doener.at

So gab's Döner in Wien noch nie! Erstens: Bei John Döner kann man das gefüllte Brot zwar auch einfach zum Mitnehmen abholen, aber vor allem kann man in dem netten Lokal chic sitzen. Zweitens: Alles, wirklich alles ist hier bio! Und drittens: Bei John gibt es sogar Döner mit Lachsforelle. Oder alles veggie. Und man kann sich aussuchen, ob man das Ganze als Döner, als Dürüm oder als Bowl möchte. Das köstliche Fladenbrot kommt von Joseph, Huhn und Fisch schmecken exzellent und bei den Toppings ist man mit Raclette-Käse oder Hanfsamen auch auf der kreativen Seite. Echt sehr sympathisch!

24

MATCHA KOMACHI

Grüße aus Japan

Hoher Markt 8-9, 1010 Wien / Mo–So: 11.00–22.00 / www.matchakomachi.com

In der Operngasse begann der Siegeszug des kleinen japanischen Schmuckstücks Matcha Komachi. Mittlerweile wurde schon das dritte Lokal eröffnet, das aktuellste – diesmal deutlich größer – liegt am Hohen Markt. Dort reist man bei traditionellen Köstlichkeiten wie japanischen Tapas, Onigiri, Udon-Suppen, Ramen und Donburi Currys geschmacklich nach Japan. Dazu passt Matcha Tee (den gibt's hier übrigens auch als Smoothie und Eis) sowie gut gekühltes Kirin Bier. Man sitzt hier auch wirklich nett: Der große Raum ist lichtdurchflutet und von der Decke hängen wie Fahnen wunderschön gemusterte japanische Stoffe.

MEINKLANG

Biodynamisches Essen vom Demeter Hof

Margaretenstraße 58, 1050 Wien / Di–Sa: 09.00–21.30 / www.meinklang.at

Als Shop ist das Gourmet-Paradies des Demeter-Hofs vom Neusiedlersee ja schon bekannt. Aber mittlerweile kann man in dem mit viel Holz schön gestalteten Geschäft auch essen. Und das in großartiger Qualität! Die Karte ist klein, aber die Lebensmittel, die am Meinklang Hof produziert werden, suchen ihresgleichen. Zum Frühstück kann man das vor Ort gebackene Brot mit Zwetschken-Marmelade oder für den deftigen Geschmack Krainer mit Linsenhummus wählen. Zu Mittag wird Gemüsiges wie Kürbis mit Grünkohl, aber auch Tartare von den eigenen Angus Rindern serviert. Und Wein vom Hof gibt's natürlich auch immer.

Wolfganggasse, 1120 Wien
www.gleisgarten.com

GLEIS//GARTEN

NEUES LEBEN IN ALTEN GEMÄUERN

Jetzt ist es endlich soweit: Wien bekommt seine erste Foodhall! In der ehemaligen Remise der Badner Bahn in Meidling halten mehrere Gastronomieprojekte, eine Brauerei sowie eine Brennerei Einzug. Für Kunst und Kultur werden zudem drei Bühnen zur Verfügung gestellt. Ursprünglich war die Eröffnung für Herbst 2022 geplant, dank Corona und Lieferproblemen wurde Anfang 2023 draus. Was in London und Amsterdam schon längst Alltag ist, gilt auch für Wien: Die Foodhall ist nicht nur Grätzelzentrum für die Anwohner, sondern durch den witzigen Gastro-Mix auch ein Hotspot für alle Wiener – in ungewöhnlicher Architektur!

MODI1080

Spezialitäten aus Georgien

Alserstraße 11, 1080 Wien / *Di–Fr: 16.00–23.00; Sa+So: 13.00–24.00* / *www.modi1080.at*

Dass man im Restaurant aufgefordert wird, aufs Besteck zu pfeifen und mit den Fingern zu essen, passiert eher selten. Doch die sympathische Dame im Modi hat recht: Georgische Khinkali, also gefüllte Teigtaschen, schmecken so am besten. Auch das Khachapuri (mit Käse gefülltes, frisch gebackenes Brot) mundet köstlich, da darf man Gabel und Messer wieder verwenden. Da alles in diesem georgischen Spezialitäten-Restaurant frisch gekocht wird, kann das Essen schon mal länger dauern. Macht aber nichts, das wird durch die Herzlichkeit hier locker wettgemacht. Modi heißt auf deutsch ja auch „komm herein".

NAPOLEON

Originell und bodenständig

Kagraner Platz 33, 1220 Wien / Di–So: 11.30–23.00 / www.napoleon.wien

Vom ersten Tag an war es regelrecht überrannt: Das neueste Gastro-Projekt der Cafetier-Familie Querfeld nennt sich Napoleon und liegt tief drinnen in Kagran. Für das uralte und jetzt neue Gasthaus wurde der aus 1494 stammende Freihof komplett renoviert. Jede der unzähligen Stuben und Gasträume wurde anders möbliert – immer witzig, oft schräg (mit Foto-Tapeten und gestickten Bildern), auf jeden Fall originell. Aus der Küche kommt typisch Wienerisches mit Twist (auch für Vegetarier) und Craft Beer. Dazu gibt's einen riesigen Garten und Service, der auch bei Stress nicht in die Knie geht. Das passt!

30

NENI AM WASSER

Tel Aviv-Küche am Donaukanal

Donaukanal Höhe Obere Donaustraße 65, 1020 Wien / Di–Fr: 17.00–24.00; Sa: 11.30–24.00; So: 12.30–20.30 / www.neni.at/restaurants/am-wasser/

Ein bisschen umgewöhnen muss man sich schon. Aus dem offenen, lebendigen und immer ein bissl chaotischen Tel Aviv Beach am Donaukanal ist ein fixes Restaurant geworden – wetterfest (also auch im Winter bespielbar), wenige Frischluftplätze, große Karte. Die Optik, angelehnt an das Neni Mallorca, macht Sommerlaune. Eigens entworfene Möbel, Farben in erdigen Tönen, jede Menge Kakteen und Bastlampen verbreiten Boho-Feeling. Die Küche ist bekannter Neni-Style, von Mezze über Fisch in der Salzkruste bis zu Steaks. Aber Achtung auf die Öffnungszeiten: Unter der Woche ist nur am Abend offen.

NEUE HOHEIT

Die Leichtigkeit des Seins

Tuchlauben 4, 1010 Wien / Mi–So: 12.00–14.30, 18.00–22.30 /
www.rosewoodhotels.com/en/vienna/dining/neue-hoheit-brasserie

Wenn Schnörkellosigkeit auf exklusives Laissez-faire trifft und es trotz der Eleganz leger zugeht, dann klingt das nach Luxus des 21. Jahrhunderts. Zuerst muss man aber rein ins Hotel Rosewood und mit dem Lift in den 6. Stock hochfahren. Dort wartet – mit Blick auf die wunderschönen Häuser der Altstadt – nicht nur ein Dining Room, sondern auch eine Show Küche. Man sitzt am Tresen, plaudert mit den Köchen und schaut zu, wie feine Brasserie-Gerichte entstehen. Eine Hauptrolle spielt dabei der Josper-Grill, auf dem frisch vom Markt Côte de Boeuf oder Oktopus zubereitet werden. Für die eleganten Momente des Lebens ;-)

32

GOLDENER PAPAGEI

Kaffeespezialitäten mit Grünzeug

Praterstraße 17, 1020 Wien / Mo–Fr: 08.00–20.00; Sa+So: 09.00–20.00 / www.goldenerpapagei.at

Die Pasteis de Nata schmecken fast wie in Portugal, das Pain au chocolat ist köstlich, für den größeren Hunger gibt es Tapas und der von Hand gepflückte, brasilianische Kaffee, der aus der kultigen Marzocco zischt, könnte nicht besser sein. Dennoch ist der Goldene Papagei kein normales Cafe. Denn das ausnehmend geräumige, sehr modern und reduziert möblierte Tageslokal ist gleichzeitig ein Blumengeschäft. Die Pflanzen – vom Mini-Frauenhaarfarn bis zur ausgewachsenen Glückskastanie – sind nicht nur Deko in dem ansonsten undekorierten Cafe, sondern können auch alle gekauft werden. Sieht gut aus und ist praktisch!

PONYKARUSSELL

Viel origineller geht's nicht

Karl-Kolarik-Weg 1, Prater 86a, 1020 Wien / *Mo–So: 09.00–21.00* / *www.ponykarussell.at*

So, jetzt mal ein bisschen Heimatkunde und Wien-Wissen: Das Ponykarussell im Prater ist älter als das Riesenrad, der Kuppelbau stammt nämlich aus 1887. Natürlich laufen da heute keine Ponys mehr sinnlos im Kreis, dafür wurde das heruntergekommene Gebäude mitten im Wurstelprater in ein stylishes Cafe umgebaut. Mit rosa-goldener Kuchentheke, Urwald-Tapeten am Plafond und mexikanischen Fliesen – ein Insta-Traum. Und ein guter Tipp für FrühstückerInnen: Täglich bis 14:00 Uhr werden Thum Schinken, Eggs Benedict, Öfferl-Brote und großartiger Kaffee serviert. Achtung: Am Wochenende ist's voll und laut.

34

PRATERWIRT

So geht Gasthaus modern

Praterstraße 45, 1020 Wien / Mo–So: 11.30–24.00 / www.praterwirt.com

Nach der ungewöhnlichen „Feuer-Küche" des Dogenhofs hat sich das Team nun ein klassischeres Thema vorgenommen: Nicht weit vom Dogenhof entfernt wurde ein echtes Wirtshaus eröffnet – mit viel Platz, unpasteurisiertem Budweiser frisch aus dem Tank und vor allem einer eigenen Fleischerei. Gleich wenn man eintritt, steht man beim Metzger und verlockenden Imbissangeboten. Erst dahinter kommt das fesche, reduziert möblierte Gasthaus. Das panierte Surschnitzel ist butterweich, die Kalbsleber mit Äpfeln schmeckt schlicht großartig. Und wer kein Fleisch mag, isst Krauttascherl oder Spinatknödel.

STRÖCK FEIERABEND

Des Bäckers Küche rund ums Brot

Burggasse 52, 1070 Wien / *Mo–Fr: 06.00–19.00; Sa+So: 07.00–18.00* / *www.feierabend.stroeck.at*

Das Haus, in dem das neue Ströck Feierabend residiert, trug früher den Namen „Zu den zwei Rittern", also mussten beim Testessen natürlich sofort „Arme Ritter" probiert werden ;-) Die werden hier auch als pikante Version mit Prosciutto und Tomaten serviert. Schmecken perfekt für ein leichtes Mittagessen, es gibt aber auch Bowls und Burger und natürlich eine riesige Frühstückskarte. Gekocht wird überwiegend mit Bio-Produkten, das Gemüse kommt aus dem eigenen Garten im 22. Bezirk. Dazu die charmante Einrichtung und die riesige Brot-Theke – egal ob Date oder Freundinnentratsch, das ist das passende Lokal.

36

TORTERRIE

Gesamtkunstwerk für coole Naschkatzen

Nordbergstraße 2, 1090 Wien / Di–Do: 10:00–19:00; Fr–Sa: 10:00–22:00; So: bis 21:00 / www.facebook.com/torterrie

Nicht wundern, wenn man von außen trotz der riesigen Fenster nicht erkennt, worum es sich hier handelt. Nach dem Eintreten wähnt man sich in einer coolen New Yorker Galerie. Doch nein, das ist eine Dessert.Boutique – und zwar eindeutig die ungewöhnlichste von ganz Wien. Wenige ausgesuchte Möbel, meterhohe weiße Wände und auf einer Art Bar wenige Mini-Törtchen, die genauso modern aussehen wie das Lokal: Hier haben sich ein Torten-Meister und ein Architekt zusammengetan. Die süßen Kunstwerke schmecken einfach grandios! Ja, sie haben ihren Preis, aber wie oft kann man schon in einer New Yorker Galerie essen?

DAS GOLDSTÜCK

Mittagsglück im Dritten

Marxergasse 9, 1030 Wien / *Mo–Fr: 11.00–15.00* /
www.instagram.com/das_goldstueck_vie

Ob das Gemüse zu krumm, zu klein oder zu groß ist, ist den beiden sympathischen Besitzerinnen reichlich egal. Sie kochen mit gerettetem Bio-Gemüse, das vom Linzer Start-up „Afreshed" vor dem Wegwerfen bewahrt wird, oder mit Gemüse-Raritäten der „Dirndln am Feld" – und sie kochen großartig. Täglich werden zu Mittag vegetarische und vegane Leckereien produziert, geschmorte Purple Haze Karotten auf veganem Labneh etwa oder asiatische Soba Nudeln. Das fesche Lokal ist winzig, aber nebenan wird schon am „großen" Goldstück gearbeitet. Ein Glück, denn selbst die Kuchen sind hier der Hammer!

38

XO GRILL

Burger in der Gourmet-Version

Kettenbrückengasse 15, 1050 Wien / Di–Sa: 12.00–21.30; So: 12.00–20.00 / www.xo-grill.at

Das Wandern hat ein Ende! Nach diversen Pop-Ups in der ganzen Stadt haben die Jungs von XO Grill nun eine feste Heimstatt in der Kettenbrückengasse bezogen. Die Speisekarte ist immer noch nicht groß, aber ungewöhnlich. Die Hauptrolle spielt hier der Smash Burger – und der hat es in sich. Für das Patty wird XO Beef verwendet, Fleisch von alten Milchkühen, dessen ungewöhnlich intensiver Geschmack perfekt passt. Für jeden Burger wird das Fleisch frisch gegrillt und dann in ein Bun von Joseph Brot gepackt, zusammen mit sehr vielen Senfkörnern und Taleggio. Für Veggie-Fans gibt's das Ganze mit Pilzen. Köstlich!

O.M.K. HOHER MARKT

Omochikaeri: das japanische Deli

Hoher Markt 2, 1010 Wien / Mo–Sa: 11.00–21.30 / www.o-m-k.com

Das Mochi hat wieder Zuwachs bekommen! Mitten in der Stadt wurde eine große japanische Greisslerei eröffnet – von Saucen und Sake bis zu japanischer Keramik und Kochbüchern ist das Angebot breit gefächert. Aber im Gourmet Shop wird natürlich auch gekocht, und so kann man Sushi, Nudelsuppen und Donburis entweder als Take-Away mitnehmen oder vor Ort essen. An einem riesigen Community-Table oder (privater) an Einzeltischen lässt es sich lässig speisen, Lachs Sashimi und Korean Chicken schmecken Mochi-mäßig erstklassig. Die Betonwände, der Trubel und der herzliche Service liefern dazu das perfekte Metropolenfeeling.

40

PAUL&VITOS

Eine Ess.Bar mit kulinarischer Weltreise

Petersplatz 11, 1010 Wien / Mo–Do: 15.00–24.00; Fr+Sa: 12.00–24.00 / www.paulundvitos.wien

Jetzt muss die StadtSpionin erst mal von der Einrichtung schwärmen. Raumhohe Fenster, die Wände in zartem Pistaziengrün gehalten, samtbezogene Stühle, wunderschöner Fliesenboden und als Höhepunkt ein mundgeblasener Glasparavent von Künstler Robert Comploj in Rosa und Violett – das Paul&Vitos sieht echt verdammt schön aus! Und ist eine Mischung aus Cafe und Restaurant, frau kann hier den ganzen Tag reinschneien, auf einen kleinen Schwarzen oder doch zum Essen. Wichtig zu wissen: Die Portionen sind ziemlich klein, bei Hunger muss man mehreres bestellen. Welch kosmopolitischer Platz zum Verweilen.

WIENER CHIC

Kleine Oase mit Pariser Flair

Schönbrunner Straße 58, 1050 Wien / Mo–Sa: 09.00–19.00; So: 09.00–14.00 / www.instagram.com/wienerchic_58/

Entzückend: Das kleine Kaffeehaus lockt nicht nur mit verführerischen, französischen Süßigkeiten und Kaffee aus Costa Rica, sondern auch mit Eleganz und Stil. Vor sehr langer Zeit befand sich hier mal eine Handschuh-Manufaktur namens Wiener Chic – und die wurde von den jungen Besitzern aufwendig umgebaut und in ein Schmuckstück verwandelt. Ein Glück, dass die Ehefrau vom Chef Architektin ist ;-) So kann man nun Eclairs, Zitronentarte, Macarons und Mini-Cheesecakes stilvoll verdrücken und im Anschluss noch ein Baguette mit Nüssen oder perfekte Croissants mitnehmen. So was von chic!

CHEZ BERNARD

Dem Himmel recht nah

Im Hotel Kummer, Schadekgasse 20, 1060 Wien / Mo–Fr: 07.00–01.00; Sa+So: 08.00–01.00 / www.chezbernard.at

Das alte Hotel Kummer auf der Mariahilfer wurde von „Mr. Motto" Bernd Schlacher unglaublich aufwendig umgebaut und in ein fantastisches Boutique-Hotel verwandelt. Obendrauf thront jetzt eine moderne Glaskuppel, in der sich Restaurant und Bar befinden. Hier klappt alles wie am Schnürchen. Zum Frühstück: bestes Porridge aller Zeiten! Der Service: umwerfend nett! Der Ausblick: Hammer! Und eine Einrichtung, die trotz aller Eleganz wirklich heimelig wirkt. Man kann hier den ganzen Tag hervorragend essen oder nur einen Kaffee trinken. Wer auf die trubelige MaHü muss, hat jetzt ein neues Lieblings-Lokal.

CAFE RONDELL

Weitsicht Cobenzl

Am Cobenzl 96, 1190 Wien / Mo–So: 08.30–23.00 / www.weitsichtcobenzl.at

Der Verkehr auf der Höhenstraße wird deutlich zunehmen, denn am Cobenzl ist wieder Leben eingekehrt! Motto-Chef Bernd Schlacher hat sich gleich noch einer Wiener Legende angenommen und das gesamte Areal auf Vordermann gebracht: das Schloss und die Meierei am Cobenzl ebenso wie das legendäre Kaffeehaus, zusammen nennt sich das jetzt „Weitsicht Cobenzl". Das neue Cafe Rondell erinnert mit seinem eleganten Retro-Charme an den Vorgängerbau aus den 1950ern, nur dass jetzt alles um Klassen besser ist: Man isst besser, man sitzt besser und alles sieht besser aus als früher. Bloß die Aussicht auf Wien runter ist sensationell wie eh und je!

HOTELS

VIENNA CALLING

Vom bunten City-Hotel bis zum Luxus-Boutique-Hotel: Das sind die schönsten Neu-Eröffnungen.

Natürlich sind Hotels erst mal für Touristen gedacht. Aber mit ungewöhnlichen Bars und lässigen Restaurants sind die neuen Häuser für WienerInnen genauso attraktiv.

HOTEL MOTTO

Pariser Chic, Art Deco und Wiener Charme vermischen sich zu einem Gesamtkunstwerk: Das ehemalige Hotel Kummer wurde von „Mr. Motto" Bernd Schlacher detailverliebt und aufwendig umgebaut. Das Boutique-Hotel soll zeigen, wie moderner Luxus geht: elegant, ein bisschen verrückt und dennoch gemütlich. Restaurant und Bar befinden sich in der gläsernen Dachkuppel, ab 20.00 Uhr kann man Zimmer zum halben Tagespreis buchen.

Schadekgasse 20, 1060 Wien /
(01) 581 4500 /
www.hotelmotto.at

DIE JOSEFINE

Für die Wow-Momente im Leben! In einem Wiener Gründerzeithaus wurde der Glamour der 1920er und 1930er Jahre revitalisiert – ein wahrgewordener Traum aus Samt, Kristall-Lustern und Marmor. Jedes Zimmer ist anders möbliert, sogar Maisonette Suiten gibt es. In der Phonothek warten über 3.000 Vinyl-Schallplatten darauf entdeckt zu werden und im Untergeschoß befindet sich die Wiener Bar-Legende „Barfly's Club". Der große Gatsby hätte seine Freude!

Esterhazygasse 33, 1060 Wien / *(01) 588 70* / *www.hoteljosefine.at*

BASSENA

Jung, urban und farbenfroh: Das nach einem Wiener Kuriosum benannte Hotelkonzept hat mit zwei City-Hotels gestartet. Sowohl beim Prater als auch in der Donaustadt sind Community-Angebote neben dem modernen Design das Herzstück der Hotels. Der zentrale Küchentisch lädt zur Begegnung und der Bibliotheksbereich zum Verweilen und Arbeiten ein. Und natürlich gibt's auch eine echte Bassena mit kühl fließendem Wiener Hochquellwasser.

Messestraße 2, 1020 Wien /
(01) 727 27 150 /
Dr. Adolf-Schärf-Platz 6, 1220 Wien /
(01) 361 79 79 /
www.bassenahotels.com

HOTEL GILBERT

Von außen ist es schnell zu erkennen: Das Hotel direkt hinter dem MuseumsQuartier hat eine komplett begrünte Fassade. Das familiengeführte Haus verbindet kreative Lässigkeit mit entspannt-edler Atmosphäre, da gibt es Fancy Flats für Singles und Paare ebenso wie Terrassen-Lofts mit Blick über Wien. Wer sich etwas Extravaganz gönnen will, checkt in Zimmer 701 ein und genießt aus der eigenen Outdoor-Sauna mit Außendusche den Blick über die Stadt. Großartig: das Restaurant &flora!

Breite Gasse 9, 1070 Wien /
(01) 523 13 45 /
www.hotel-gilbert.at

NUMA WOOD

Rund 1.500 Fichten wurden zu Wiens erstem Vollholz-Hotel verarbeitet und ungefähr so viele Setzlinge wurden mittlerweile auch wieder vor den Toren Wiens ausgepflanzt. Sechs Stockwerke hoch stapeln sich die vorgefertigten Holzmodule, in denen sich fesche Appartements befinden. Die Gäste werden digital betreut, auch der Check-In funktioniert kontaktlos.

Mariahilfergürtel 33, 1150 Wien / *www.numastays.com*

THE LEO GRAND

Ein geschichtsträchtiger Ort hat sich in eine stylishe Adresse auf 5-Sterne-plus-Niveau verwandelt. Das renovierte Barockjuwel ein paar Schritte vom Stephansdom entfernt bietet 76 unglaublich liebevoll und detailreich eingerichtete Zimmer, im spektakulären Dachstuhl befindet sich die Leopold Suite. Passend zum Luxushotel kann man hier auch fein essen und im schönsten Schanigarten Wiens Platz nehmen.

Bauernmarkt 1, 1010 Wien / *(01) 90 606* / *www.theleogrand.com*

ROSEWOOD HOTEL

Elegantes, zeitloses Design ist das Kennzeichen der Luxushotel-Kette Rosewood, die nun ihr erstes Haus in Wien eröffnet hat. Die Preise liegen im allerobersten Segment, dafür präsentieren sich Zimmer und Suiten in einem raffinierten Wohnstil. Das Asaya Spa erstreckt sich über zwei Etagen, in den obersten Stockwerken thronen die Rooftop Bar und das Gourmet-Restaurant „Neue Hoheit“ mit einer umwerfenden Terrasse.

Petersplatz 7, 1010 Wien / *(01) 7999 888* / *www.www.rosewoodhotels.com/vienna*

THE AMAURIS

Der Name des neuen Luxus-Boutique-Hotels am Ring leitet sich vom gleichnamigen Monarch-Schmetterlingsfalter „Amauris" ab und symbolisiert Eleganz und Schönheit. Im geschichtsträchtigen Palais aus dem 19. Jahrhundert findet sich die Kunst der Eigentümerfamilie clever gemischt mit historischen Elementen und moderner Ausstattung. Das Glasswing Gourmet-Restaurant, die Bar und ein eigener Spa Bereich mit Dampfbad und Indoor-Pool locken auch die WienerInnen ins Hotel.

Kärntner Ring 8, 1010 Wien / *(01) 22 1 22* / *www.theamauris.com*

SUPERBUDE

Mal was anderes! Die Lobby als Wohnzimmer mit Kaminrakete, Buden (so heißen hier die Zimmer) die unterschiedlicher nicht sein könnten, dazu ein Café und am Dach ein Neni-Restaurant: Die Superbude am Prater ist ein Hotel für Junge und Junggebliebene. In der Kinobude findet sich ein fünf Meter breites Bett mit Mega-Leinwand, die Vierbettbude Friends hat Baumhausflair mit vier Kojen hoch über dem Boden.

Perspektivstraße 8, 1020 Wien / *www.superbude.com*

ZOKU

Zoku schuf eine neue Kategorie in der Hotelbranche: ein Home-Office-Hybrid. Die clever durchdachten, coolen Zimmer mit kleiner Küche eignen sich auch für längere Aufenthalte und verbinden die Vorteile eines Hotels mit dem Treiben eines pulsierenden Stadtviertels. Im obersten Stock befindet sich die tolle „Living Kitchen": Bar, Wohnzimmer, Work Space, Treffpunkt für Hiesige und Hotelgäste.

Perspektivstraße 6, 1020 Wien /
www.livezoku.com/vienna/

MAGDAS HOTEL

Unter allen Hotels der Stadt ist das eindeutig das ungewöhnlichste: Mit kleinem Budget, aber umso mehr Herzblut wurde ein ganzes Haus upgecycelt, ein ehemaliges Priesterseminar wurde mitsamt der Möbel gepimpt und in eine lässige Unterkunft mit öffentlichem Lokal verwandelt. Vor allem aber: Bis auf wenige Hotelprofis arbeiten in dem von der Caritas initiierten Projekt nur Menschen mit Fluchthintergrund! Menschen, die aus Not flüchten mussten, werden nun Gastgeber.

Ungargasse 38, 1030 Wien /
(01) 7200 288 /
www.magdas-hotel.at

JAZ IN THE CITY

Ein Hotel ganz im Bann der Musik: Alle Zimmer sind mit Plattenspielern oder bluethooth-fähigem Soundsystem ausgerüstet, in der „Rhythms Bar and Kitchen" gleich beim Eingang legen DJs auf, zudem können die Gäste täglich auch Live-Musik, Konzerte und spannende Sessions genießen. Ein witziges Konzept, das nicht nur Musikbegeisterte anlockt. Besonders nett: Jedes Zimmer ist mit einem „ready to use" Yoga Kit ausgestattet.

Windmühlgasse 28, 1060 Wien /
(01) 25 300 610 /
www.hrewards.com/de/jaz-in-the-city-vienna

MOOONS

Die Lage gleich gegenüber vom Hauptbahnhof ist zentral und trubelig. Dennoch bekommt man davon im Hotel kaum etwas mit. Das Haus mit seinen markanten runden Fenstern ermöglicht spannende Ausblicke, die Upper Space Zimmer ganz oben haben dank großer Panorama-Dachflächenfenster freie Sicht auf die Stadt. Beim Frühstück sind auch Vegetarier und Veganer gut unterwegs. Und ein stiller Innenhofgarten sowie die spektakuläre Rooftop-Bar machen das Hotel auch für Hiesige interessant.

Wiedner Gürtel 16, 1040 Wien /
(01) 96 226 /
www.mooons.com

HOTEL INDIGO

Was man aus einer Baulücke und einem Hof alles machen kann! Auf unterschiedlichen Ebenen und mit mehreren Innenhofgärten funktioniert das Hotel Indigo wie eine Muschel: nach außen hin abgeschlossen, innen luftig, überraschend und chic. Großzügig und lässig eingerichtet mit vielen Grünpflanzen haben alle Zimmer einen Balkon in die ruhigen Innenhöfe. Man kann kaum glauben, dass man sich neben der U-Bahn-Station Pilgramgasse befindet!

Rechte Wienzeile 87, 1050 Wien /
(01) 89 09 373 /
www.hotelindigo.com/vienna

SHOPS

SISTER*HOOD VIENNA

Schönes aus Frauenhand

Zollergasse 25, 1070 Wien / Mi–Fr: 11.00–19.00; Sa: 12.00–17.00 / www.sisterhood-vienna.com

Augenschmaus: ein strahlend heller Shop, angefüllt mit Home-Accessoires! Die Decken, Teppiche, Flechtwaren und Koch-Utensilien sind fairtrade und zum allergrößten Teil handgemacht von Frauen in Ländern, in denen Arbeit selten entsprechend entlohnt wird. Dem wollen die beiden Schwestern Veronika und Magdalena Kupfersberger entgegenwirken – weltweites Sisterhood quasi. Die Globetrotterinnen kennen die meisten ihrer Produzentinnen persönlich, schließlich sind sie regelmäßig in Afrika und Asien unterwegs. Und in Zukunft soll der Design-Shop auch Treffpunkt werden: für Yoga, Frauenkreise & Co.

SUPER.

Ausgesucht feine Dinge

Mittermayergasse 6, 1130 Wien / Mo, Mi–Fr: 10.00–18.00; Sa: 10.00–14.00 / www.super-vienna.com

Für cooles Design immer in die Innenstadt pilgern? Ist dank der Boutique „super." in Hietzing gar nicht mehr nötig: Außen eine hübsche alte Ladenzeile, ist das Innere in Weiß und Roségold ganz clean. Mode, Schmuck und Naturkosmetik sind vielleicht teurer als im üblichen Concept Store, aber dafür noch ausgewählter. Nur hier gibt's vergoldeten Schmuck vom Londoner Label Alighieri und die Modelinie von The Colorful Crew. Die ist tragbare Paperart auf Hoodies mit positiven Botschaften in fröhlich bunten Lettern. Von „super." selbst gibt's Tennissocken, Homewear und dazu einige kleine Labels aus Frankreich.

KÖRBCHEN

Handgenähte Dessous

Margaretenstraße 80, 1050 Wien / Mo–Sa: 11.00–18.00 / www.koerbchen-wien.at

Absolute Spitze! Die Lingeriemarke „Körbchen" kennt frau vielleicht schon, doch nun ist das Label übersiedelt und präsentiert seine selbstgenähte Wäsche in dem neuen, eleganten und großzügigen Atelier auf der Margaretenstraße. Die zwei Gründerinnen nähen noch immer selbst. „Das macht einfach Spaß", so der O-Ton der Mädls. Dabei arbeiten sie ausschließlich mit nachhaltigen Materialien und recycelter Spitze aus Italien und Deutschland. Bügel haben ihre BHs nicht, dafür sind alle Dessous bequem, alltagstauglich und dennoch chic. Kein Widerspruch, wie man sieht. Bademode gibt es übrigens auch.

CONSCHES

Umweltfreundliches Modelabel

Theobaldgasse 14, 1060 Wien / Mi–Fr: 11.00–18.00; Sa: 11.00–16.00 / www.consches.com

Und wieder haben wir einen feschen Eco-Fashion-Store mehr in der Stadt. Bei Consches gibt es ausgefallen gemusterte Kleider, Oberteile und Hosen aus umweltfreundlichem Material. Design-Quereinsteigerin Cornelia Lindner hat ihr aufregendes und oft buntes Fashionlabel als Alternative zu den schwarz-grau-beigen Basics vieler anderer Fairtrade-Marken gegründet. Entworfen wird in Wien, produziert in der Steiermark. Der Name Consches ist eine Mischung aus „Conscious“ (bewusst) und Cornelia Lindners Spitznamen „Consch“. Toll: Kleider-Größen von XS bis XXL lassen auch Plus-Size-Ladies fündig werden!

FEDER_KLEID.

In Wien gedacht, in Wien gemacht

Neubaugasse 80, 1070 Wien / Mo, Mi–Fr: 12.00–19.00; Sa: 11.00–16.00 / www.feder-kleid.business.site

Hier ist klar: Die Kombi macht's. Das fängt schon beim Betreten des Schauraums der Wiener Designerinnen Julie Strom und Johanna Adlaoui Mayerl an. Die rohen Backsteinwände lassen ihre Kreationen noch weiblicher wirken. Aber auch Julies verspielte Upcycling-Stücke (etwa ein tailliertes Kleid aus Bettlaken oder Blusen aus Polstern) und Johannas zeitlose Looks für moderne Seefahrerinnen (zarte Matrosenblusen oder cool gestreifte Overalls) harmonieren gegensätzlich gut. Hinter dem Ganzen steht außerdem ein schöner Gedanke, denn alles ist made in Wien – ganz ohne Zwischenhandel und ausgelagerte Produktion.

GLORE VIENNA

Mode mit ethischem Anspruch

Burggasse 52-54, 1070 Wien / Mo–Fr: 11.00–19.00; Sa: 11.00–18.00 / www.glore.de/Concept-Stores/Wien

Glore steht für globally responsible: Der deutsche Concept Store hat seit kurzem auch bei uns eine Dependance! Der Clou: glore verkauft keine eigenen Marken und Designs, sondern prüft die ökologische und soziale Nachhaltigkeit der angebotenen Green Brands nach. Das kann man in einer Zeit, in der sich auch High Street Fashion gern ein grünes Mäntelchen umhängt, sehr gut brauchen. Von Armed Angels über Rotholz bis Zeebraham gibt's einen Mix aus bekannten und neuen Marken. Der angenehm großzügige Shop in der Burggasse überzeugt auch mit großer Auswahl an fairen Jeans in vielen verschiedenen Größen.

PAPER REPUBLIC

Das ultimative Notizbuch

Augasse 5, 1090 Wien / Mo–Fr: 09.00–16.00 / www.paper-republic.eu

Support your local business mal anders: Die Wiener Notizbuch-Manufaktur paper republic exportiert in alle möglichen Länder, nun hat sie aber endlich in Wien ihren ersten „echten" Shop! Außen italienisches Leder, innen schwedisches Papier: Die Notizbücher überzeugen vor allem mit ihrer Nachfüllbarkeit. Ist ein Block voll, kann der nächste via Gummiband gleich eingespannt werden. Die Werkstatt befindet sich im 9. Bezirk und wurde nun also um einen Shop erweitert. Der besteht aus einer kleinen, sehr feinen Auswahl des Sortiments – wer's besonders fancy mag, kann sich gleich was ins Leder gravieren lassen.

LUDIANA

Vegan und nachhaltig

Spitalgasse 13, 1090 Wien / *Mo–Fr: 10.00–17.30; Sa: 10.00–17.00* /
www.ludiana.at

Ihren eigenen Haushalt gestalten Diana und Lukas schon jahrelang vegan und Zero Waste, ein „mindful lifestyle“ ist ihnen wichtig. Und der ist auch das Motto für ihren feinen, hellen Shop beim Alten AKH, den sie mit ihren Lieblingsprodukten befüllt haben. Da gibt es alles, was frau im alltäglichen Leben so braucht: Geschirr, Yogamatten, Körperpflege-Produkte, Essen – und das zu recht angenehmen Preisen. Die Dinge sind frei von Plastik, vegan oder aus nachwachsenden Rohstoffen produziert. Besonders nett: die wiederverwendbaren Wattestäbchen und die reißfesten Produkte aus recycelten Zementsäcken.

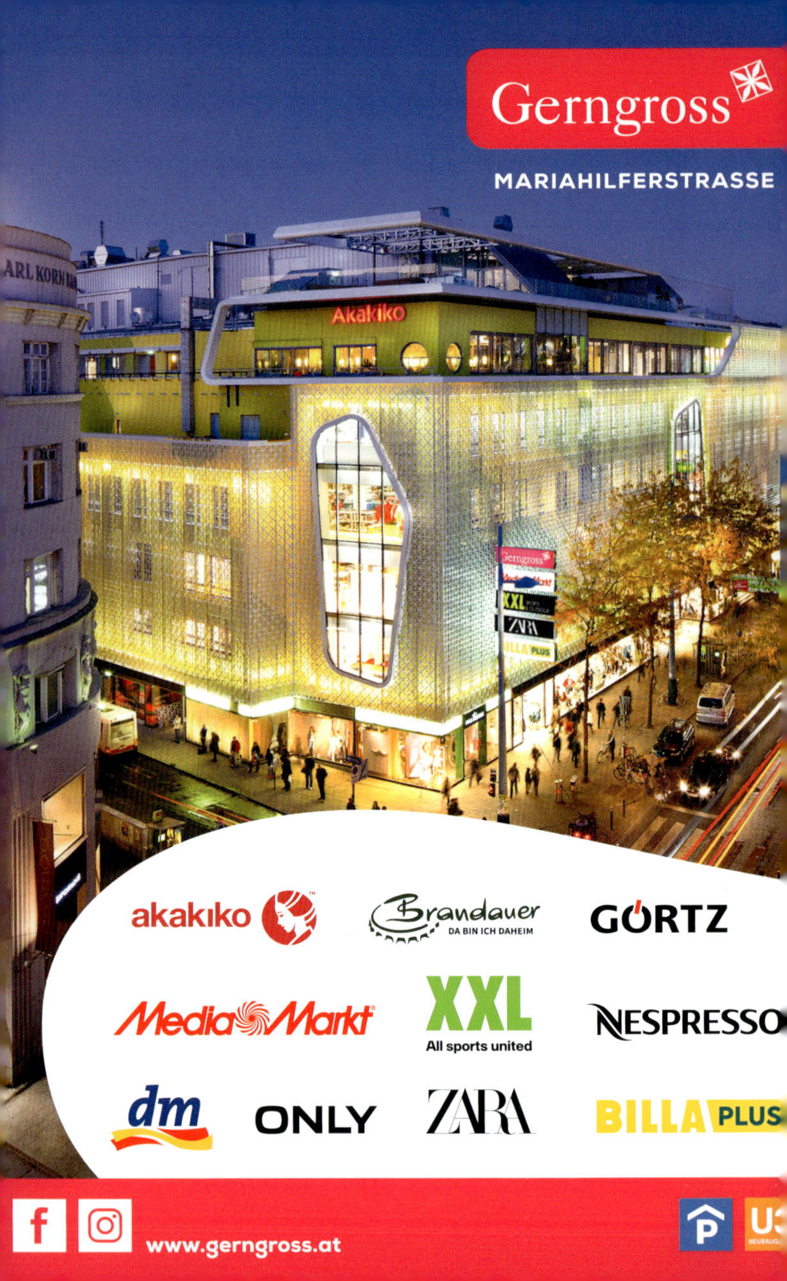
Gerngross
MARIAHILFERSTRASSE
Akakiko
akakiko
Brandauer
DA BIN ICH DAHEIM
GÖRTZ
MediaMarkt
XXL
All sports united
NESPRESSO
dm
ONLY
ZARA
BILLA PLUS
www.gerngross.at

VINTAGE COMMONE

Mode von 1920 bis 1990

Hofmühlgasse 20, 1060 Wien / Di–Fr: 15.00–20.00; Sa: 12.00–18:00 / www.commone.at

Ein Paradies für Freundinnen von High Fashion mit schmaler(er) Geldbörse! Der kleine Laden ist proppenvoll gefüllt bis unter die Decke – hier trifft man nicht auf labbrige Second-Hand-Mode, sondern auf ausgewählte Stücke von Fendi, Versace, Kenzo, Moschino, Dior & Co. Für eine Gucci-Tasche oder einen besonderen Burberry-Mantel legt man da schon mal ein paar hundert Euro hin. Besitzer Arian Alexander Commone möchte aber Vintage-Mode für jede zugänglich machen und bietet daher auch deutlich Günstigeres. Zudem gibt's bei Commone auch Stilberatung, damit man garantiert das richtige Stück findet.

HABARI JAPAN

Design und Handwerkskunst

Neubaugasse 34, 1070 Wien / Mo–Do: 11.00–19.00; Fr: 10.00–19.00; Sa: 10.00–17.00 / www.habari.at

Das Habari ist ja bekannt für seine schönen Wohn-Produkte aus Afrika, Lateinamerika und Europa, nun aber hat es einen fixen Japan-Ableger bekommen. Auf lichtdurchfluteten 110 Quadratmetern (im ehemaligen shu!) wird eine Vielzahl liebevoll zusammengetragener Artikel aus dem Land der aufgehenden Sonne präsentiert – von schlichten Reisschalen über Eßstäbchen und Sakebecher bis zu Bonbonniere-Dosen und Tellern. Hinzu kommen typisch japanische Wohn- und Living-Accessoires wie stylishe Bento Boxen oder farbenfrohe Furoshiki Tücher. Zeitlos-minimalistisches Design für Japan-Fans und Design-Aficionados.

RAMI TEA

Drei Damen und ihr Teehaus

Lerchenfelderstraße 94-98, 1080 Wien / Mi–Fr: 12.00–18.00; Sa: 10.00–18.00 / www.rami-tea.com

Tea(ch) me how to drink it – eindeutig Teresas, Anouks und Kates Lieblingsbeschäftigung. In ihrem Mini-Teehaus im femininen Scandi-Look verkaufen die drei von japanischen Grüntees über Oolongs aus Taiwan bis hin zu fermentierten Sorten aus China alles, was die Teekanne zum Jubeln bringt – Geschirr und Tee-Accessoires aus ihrer eigenen rami-Keramikwerkstatt inklusive. Daraus kann sich frau auch direkt vor Ort durch die duftende Teeauswahl schlürfen, während die Aufguss-Diven frisch aufgesetzte Tee-Geschichten servieren. Beim nächsten Besuch unbedingt nach der Story zu den „Bug bitten Teas“ fragen!

FESCHES KISTL

Feine Produkte von kleinen Produzenten

Gumpendorferstraße 115, 1060 Wien / Mo–Fr: 11.00–18.00; Sa: 11.00–17.00 / www.fescheskistl.at

Hier ist der Name Programm: Rustikale Holzkisten bieten Kleinst-UnternehmerInnen Platz, ihre regionalen, handgemachten Produkte zu verkaufen. Das Fesche Kistl ist ein nachbarschaftlicher Marktplatz, die Werkstücke kommen aus ganz unterschiedlichen Branchen. Viele haben etwas mit Upcycling zu tun: Beton-Kunst steht neben Schüsseln aus alten Ölfässern und Gläsern aus ehemaligen Bierflaschen. Aber auch in Wien hergestelltes Ketchup oder Prints und Illustrationen von noch unbekannten KünstlerInnen sind zu haben. Fürs Verweilen gibt's auch ein nettes Platzerl zum Sitzen sowie eine Kaffeemaschine.

WIENER KERZENMANUFAKTUR

Bienenwachs und Provence-Duft

Fleischmarkt 9, 1010 Wien / Mo–Sa: 10.00–19.00 / www.wienerkerzen.at

Mit Duftkerzen ist das ja so eine Sache: Von Suchtanwandlung über Ratlosigkeit bis hin zu Übelkeit können sie viele Gefühle auslösen. Hier überraschen sie – und zwar mit eleganter Zurückhaltung, genauso wie ihr Hersteller Andriy Sydor. Mit seiner Frau Oksana besaß der Ukrainer bereits in seiner Heimat eine Kerzenmanufaktur, die er aufgrund des Kriegs aufgeben musste. In seinem Shop – ein lässiger Mix aus uralten Räumen und Industrial-Style-Einrichtung – will er mit handgefertigten Kreationen aus ukrainischem Bienenwachs und Düften aus der Provence nun auch die Nasen der Wiener-Innen betören.

MSM KUNST ATELIER

Keramik-Atelier und Shop

Diehlgasse 2A, 1050 Wien / *Di–Do: 16.00–20.00; Fr–Sa: 11.00–20.00* /
www.msm-kunst.at

Töpfermeisterin Melanie Sophie Mahlknecht wollte eigentlich Töpfer-Kurse anbieten, pandemiebedingt hat sie das auf ein planbareres Später verschoben. Stattdessen bietet sie im Atelier jetzt ihr wunderschönes, handgemachtes Geschirr im portugiesischen Stil feil. Ihre Signature-Stücke sind coole, bunte Tischlampen aus Steinzeug-Ton, auch andere Deko-Gegenstände und Sonder-Anfertigungen jeder Größenordnung (von 3 bis 300 Stück) darf man sich hier wünschen. Das Atelier ist übrigens auch eine offene Werkstatt und beherbergt einen riesigen Brennofen – Mahlknecht besitzt einen der größten der Stadt.

74

THE TREASURY

Alles außer gewöhnlich

Bandgasse 28/3, 1070 Wien / Di–Sa: 12.00–18.00, Mo nach Vereinbarung / www.the-treasury.at

Auf Entdeckung im Design-Jungle! Versteckt in einem Hinterhof liegt ein großzügiger Loft-Space mit großen Fabriksfenstern. Der Blick hinein: minimalistische Küche, großes grünes Sofa, überall Mode von Avantgarde-DesignerInnen aus ganz Europa. Die Treasury ist nicht für jederfrau: Dieses gewisse unkonventionelle Etwas muss einem wichtig sein. Dann aber ist sie ein – zugegebenermaßen hochpreisiger – Design-Schatz! Man bekommt hier Style-Beratung und Unikate von Designerin Stefanie Hofer, Interieur-Inspiration von Claudia Maschke oder kann einfach nur schöne Dinge schauen. Und guten Espresso gibt's auch ;-)

NOORD

Studio für Scandi-Chic

Wickenburggasse 7, 1080 Wien / Sa: 11.00–16.00, Mo–Fr: nach Vereinbarung / www.noord.at

Eigentlich ist Andrea Widhalm ja Lehrerin. In der Karenz hat sie aber beschlossen, ihre Leidenschaft zum Beruf zu machen: Innendekoration, am liebsten skandinavisch. Schon war eine dänische Einrichtungs-Messe besucht! Weil aber Pandemie herrschte, war „noord" zunächst ein reiner Online-Shop voller origineller Wohn-Accessoires und hübschem Geschirr. Weil man seine Einrichtung aber vor dem Kauf auch angreifen will, hat Widhalm kurzerhand ein Mini-Schaulager eröffnet. Samstags kann man da vorbeispazieren, Duft-Kerzen von Paia Copenhagen riechen und Kissen von HK Living probekuscheln. Schön!

NANNA

Faszination für den Norden

Margaretenstraße 6, 1040 Wien / Di–Fr: 13.00–18.00; Sa: 10.00–17.00 / www.nanna-wien.at

Nanna ist ganz klar eine Liebeserklärung an den Scandi-Look! Der schnuckelige Einrichtungs-Store ist vom 6. Bezirk in die Margaretenstraße gezogen und hat sich nun voll und ganz auf Geschirr-Lieblinge und Deko-Schätze nordischer Designgrößen wie Broste Copenhagen, Lehne Bjerre und Nordal spezialisiert. Die schnörkellosen Formen und die cozy Beleuchtung machen den Shop perfekt für ein gemütliches Shopping-Erlebnis. Aber Achtung: Unbedingt Zeit mitbringen, denn es warten jede Menge Augenschmankerl darauf, entdeckt zu werden. Der StadtSpionin-Tipp: Die kunstvollen Postkarten sind besonders nett!

VELO PEACHES

Girls and Bikes

Spitalgasse 3, 1090 Wien / Di–Do: 11.00–19.00; Fr: 11.00–17.00 / www.velopeaches.com

Das hat in Wien eindeutig gefehlt: Velo Peaches ist ein feministischer Fahrradshop, in dem Offenheit, Gleichberechtigung und Bewusstsein gefeiert werden. Wenn man den Laden betritt, weht einem gleich der Geruch von Gummi um die Nase. Klar, hier gibt es Fahrradschläuche, Ersatzteile und Accessoires. Außerdem schicke, coole und schnelle Räder, unter anderem der Marken Omnium und 8bar aus Berlin. Die Rahmengrößen sind alle auch in X-Small erhältlich, speziell für Frauen. Reparaturen und Service erledigen die drei Besitzerinnen auch selbst – die haben sich übrigens beim Bikepolo am Drahtesel kennengelernt.

PROJECT

Kunst und Vintage-Mode

Alser Straße 41, 1080 Wien / Di–Do: 11.00–18.00; Fr: 12.00–19.00; Sa: 12.00–18.00 / www.instagram.com/project.shop.vienna/

Der Vintage Fashion-Store von Hanna Teglasy und Rayk Noah Schlotterer ist in mehrfacher Hinsicht eine Überraschung. Erster Wow-Moment: winziger Eingang – riesiger Shop! Zweite Sensation: Vintage ja, aber absolut kein Ramsch! Der Shop ist im designigen Boutique-Stil eingerichtet, die Second-Hand-Teile (vieles kommt von Hanna selbst) sind wie neu und vor allem echt leistbar. Auch wenn sie von Prada oder Maison Margiela stammen. Neben Kleidung gibt's hier übrigens auch monatlich neue Kunst zu erstehen und immer wieder mal sind Designer zu Besuch, um ihre Upcycling Second-Hand-Kreationen zu präsentieren.

ANGELEGT

Wiener Designerinnen

Worellstraße 2, 1060 Wien / Di, Do, Fr: 11.00–18.00; Mi: 09.00–18.00; Sa: 11.00–17.00 / www.facebook.com/AngelegtWien

Feine Idee: Da haben sich mehrere österreichische DesignerInnen zusammengetan und gemeinsam eine hübsche Boutique eröffnet. Auf den zwei Stockwerken kann frau sich von oben bis unten einkleiden – und das nicht nur zu erfreulich verträglichen Preisen, sondern auch noch fair und lokal produziert. Bei ihren Entwürfen greifen Lieblingsrock, MarS, Edith Langer und Marilyn Hirsch auch gerne Mal in den Farbtopf – vielleicht der Grund, warum sie den kleinen, feinen Shop eher in Weiß gehalten und minimalistisch eingerichtet haben. Gut zu wissen: Wenn es mal nicht passt, wird (ohne Aufpreis) passend gemacht.

SHEYN

Plissee aus dem 3D-Drucker

Lerchenfelder Straße 7, 1070 Wien / Mi–Sa: 12.00–18.00 / www.sheyn.at

Wer einmal eine Vase oder Schale von Sheyn gesehen hat, erkennt sie sofort wieder. Das ungewöhnliche Design ist reduziert und auffällig zugleich, ultramodern und dennoch zeitlos. Und dass die Stücke oft wie Architektur wirken, ist nicht verwunderlich – eine Hälfte des Designer-Duos ist Architekt. Erzeugt werden die hippen Vasen (aus Maisstärke!) vor Ort mit dem 3D-Drucker, 24 Drucker laufen mehr oder minder rund um die Uhr, um die große Nachfrage zu befriedigen. Auch Schmuck ist im Angebot, neuerdings werden sogar große Designs aus Beton gedruckt. Das Wort sheyn ist übrigens jiddischund heißt schön. Aber so was von!

WE ARE FLOWERGIRLS

Flowerpower der Blumenmädchen

Lange Gasse 70, 1080 Wien / Mo–Fr: 09.30–18.30; Sa: 10.00–17.00 / www.weareflowergirls.com

Französische Romantik trifft auf Wiener Charme. Die Flowergirls haben ihre erste Boutique eröffnet – mit offenem Atelier und angrenzender Werkstatt. Der liebevoll gestaltete, mintfarbene Laden erinnert an Pariser Boutiquen und zaubert gleich mal ein Lächeln ins Gesicht. Hier findet man nicht nur ewig haltbare, getrocknete Blumensträuße, handgemachte Blumenkränze aus Seidenblumen, Home Dekor und Fair Fashion, sondern man kann den Flowergirls auch live bei der Arbeit zusehen. Oder gleich selbst bei einem der Flower-Workshops dabei sein. Seidenblumen, Gräser und Trockenblumen können so stylish sein!

ROOF
TOPS

ISTROS

Der Flussgott im 8. Stock

Obere Donaustraße 61, 1020 Wien / So–Do: 16.00–00.00; Fr–Sa: 16.00–01.00 / www.radissonhotels.com/de-de/hotels/radisson-red-vienna/restaurant-bar

Das neue Hotel Radisson Red liegt am Donaukanal und hat sich einen verdammt schönen Rooftop gegönnt. Mit Rundum-Blick auf die ganze Stadt und einer Bar, die nach dem Flussgott der Donau benannt ist. Im Sommer lässt sich also das Gedränge am Donaukanal, auch pulsierendes Leben genannt, erste Reihe fußfrei betrachten. Geöffnet wird um 16:00 Uhr, man kann also auch auf einen Kaffee vorbeischauen. Aber mit der großen Cocktail-Karte ist das Istros eher was für den After-Work-Drink. Das Speisenangebot ist klein, aber witzig – Pulled Sacher Torte mit Marillen inklusive. Bei Regen wechselt man einfach nach drinnen.

MARIATRINK

Drinks mit Aussicht

Windmühlgasse 28, 1060 Wien / Mo, Do–Fr: 16.00–01.00; Sa–So: 11.00–01.00 / www.facebook.com/mariatrink

Im hippen Lifestyle-Hotel Jaz in the City dreht sich alles um Musik, da ist sogar die Rezeption ein Record Store. Ganz oben im 7. Stock liegt die Bar des Hotels. Natürlich hat da jedermann Zugang – und in der warmen Jahreszeit empfiehlt es sich dringend, auf die Terrasse zu wechseln. Die ist zwar nicht sehr groß, aber der Blick über das Dächergewirr des 6. Bezirks macht echt was her, vor allem am Abend. Hier geht es entspannt und herzlich zu und damit man die Cocktails besser trinken kann, gibt es kleine Snacks wie Pastrami Sandwich als Unterlage. Samstag und Sonntag wird auch Frühstück serviert.

PINK RABBIT @ MOOONS

Urbaner Hotspot mit Ausblick

Wiedner Gürtel 16, 1040 Wien / *Mo–So: 16.00–23.00* / *www.mooons.com/de/dachterrasse*

Das Mooons Hotel gegenüber vom Hauptbahnhof liegt höher als die meisten Häuser der inneren Bezirke – vom Dach aus hat man also einen sensationellen Blick über Wien. Ideal für eine Rooftop Bar. Wer lauschige Sommerabende in einer ungewöhnlichen Location verbringen will, sollte dem Pink Rabbit hoch oben am Hotel also einen Besuch abstatten. Der Rooftop ist klein und kuschlig, es gibt feine Drinks, eine winzige Barfood-Karte und eine Mörder-Aussicht. Auf der einen Seite liegen die schönen alten Häuser der Innenstadt, auf der anderen Seite das hochmoderne Viertel um den Bahnhof. So sieht man Wien selten.

HOTEL MOTTO ROOFTOP

Hoch über der Stadt

Schadekgasse 20, 1060 Wien / *Mo–So: 16.00–23.00* /
www.hotelmotto.at/chez-bernard

Motto-Chef Bernd Schlacher hat nicht nur das alte Hotel Kummer zu einem sensationellen Boutique-Hotel umgebaut, er ließ auch noch eine spektakuläre Glaskuppel oben draufstellen. In der ist einerseits das Restaurant „Chez Bernard" untergebracht, andererseits der Zugang zum Rooftop. Die fesche Dachterrasse thront hoch über der Mariahilfer Straße mit Blick bis zu den Wiener Weinbergen. Cocktails, feine Sommergerichte und gute Stimmung garantiert. Mit Service wird der Rooftop nur in der warmen Jahreszeit bespielt, aber wenn das Wetter passt, kann man trotzdem jederzeit aufs Dach – dann halt mit Selbstbedienung.

WHISPERING ANGEL

Ein Glas Rosé am Dachgarten

Friedrichstraße 7, 1010 Wien / Fr+Sa: ab 18.00

Es gibt Rooftop Bars, die liegen höher, da schaut man über die ganze Stadt. Aber wenn die Secession gegenüber mit ihrer goldenen Kuppel im Sonnenuntergang erstrahlt und der Naschmarkt im weichen Licht dahinfließt, dann reicht dieser Dachgarten im dritten Stock allemal. Auf dem Art Deco-Gebäude des „Kleinen Haus der Kunst" gelegen, öffnet die Frischluft-Bar immer am Freitag und Samstag für Genussliebhaber und Weinconnaisseurs. Denn durch eine Kooperation mit dem Weingut Château d'Esclans werden hier erlesene Rosé-Tropfen aus der Provence sowie feinste Rosé-Schaumweine und Cocktails serviert.

ZOKU

Wo jeder sein Platzerl findet

Am Hotel Zoku Vienna, Perspektivstraße 6, 1020 Wien / Mo–So: 07.00–22.00 / www.livezoku.com/vienna/de/

Selbst wenn das nicht so ein feiner Ort zum Essen und Chillen wäre – alleine die Dachterrasse ist der Hit und verlangt nach sofortigem Besuch. Man sitzt direkt am Wurstelprater, schaut runter auf all das verrückte Zeugs – und wenn dann noch die Sonne über der Stadt untergeht und alles in Orange taucht, wird es exzeptionell. Im obersten Stock eines hippen Hotels gelegen ist die Living Kitchen vieles auf einmal: Bar, Wohnzimmer, Treffpunkt für Hiesige und Hotelgäste. Lässig eingerichtet, dazu nette Service-Menschen aus aller Welt – ein kosmopolitischer Platz mit perfektem Brunch und toller Stimmung.

GOURMET
SHOPS

CHAMPAGNE CHARACTERS

Boutique für Perlendes

Kleine Sperlgasse 7, 1020 Wien / Di, Mi, Sa: 12.00–19.00; Do–Fr: 12.00–20.00 / www.champagne-characters.com

Endlich hat Wien eine Champagner-Boutique. Eigentlich kommt Champagne Characters, Marktführer für den Vertrieb von Winzerchampagner in Deutschland, aus München. Dort ist die Boutique mit Tagesbar so beliebt, dass sich Inhaberin Nicola Neumann für die Eröffnung einer Dependance in Wien entschieden hat. Mit ebenso besonderem Flair: In wunderschönen, stuckverzierten Räumen im 2. Bezirk kann man ab sofort schlürfen und romantisch verweilen. 300 verschiedene Champagner von Winzerfamilien sind im Angebot, ab 8 € pro Glas kann man alles möglich Perlende genießen. Gar nicht etepetete, einfach gut!

MOTTO BROT

Backkunst und Bio-Zutaten

Mariahilfer Straße 71, 1060 Wien / Mo–Fr: 07.00–19.00; Sa: 08.00–19.00; So: 08.00–17.00 / www.mottobrot.at

Erinnert ein bisschen an die schönen, alten Bäckereien in Paris: Motto-Gründer Bernd Schlacher eröffnete mit Brotexpertin Barbara van Melle eine neue Bäckerei auf der Mariahilfer Straße. Passend zum wunderschönen Shop mit seinen Blumenfliesen werden hier Brot, Gebäck und „Viennoiserien" mit viel Liebe (und Zeit!) hergestellt. Natürlich alles bio. Zum Einsatz kommen ungewöhnliche Getreidesorten wie Einkorn oder Waldstauden-Roggen aus dem Waldviertel, das Ergebnis sind – vom Neunerlei bis zum perfekten Baguette – Brote für Genießer, die auch optisch was hermachen. Und trotzdem nie überteuert sind.

WEINHANDLUNG VINODEA

Reine Frauensache

Lange Gasse 72/1, 1080 Wien / Mo: 16.00–18.00; Di–Mi, Sa: 13.00–18.00; Do–Fr: 13.00–19.00 / www.vinodea-weinhandlung.at

Hoch die Gläser! Darauf will nämlich angestoßen werden: Österreichs erste Weinhandlung nur für weiblichen Wein hat aufgesperrt. Vinodea präsentiert ausschließlich Winzerinnen aus Österreich und der Schweiz – von dort kommt Inhaberin Madlaina Sladecek-Dosch, die sich professionell durch Weinberge und Kellergassen gekostet hat. Im Sortiment hat sie Tropfen von Pionierinnen wie Heidi Schröck, Silvia Heinrich oder Birgit Eichinger, aber auch Jungwinzerinnen finden Platz. Weine aus Slowenien und Deutschland sind in Planung. Übrigens: Den „Wein des Monats“ gibt's immer gratis zu verkosten ;-)

MEINKLANG HOFLADEN

Gesunde Nahrungsmittel

Margaretenstraße 58, 1050 Wien / Di–Sa: 09.00–21.30 / www.meinklang.at

Der biodynamische Demeter-Hof Meinklang aus Pamhagen versorgt die Wiener seit den Lockdowns mit allem, was am Hof produziert wird. Und das ist eine Menge! Wein, Bier, Fleisch vom Angus-Rind, Lamm und Mangalitza-Schwein und fertig Gekochtes wie Gulasch im Glas. Gemüse, Kräuter und Blumen liegen offen im Regal und die Hollerblüten fischt man sich aus dem Korb. Der große Shop ist archaisch, aber stilvoll mit viel Holz eingerichtet. Und: Die Familie Michlits hat ihre Bäckerei vom Neusiedler See hierher verlegt. Täglich werden köstliche Sauerteigbrote gebacken, dazu Gebäck und feine Kuchen. Große Empfehlung!

MEINL AM GRABEN

Traditionshaus in neuem Gewand

Graben 19, 1010 Wien / Mo–Fr: 08.00–19.30; Sa: 09.00–18.00 / www.meinlamgraben.eu

Halleluja, der Mohr ist weg ;-) Aber nicht nur das Logo des 1950 eröffneten Kult-Feinkost-Tempels am Graben ist neu, auch der Laden selbst. Nach fünfmonatigem Umbau wirkt alles recht modern: neue Stiege, neue Regale, mehr Platz an den Fleisch-, Fisch- und Käsetheken. Das Sortiment ist unverändert exklusiv und international. Ein bissl Charme ist durch das Renovieren leider weggefallen, aber Fans veganer Gänseleber, echten Kaviars und origineller Wien-Mitbringsel (etwa Corned Deer von Hink) kommen im 1.200 qm großen Gourmet-Paradies nach wie vor auf ihre Kosten. Es gibt übrigens auch Hauszustellung.

INTERSPAR AM SCHOTTENTOR

Schmankerl statt Banktresor

Schottengasse 6-8, 1010 Wien / Mo–Fr: 07.30–20.00; Sa: 08.30–18.00 /
www.interspar.at/schottentor

Früher war das mal die Zentrale des Bankvereins – und dementsprechend nobel lässt es sich hier nun einkaufen. Nach aufwendiger Restaurierung zog der Supermarkt in die zentrale Kassenhalle des architektonischen Juwels aus 1912. Klar bekommt man hier alles für den täglichen Bedarf. Aber der exklusiven Umgebung geschuldet werden eben auch Gemüseraritäten, Wagyu Rind und Pasta vom Modelabel Dolce & Gabbana verkauft. Luftig, großzügig und mit sehr viel Platz: An einen normalen Supermarkt mit dem üblichen Gedrängel erinnert hier nichts. Übrigens: Gleich nebenan kann man im eigenen Restaurant „das Mezzanin“ auch essen.

GRAGGER & CIE

Wo das Feuer brennt

Wiedner Hauptstraße 50, 1040 Wien / Mo–Fr: 07.30–18.00; Sa: 07.30–14.00 / www.gragger.at

Die wichtigste Meldung muss natürlich an den Anfang: Die besten Salzstangerl der Welt gibt es beim Gragger. Hohes Suchtpotential! Nachdem das geklärt ist, nun also der Rest. Die ursprünglich aus der Nähe von Linz stammende Bäckerei von Helmut Gragger werkt so, wie man das jahrhundertelang tat: in reiner Handarbeit, mit viel Zeit (der Sauerteig für das französische Brot rastet 24 Stunden) und beeindruckenden Holzöfen. Natürlich sind alle Brote bio, vom „Panem Alta Murgia“ bis zum „Mühlviertler Vollkorn“. Und verkauft werden die wunderbar schmeckenden Laibe in einem lässig modernen Shop mit viel Holz.

A WORLD OF DELICIOUS FOOD

Kulinarische Weltreise

Himmelpfortgasse 13, 1010 Wien / Mo–Fr: 10.00–19.00; Sa: 10.00–17.00 / www.awodf.com

Nomen est omen. GenießerInnen tauchen mit Begeisterung in die Welt des „Delicious Food" ein! Über 200 ausgewählte Delikatessen aus aller Welt gibt es im historisch-eleganten Stadtpalais Erdödy-Fürstenberg zu entdecken. Etwa die exklusiven Tees, Biscuits und Jams des britischen Luxus-Labels Fortnum & Mason. Aber auch wer lange gereiften Aceto Balsamico aus Italien oder bestes Bio-Olivenöl aus Griechenland sucht, wird fündig. Der „Brigantes" Kaffee aus Kolumbien kommt aus Nachhaltigkeitsgründen tatsächlich per Segelschiff angereist. Und der denkmalgeschützte Stall im Shop ist wunderschön!

PFLANZILLA

Erste vegane Filiale von Billa

Mariahilfer Straße 42-48, 1070 Wien / Mo–Mi: 08.00–20.00; Do+Fr: 08.00–21.00; Sa: 08.00–18.00 / www.billa.at/sortiment-und-marken/pflanzilla

Knapp ein Drittel der 18- bis 29-Jährigen in Österreich isst kaum mehr Fleisch. Billa hat dem Rechnung getragen und (etwas versteckt im Untergeschoß des Gerngross) einen neuartigen Concept Store eröffnet, der über ein rein veganes Sortiment verfügt. In dem Mini-Supermarkt, dem ersten seiner Art in Österreich, werden über 2.500 rein pflanzliche Produkte angeboten: vegane Fleisch, Wurst- und Milchprodukte, Snacks, Süßes sowie Basisprodukte für pflanzenbasierte Gerichte – zum Teil unverpackt. Auch der non-food-Bereich überzeugt: Ein Regal voller Kochbücher regt zur Inspiration für plant-based Rezepte an.

Novaragasse 27/2, 1020 Wien
Fr: 14.00–18.00
www.weareferment.com/kiosk

FERMENT KIOSK

WIENS ERSTER KULINARISCHER KIOSK

Nein, Essen kann man hier nicht kaufen. Aber für hungrige LeserInnen ist das trotzdem die derzeit hippste Anlaufstelle von Wien. Im Ferment Kiosk werden ausschließlich Indie Food Magazine aus aller Welt verkauft. Da gibt es etwa das Cherry Bombe Magazine aus Brooklyn, das Frauen aus der Welt des Essens und Trinkens porträtiert. Oder das Fare Magazine, ein kulinarisches Reisemagazin aus Glasgow, das mit jeder Ausgabe in eine neue Destination eintaucht. Gemütliche Sessel vor Ort laden zum Schmökern ein – und Coffee Table Books, japanische Keramik sowie Indie Reiseführer sind ebenfalls im Angebot.

TIP TOP FROZEN MARKET

Tiefkühlkost für Gourmets

Pilgramgasse 10, 1050 Wien / Mo–Fr: 10.00–18.00; Sa: 10.00–14.00 / www.tiptopfrozen.at

Zuerst war es eine kreative Antwort auf Corona und Lockdowns: Da keine Events stattfanden, eröffnete Catering Unternehmerin Margit Köffler ein Pop-Up mit Wiens erstem Tiefkühlmarkt. Das lief so gut, dass nun ein echter Shop draus wurde! Vom Coq au Vin (großartig) über Kartoffel-Püree bis zum Polenta-Pilzstrudel wird laufend aus regionalen Zutaten gekocht und sofort schockgefroren. Im feschen Geschäft kann man die feinen Dinge dann nebst Produkten von befreundeten Herstellern kaufen. Zuhause muss man die hochwertigen, handgemachten Gerichte nur noch auftauen und erwärmen. Echt praktisch!

MILA MINIMARKT

Mitmach-Supermarkt

Haberlgasse 58, 1160 Wien / Di: 16.00–19.00; Fr: 09.00–19.00; Sa: 08.00–16.00 / www.mila.wien

Community Markets kennt man aus New York. Jetzt ist das Konzept auch nach Wien gekommen: Mila ist ein Mitmach-Supermarkt, der für faire Arbeitsbedingungen, Regionalität und Umweltschutz steht. Einkaufen dürfen nur Mitglieder, es gibt ausschließlich Bio-Waren von kleinen Betrieben zu günstigen Preisen. Da kann man etwa selbstgemachte Aufstriche von Balkan-Bäuerinnen (Bio-Balkan), mafiafreie Tomatensoße von Associazione NoCap oder Naturkosmetik erstehen. Bis die richtig große Location gefunden ist, wird im Minimarkt in der Haberlgasse getestet – für 2 € Probemitgliedschaft kann jedermann einkaufen!

KULTUR

ALBERTINA MODERN

Der zweite Standort der Albertina

Karlsplatz 5, 1010 Wien / *Mo–So: 10.00–18.00* /
www.albertina.at/albertina-modern/

Drei lange Jahre wurde das Künstlerhaus am Karlsplatz generalsaniert, dann zog neben der Gesellschaft bildender Künstlerinnen und Künstler auch die „Albertina modern" ein. Auf zwei Stockwerken gibt's moderne und zeitgenössische Kunst zu sehen, mit über 60.000 Werken von 5.000 Künstlerinnen und Künstlern zählt der zweite Standort der Albertina zu den großen Museen für die Kunst der Gegenwart. Auch die Sammlung Essl fand hier ihren neuen Platz. Schließlich soll in dem schönen Gebäude, einem Prestigebau des Historismus, auch die Kunstgeschichte Österreichs nach 1945 einen völlig neuen Stellenwert erhalten.

HEIDI HORTEN COLLECTION

Schwebende Treppen und ein Tea Room

Hanuschgasse 3, 1010 Wien / Mi–So: 11.00–19.00; Do: 11.00–21.00 / www.hortencollection.com

Heidi Horten, einst reichste Frau des Landes, ließ im 1. Bezirk ein Museum für ihre beeindruckende Kunstsammlung bauen. Dass die geborene Wienerin eine hochkarätige Sammlung besaß, wurde überhaupt erst 2018 bekannt, als sie im Leopold Museum eine Ausstellung zeigte, die zu Recht den Titel „Wow" trug. Picasso war da zu sehen, Klimt, Klee, Warhol. Das neue Museum überrascht: Anstatt berühmte Bilder klassisch zu präsentieren, ließ Horten ein altes Palais entkernen und in ein architektonisch höchst ungewöhnliches Museum verwandeln. In Wechselausstellungen wird nun gezeigt, was sie „lange glücklich machte".

THEATER IM PARK

Gekommen, um zu bleiben

Schwarzenbergpark, Eingang Prinz Eugen Straße, 1030 Wien /
www.theaterimpark.at

Das ist jetzt mal tatsächlich etwas, was wir Corona zu verdanken haben: das schönste Freiluft-Theater der Stadt! Im romantischen Privatgarten des Palais Schwarzenberg wurde unter der Ägide von Michael Niavarani eine Bühne aufgebaut – da man in geschlossenen Theatern nicht spielen durfte, wich man ins Freie aus. Da sitzt man also lauschig zwischen jahrhundertealten Bäumen und mit genügend Sicherheitsabstand und kann ein unbesorgtes Theatererlebnis im Grünen genießen. Gespielt werden Komödien, Kabarett und Konzerte – auf der Bühne stehen Stars wie Michael Mittermeier, Maria Happel und der Hausherr selbst.

MSL ZENTRUM

Erinnerung an eine große Architektin

Franzensgasse 16/40, 1050 Wien / *Di: 10.00–14.00; Fr: 14.00–18:00* / *www.schuette-lihotzky.at*

„Ich bin keine Küche", ärgerte sich Margarete Schütte-Lihotzky immer wieder, dass sie häufig auf ihr grundlegendstes Werk reduziert wurde: die Erfindung der Einbauküche. Die 1897 geborene Wienerin war eine Pionierin. Bereits Ende der 1920er Jahre konzipierte sie Wohnungen für alleinstehende, berufstätige Frauen – und entwarf in diesem Zusammenhang die funktionale „Frankfurter Küche". Nach dem Krieg ließ die Architektin ihre fortschrittlichen Wohnkonzepte auch in ihre eigene Wohnung einfließen – und die wurde nun inklusive Dachgarten in ihrem Original-Zustand renoviert und ist als Museum zu besichtigen. Empfehlung!

KULTURGARAGE

Neue Kultur für ein neues Stadtviertel

Am-Ostrom-Park 18, 1220 Wien / www.kulturgarage.at

Die Seestadt hat eine eigene Event-Location bekommen. In der Kulturgarage gibt's seit 2022 Theater, Musicals, Kabarett, Ausstellungen und mehr. Betrieben von den Wiener Volkshochschulen finden hier Kultur-Veranstaltungen statt, die auch für die kleinere Geldbörse erschwinglich sind. Gestartet wurde mit witzigen Musicals wie „Dracula" oder „Der kleine Horrorladen", auch das bekannte Rabenhof Theater bringt ausgewählte Produktionen und Rabenhof-Säulenheilige wie Maschek und Katharina Straßer nach Aspern. Der moderne, ziemlich große Theater-Saal ist übrigens nach Berta Zuckerkandl benannt.

EHRBAR SAAL

Ein Wiener Schmuckkästchen

Mühlgasse 30, 1040 Wien / www.ehrbarsaal.at

Erbaut wurde er schon 1876 als Teil des Palais Ehrbar, Bauherr war damals der Klavierfabrikant Friedrich Ehrbar. Als 2021 die legendäre Klaviermanufaktur Bechstein das „Musikquartier", einen Co-Working-Space für Musikschaffende, im Palais gründete, wurde das Haus aufwendig renoviert und der Ehrbar Saal zum Herzstück erkoren. Früher waren hier Koryphäen wie Johannes Brahms, Anton Bruckner oder Gustav Mahler zu Gast, selbst Kronprinz Rudolf besuchte hier Konzerte. Seit Herbst 2022 erstrahlt der elegante Konzertsaal in neuem Glanz, ist technisch auf dem letzten Stand und erfreut wieder mit Konzerten.

OTTO WAGNER KIRCHE

Am Höhepunkt des Jugendstils

Baumgartner Höhe 1, 1140 Wien / *Sa: 14.00–17.00; So: 11.00–17.00* / *www.wienmuseum.at/de/standorte*

Nein, natürlich ist die Kirche am Steinhof kein neues Bauwerk. Sie wurde 1904–1907 errichtet und ist die erste moderne Kirche Europas. Aber nun wurde sie dem Wien Museum angegliedert und das bedeutet: Ein Schlüsselwerk der Architektur des 20. Jahrhunderts hat regelmäßige Öffnungszeiten. Am höchsten Punkt der ehemaligen „Landes-Heil- und Pflegeanstalt für Nerven- und Geisteskranke" erbaut, wurde die gesamte Einrichtung der Kirche von Otto Wagner und seinem Atelier entworfen und ist ein einzigartiges „Gesamtkunstwerk" der Wiener Moderne – die großartigen Glasmosaikfenster von Koloman Moser inklusive.

FLOMYCA

Museum für junge Kunst

Morsegasse 1C, 1210 Wien / *Do+Fr: 17.00–21.00; Sa: 12.00–17.00* /
www.facebook.com/flomyca

Früher war das einmal eine Strickmaschinenfabrik: Das Floridsdorf Museum of Young & Contemporary Art ist ein Atelierspace für aufstrebende KünstlerInnen und bietet gleichzeitig auch Ausstellungsfläche für Präsentationen – ein Museum muss also nicht immer nur im Stadtzentrum gelegen sein. Mit wechselnden Themenausstellungen und einem Vermittlungsprogramm agiert das FLOMYCA seit Herbst 2022 als fixer Bestandteil der Kunstszene in Wien. Bis zu sechs KünstlerInnen können vor Ort in einem offenen Gemeinschaftsatelier arbeiten und so BesucherInnen auch Einblicke in die künstlerische Praxis geben.

KLEINES HAUS DER KUNST

Zwischen Naschmarkt und Karlsplatz

Friedrichstraße 7, 1010 Wien / *Mi–So: 11.00–18.00* /
www.kleineshausderkunst.at

Bekannt war es lange als „Verkehrsbureau", ein einzigartiges Baudenkmal aus der Hand der Otto Wagner-Schüler Heinrich Schmid und Hermann Aichinger. Der prestigeträchtige Bau aus der Zwischenkriegszeit beeindruckt durch Stilelemente aus Jugendstil und Art Déco – und beherbergte 2021 eine Dependance der aus Berlin stammenden „König Galerie". Das unter Denkmalschutz stehende Bauwerk befindet sich gegenüber der Secession und widmet sich wie diese der modernen Kunst. Galerist König, der auch eine Dependance in Seoul betreibt, zeigte Zeitgenössisches aus aller Welt – das soll auch nach seinem Abgang so bleiben.

GRÄTZEL

WIEN WÄCHST

Im ganzen Stadtgebiet entstehen neue Stadtviertel. Sie bieten neben neuem Wohnraum viel Platz für Kreatives.

Die drei hier vorgestellten Grätzel liegen alle zentral in der Stadt. Teilweise sind sie schon so weit gediehen, dass ein Besuch wirklich Spaß macht.

Flurschützstraße
Siebertgasse
Marx-Meidlinger Straße
Paula-von-Mirtow-Park
Hermann-Glück-Weg
Wolfganggasse
Eichenstraße
12

WOLFGANGGASSE

Auf dem historischen Areal der Badner Bahn im 12. Bezirk entsteht eines der neuesten Stadtviertel von Wien. Spannend ist hier, dass die Gruppe der Alleinerziehenden im Fokus steht: Erstmals wird für sie ein maßgeschneidertes Angebot geschaffen. Auf dem 31.000 Quadratmeter großen Gelände werden 850 geförderte Wohnungen gebaut. Zentrum des Grätzels ist Wiens erste Foodhall. In den großen Backsteinbau der

Gleis//Garten

ehemaligen Remise der Badner Bahn ziehen mehrere Gastroprojekte sowie Bühnen ein, trotzdem gibt es im **Gleis//Garten** keinen Konsumzwang (*Wolfganggasse, 1120 Wien* / *www.gleisgarten.com*). Das Traditions-Wirtshaus **Assmayer** mit seinem knorrigen Holzboden punktet schon heute mit Veranstaltungen und Konzerten. Und natürlich mit echter Wiener Küche. (*Klährgasse 3, 1120 Wien* / *www.assmayer.at*) Gärten säumen links und recht die Wolfganggasse, privat betreut von BewohnerInnen. Wer mitmachen will, meldet sich beim **Gartenverein** Wolfganggasse (*www.gartenwolfganggasse.blogspot.com*). Und weil der **Meidlinger Markt** ganz nah liegt, kann man nicht nur gut einkaufen, sondern in der **Wirtschaft am Markt** auch Haubenküche genießen (*Meidlinger Markt 89-92, 1120 Meidling* / *www.wirtschaftammarkt.at*).

Wirtschaft am Markt

Freie Mitte

DAS NORDBAHNVIERTEL

Das riesige Frachtenbahnhofsgelände der ÖBB im 2. Bezirk wurde für den Bahnbetrieb nicht mehr benötigt und so werden hier bis 2030 Wohnungen für 25.000 Menschen geschaffen. Die Bruno-Marek-Allee dient dabei als zentrale „Hauptstraße“, in der nordwestlichen Ecke des Geländes ist mit der **Freien Mitte** eine große Freifläche angelegt. Deren Herzstück – das seit dem Auflassen des Bahnhofs entstandene Biotop – wird unverändert als Stadtwildnis erhalten bleiben. Auch essen kann man schon sehr gut im Norbahnviertel. **Ullmanns Zuckerbäckerei** *(Walcherstraße 11A, 1020 Wien, www.ullmanns.at)* bietet nicht nur Süßes, sondern auch Frühstück und eine kleine, internationale Wochenkarte. Bei **gragger & chorherr** *(Schweidlgasse 25, 1020 Wien / www.gragger-chorherr.at)* haben Ex-Politiker Christoph Chorherr und Super-Bäcker Heli Gragger ein Social Business Projekt gestartet. In einem verglasten Ecklokal wurde eine Bio-Bäckerei mit angeschlossenem Nachbarschafts-Cafe eröffnet. Hier werden am Arbeitsmarkt benachteiligte Menschen ausgebildet. Auch ein **Habibi & Hawara** hat schon eröffnet *(Bruno-Marek-Allee 23, 1020 Wien / www.habibi.at)*, und **Leones** kümmert sich wie im 8. Bezirk um das perfekte Eis

gragger & chorherr

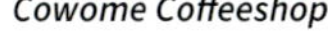

Cowome Coffeeshop

*O*books*

Salon Verde

(*📍 Bruno-Marek-Allee 21, 1020 Wien / 💻 www.leones.at*). Ganz in der Nähe versorgen Baristas im **Cowome Coffeeshop** Kaffeetrinker mit dem besten Kaffee weit und breit (*📍 Bruno-Marek-Allee 19, 1020 Wien / 💻 FB: CowomeVienna*). Ganz neu sind zwei besonders schöne Shops. Der **Salon verde** kümmert sich als Blumenhandlung um den Urban Jungle (*📍 Bruno-Marek-Allee 24, 1020 Wien / 💻 www.salonverde.at*). Und die hinreißende Buchhandlung **O*books** (*📍 Bruno-Marek-Allee 24, 1020 Wien / 💻 www.o-books.at*) hat einen Schwerpunkt auf Feminismus, Kinder- und Jugendliteratur.

Gleis 21

Wohnzimmer Sonnwendviertel

DAS SONNWENDVIERTEL

Ein Großteil der Bauprojekte ist bereits fertig gestellt, das Sonnwendviertel hinter dem Hauptbahnhof ist weit gediehen. Rund um den sieben Hektar großen Helmut-Zilk-Park wurden Wohnungen für 13.000 Menschen und 20.000 Arbeitsplätze geschaffen. Der Helmut-Zilk-Park ist übrigens die größte neue Wiener Parkanlage seit 40 Jahren und Heimat eines wirklich netten **Motorikparks**. Die ungewöhnlichen Geräte machen auch für Erwachsene Spaß, bei den Geschicklichkeits- und Gleichgewichts-Übungen kann man gratis seinen Spieltrieb austoben. Das Thema „Community" wird im Viertel großgeschrieben, manche Häuser teilen sich eine Bibliothek oder Werkstatt, im **Sonnwendgarten** *(sonnwendgarten.at)* wird gemeinschaftlich gegärtnert. Auch das Boutique **Hotel Schani** ist nicht nur liebevoll eingerichtet, sondern offen für jedermann und jederfrau. Mit

Motorikpark

Co-Working Space, Schani Garten und einem Frühstücks-Buffet, das wirklich Spaß macht. *(Karl-Popper-Straße 22, 1100 Wien / www.schanihotels.com)* Mit der Bloch-Bauer-Promenade hat das Stadtviertel eine eigene Fußgängerzone, hier findet man daher die meisten Lokale. Bei **Mimi im Stadtelefant** wird hervorragend und einfallsreich gekocht und die Nachbarschaft mit täglich wechselnden Mittagsmenüs versorgt *(Bloch-Bauer-Promenade 23, 1100 Wien FB: Mimi.im.Stadt elefant)*. Der **Feldhase** ist ein vegetarisches Bio-Cafe, in dem zu Mittag ebenfalls gekocht wird. Einige Zutaten stammen von den Beeten auf der Dachterrasse *(Bloch-Bauer-Promenade 15, 1100 Wien)*.

Hotel Schani

Mimi im Stadtelefanten

Intishop

Im **Intishop** *(Vally-Weigl-Gasse 2, 1100 Wien / intishop.at)* kann man Ethno-Kleidung und Ethno-Schmuck kaufen und die Buchhandlung **Mio** *(Sissy-Löwinger-Weg 5, 1100 Wien / buchhandlung-mio.at)* versorgt das Grätzl mit Lesestoff.

Mio Buchhandlung

Consches

&flora

eue Hoheit
Sheyn
Heidi Horten Collection

diestadtspionin

BADEN IM LAND UM WIEN

Ein Taschenführer für Sommerfrischler & Badenixen

WUNDERGARTEN

Alle Informationen wurden gründlich geprüft. Dennoch können sich Öffnungszeiten ändern oder sonstige Änderungen eintreten.Trotz sorgfältiger Bearbeitung kann keine Haftung für die Richtigkeit oder Vollständigkeit des Inhaltes durch die Autorin, den Verlag und seine MitarbeiterInnen übernommen werden.

ISBN 978-3-903070-19-6
Erste Auflage

Bildnachweis: Alle Bildrechte liegen bei der StadtSpionin bzw. Shop- und Lokalbesitzern. Außer Seite 10: Michael Königshofer. 14: Marco Simonis. 22: Jeffrey Sims. 24: Besir Güneş. 33: Katharina Schiffl. 34: Akos Burg. 35: Andres Buchberger. 38: Liz Perdacher. 39: David Schreyer. 40: Oskar Schmidt. 42: Oliver Jiszda. 43: Mato Johannik. 46: Oliver Jiszda. 47: Tina Herzl. 49 unten: Gregor Hofbauer. 51 oben: Werner Streitfelder. 52 oben: Jakub Markech. 52 unten: Julia Geiter. 61: KKhoss. 64: Mariana Perrone. 68: Andrea Zehetner. 75: Valerie Voithofer. 77: Susana Viviani. 79: Marlen Sabetzer. 80: Aleksandra Garbarczyk. 84: schubert-photography. 87: Oliver Jiszda. 92: Miriam Mehlman. 97: Helge Kirchberger. 98: Jolly Schwarz. 99: Kerstin Reiger. 100: Robert Harson. 10: Karin Stöttinger. 103: Michaela Stankovsky. 106: Zanzinger. 107: Rupert Steiner. 109: Bettina Frenzel. 111: VHS. 112: Ruth Bruckner. 113: Lisa Rastl. 115: Simon Veres. 118: IBA Wien. 120 oben: Stephan Doleschal. 121 oben: bellaflora. 121 unten: Bureau F. 122 oben: Hertha Hurnaus. 122 oben rechts: Daniel-tbs CC. 122 unten: Christian Fürthner. 123 oben: Gregor Hofbauer. 123 oben: Hammerschick & Leitner.
Cover: Sheyn, Motto, Zanzinger.

Die StadtSpionin dankt Justine Lepoix, Anna Häuplik, Stefanie Schermann, Heidrun Henke und Sigrid Gerl.

ArtDirektion und grafische Gestaltung:
Carina Reindl www.carinareindl.com

Druck: Alföldi, Debrecen
Printed in the EU

WUNDERGARTEN VERLAG
Sabine Maier
Phorusgasse 7
1040 Wien
www.wundergarten.at